创新思维驱动
经济管理发展研究

张亚东◎著

山西出版传媒集团
山西经济出版社

图书在版编目（CIP）数据

创新思维驱动经济管理发展研究/张亚东著.—— 太原：山西经济出版社，2022.9
ISBN 978-7-5577-1033-0

Ⅰ.①创… Ⅱ.①张… Ⅲ.①企业管理-经济管理-研究 Ⅳ.①F272

中国版本图书馆CIP数据核字(2022)第162789号

创新思维驱动经济管理发展研究

著　　者：张亚东
责任编辑：李慧平
助理编辑：梁灵均
封面设计：武汉中知图印务有限公司

出 版 者：山西出版传媒集团·山西经济出版社
地　　址：太原市建设南路21号
邮　　编：030012
电　　话：0351-4922133（市场部）
0351-4922085（总编室）
E-mail：scb@sxjjcb.com（市场部）
zbs@sxjjcb.com（总编室）
网　　址：www.sxjjcb.com

经 销 者：山西出版传媒集团·山西经济出版社
承 印 者：湖北诚齐印刷股份有限公司

开　　本：710mm×1000mm　　1/16
印　　张：12.25
字　　数：200千字
版　　次：2022年9月　第1版
印　　次：2022年9月　第1次印刷
书　　号：ISBN 978-7-5577-1033-0
定　　价：45.00元

作者简介 AUTHOR

张亚东(1968.10—),男,汉族,山东枣庄人,本科学历,研究方向是经济管理。1997年12月毕业于山东省委党校经济管理专业,现就职于枣庄市政务服务中心,高级经济师职称。

本人自参加工作以来,一直从事与经济技术相关工作,并热爱经济技术事业,1997年参加全国经济师专业考试,并取得了房地产经济师职称,2007年12月被枣庄市国土资源局土地开发整理中心聘任。2001年参加了《枣庄市峄城区土地利用总体规划》的修编工作,并主编了土地整理、开发、复垦利用等部分章节;2007年参加了峄城区城镇地籍调查工作,并参与了城镇地籍调查成果的验收工作;2008年参加了全国第二次土地利用调查工作,对全区的土地利用情况有了一个全面的了解;2010年我参加、完成了枣庄市六个城区土地级别与基准地价更新工作,新的基准地价已经枣庄市人们政府枣政办发[2010]117号文件批准执行。2014年12月被评聘为高级经济师,2019年10月调入枣庄市行政审批服务局政务服务中心工作。多年来,本人边工作,边学习;边实践,边总结,注意经济管理和技术研究,并取得了多项技术成果奖。本人参加修编的《山东省枣庄市峄城区土地利用总体规划》,获得了2001年国土资源部优秀成果奖一等奖;2007年我参加的《枣薛经济带D级GPS控制网》项目获第二届山东省国土资源厅科学技术二等奖;2008年我参加的《枣庄市城区地面沉降监测研究项目D级GPS、四等水准测量》项目获第三届山东省国土资源厅科学技术二等奖;2010

年我参加的《枣庄市城市规划区四等水准测量》项目获第五届山东省国土资源厅科学技术二等奖。2011年7月我独立所著论文《GPS技术在地籍控制测量和细部测量中的应用》在山东理工大学学报上发表；2012年7月我独立所著论文《房地产项目工程造价的控制和管理》在中国管理智库、中国财经类核心期刊《管理观察》杂志总第475期上发表，2021年我独立所著论文《基于大数据环境下工程造价的管理对策》在《金融文坛》杂志上发表。

前　言　PREFACE

我们所处的经济社会和经济环境无时无刻不在发生着改变,市场因素、政治因素、人为因素以及一些突发事件,都在一定程度上冲击或影响相关的经济体。在经济体系不确定性被逐渐放大的情况下,企业经济管理上的创新活动具有十分重大的意义,它不仅代表着过去的体制和工作方法的调整,更体现着企业上下以及各个部门在现今的大环境下,极高的应变能力以及强大的执行力和把控力,毕竟不论是哪个方面的一次创新都将涉及部门、员工、与外界的合作以及一些体制规章上的变化,创新活动从企划到实现将会是一个复杂且漫长的过程。只有企业中的各个部门、各个职能单位及员工之间同步和谐,才能均衡地实现企业目标,即企业经济管理的内涵。

企业经济管理包括企业的内部审核、人力资源管理、生产等多方面的管理,对于目前我国的大部分企业来说,企业的经济管理必须转变为现有的企业经济管理理念,树立品牌创新意识,从战略全局去创新企业的经济管理工作,在管理中,企业必须深化改革,加强企业内部的调控与管理,从而在市场经济竞争中获得利润,完成企业目标。

管理创新、强化管理已经成为一个企业能够在激烈的竞争中立足并发展下去的根本保障。对经济管理进行创新的目的是提高企业的经济效益,提高企业自身的实力以及市场中的竞争力,为企业迎来更好的发展做准备。所以,作为一个企业来说要最大限度地发挥自身已有的资源优势,为经济管理的创新提供优越的条件以及政策上的支持,这对于一个企业来说,也是一个基本的生存之道。企业的创新,虽然在一般的情况下是指产品和技术的创新,但实际上,尤其是在经济快速发展的今天,企业的创新涉及了企业的各个方面。在近几年,企业管理的创新被逐步重视。一个企业是否创新决定了一个企业是引领者、模仿者还是跟随者,管理是企业的一个重要环节,所以企业管理的思维创新就尤其重要。企业要想在激烈的市场竞争中立于不败之地,就需要企业的经营管理者拥有创新思维不断进行改革创新,这样才有利于企业的发展。

目 录 CONTENTS

001 第一章 绪论
　　第一节　创新思维解读 …………………………………001
　　第二节　经济管理概述 …………………………………013
021 第二章 创新思维方法
　　第一节　发散思维与收敛思维 …………………………021
　　第二节　联想思维 ………………………………………027
　　第三节　逆向思维 ………………………………………031
　　第四节　想象思维 ………………………………………034
039 第三章 创新思维技法
　　第一节　创造性思维方式 ………………………………039
　　第二节　创造性思维技法 ………………………………042
　　第三节　因果分析法 ……………………………………046
　　第四节　资源分析法 ……………………………………049
052 第四章 经济管理创新的宏观视角
　　第一节　宏观经济管理 …………………………………052
　　第二节　经济发展模式与宏观管理目标 ………………066
　　第三节　宏观经济管理中的市场环境 …………………074
086 第五章 经济管理创新的微观视角
　　第一节　消费者、生产者与市场 ………………………086
　　第二节　市场需求分析 …………………………………094
　　第三节　市场供给分析 …………………………………097
　　第四节　市场均衡与政府政策 …………………………100

107 第六章 企业管理创新与企业经济发展
第一节 企业经济管理中存在的问题 ……………………………107
第二节 企业经济管理的创新策略 ………………………………111
第三节 企业经济管理创新与发展 ………………………………113

122 第七章 经济管理体系下的现代企业观念创新
第一节 企业管理观念创新分析 …………………………………122
第二节 核心竞争力理论观念对企业管理观念的影响 …………128
第三节 新形势下企业管理理念的发展与创新 …………………136
第四节 企业人本管理理念创新分析 ……………………………141

146 第八章 经济管理体系下的企业组织创新
第一节 现代企业管理组织的发展与创新 ………………………146
第二节 团队理论在现代企业管理中的应用 ……………………149
第三节 企业人力资源管理的创新性研究 ………………………157
第四节 现代企业管理组织中财务管理创新研究 ………………162

169 第九章 经济管理体系下的企业文化创新
第一节 企业文化对于企业管理的作用 …………………………169
第二节 企业文化与企业核心竞争力 ……………………………172
第三节 多维视角下的企业文化创新策略 ………………………176
第四节 基于传统文化的企业管理创新 …………………………182

187 参考文献

第一章　绪论

第一节　创新思维解读

一、认识创新

(一)创新的定义

创新,即创造新的事物。"创,始也"《广雅》;新,与旧相对。在中国,"创新"一同出现得很早,主要指制度方面的革新,变革和改革。不包括科技创新。例如,《魏书》有云:"革弊创新者,先皇之志也。"比《魏书》稍晚的《周书》云:"自魏孝武西迁,雅乐废缺,征博采遗逸,稽诸典故,创新改旧,方始备焉。"和创新含义相近的词汇有维新、鼎新等,如"咸与维新""革故鼎新""除旧布新",因而,古代"创新"一词多指改变原有的制度成文或规则。英语中"innovation"(创新)起源于拉丁语,它的原意有三层含义:第一是更新,就是对原有的东西进行替换;第二是创造新的东西,就是创造出原来没有的东西;第三是改变,就是对原有的东西进行发展和改造。可见,创新是以新思维、新发明和新描述为特征的一种概念化过程。

(二)创新的内涵

1.创新的哲学内涵

从哲学层面上看,创新是人的实践行为,是人类对发现的再创造,是对物质世界矛盾的再创造。创意是创新的特定形态,意识的新发展是人对于自我的创新。发现与创新代表两个不同的创造性行为。只有对于发现的否定性再创造才是人类产生及发展的基本点。实践是创新的根本所在。创新的无限性在于物质世界的无限性。

创新的哲学内涵概括起来有以下五点。

第一,物质的发展。物质形态对我们来说是具体矛盾。我们认识的宇宙与哲学的宇宙在哲学上代表了实践的范畴与实践的矛盾两个不同的含义。创新就是创造对于实践范畴的新事物。任何有限的存在都是可以无限再创造的。

第二，矛盾是创新的核心。矛盾是物质的本质与形式的统一。物质的具体存在者与存在本身都是矛盾的。任何以人的自我内在矛盾创造的新事物都是创新。

第三，人是自我创新的结果。人以创新创造出人对于自然的否定性发展。这是人超越自然达成自觉自我的基本路径。人的内在自觉与外在自发构成规律在物质的总体上形成对立的内在必然与外在必然的差异。创新就是人的自觉自发。

第四，创新是人自我发展的基本路径。创新与积累行为构成一个矛盾发展过程。创新是对于重复，简单的劳动方式的否定，是对于人类实践范畴的超越。新的创造方式创造新的自我。

第五，从认识论上看，创新是自我意识的发展。自我意识的发展是自我存在的矛盾面，其发展必然推动自我行为的发展，推动自我生命的发展。

2.创新的社会内涵

从社会学层面看，创新是指人们为了发展的需要，运用已知的信息，不断突破常规，发现或产生某种新颖、独特的有社会价值或个人价值的新事物、新思想的活动。创新的本质是突破，即突破旧的思维定式、旧的常规戒律。创新活动的核心是"新"。它可以是产品的结构、性能和外部特征的变革，或者是造型设计、内容的表现形式和手段的创造，也可以是内容的丰富和完善。有人认为，创新是创新主体为解决创新实践中提出的问题，通过实践活动而实际地改变现存事物形成新的价值观念新的战略部署、新的概念设计、新的制度体制、新的活动方式、新的关系模式等，从而创造或增加其经济价值或社会价值，推动人类社会的进步和发展的精神性或物质性活动过程。

3.创新的经济学内涵

从经济学层面看，对创新内涵的理解一般包括狭义和广义两个层次。

狭义的创新就是技术创新，即从新思想产生，经过研究开发或技术组合，到产品设计、试制、生产、营销各环节，并产生经济和社会效益的商业化全过程。其中，"新思想"是指新技术、新产品、新工艺、新服务的构想。这些构想可以来源于科学发现、技术发明，新技术的新应用，也可以来源于用户需求。"研究开发或技术组合"是实现技术创新构想的基本途径。其中，研究开发是指各种研究机构。企业创造性地运用科学技术新知识或实质性地改进技术、产品和服务而持续进行的具有明确目标的系统活动；技术组合是指将现有技术进行新的组合，只需要少量的研究开发甚至不需要研究开发即可实现。"产品设计、试制、生产、营销"是新技术的实际应用过程,是生产新产品,提供新服务。采用新技术对产品、服务、工艺改进的过程。"商业化"是指创新的全部活动是出于商业目的。"经济和社会效益"是指近期或者未来的利润、市场占有率或社会福利等。是创新实现商业目的的重要体现。"全过程"则是指从新构想的产生到获得实际应用的全部过程,如果其中在新设想、研究开发或者实际应用等某一环节终止了,就不能称之为创新。

广义的创新将科学、技术、教育以及政治与经济融合起来,即创新表现为不同参与者和机构之间交互作用的网络。在这个网络中,任何一个节点都有可能成为创新行为实现的特定空间。创新行为因而可以表现在技术、制度或管理等不同的侧面。如技术创新、工艺创新、制度创新、市场创新、管理创新等。

(三)创新的特征

不同学者对创新内涵理解的角度不同,对创新基本特点的理解也不尽相同。本节主要从以下五个方面来论述创新的基本特征。

1. 首创性

首创性是创新的最主要特征。创新是一种首创,即"第一个"。创新的结果在局部或全部应是先前从未存在过的,是先于他人,见人之所未见,思人之所未思,行人之所未行,获得的人类文明的新发展、新突破。例如,我国古代的四大发明(火药、指南针、印刷术、造纸术)在世界上是首创的;西方国家的三大能源发现(蒸汽能、电能、原子能)也是首创。首创的意义在于第一个揭开某一领域、某一方面的奥秘,第一次揭示某种内在规律,或发现、发明某种新理论、新技术、新方法,引起经济、社会的重大变革。

2. 普遍性

创新存在于人类活动的一切领域并且贯穿于人类活动的各个阶段,即创新无处不在、无时不有,这就是创新的普遍性。同时,创新能力是人人都具有的一种能力。如果创新能力只有少数人才具有,那么许多创新理论,包括创造学、发明学、成功学等就失去了存在的意义。

3. 社会性

创新的社会性是指创新活动所表现出的有利于群体创新和社会发展的特性。当然,这并不意味着创新的社会性只包括群体性创新活动,而不包括个体性创新活动。实际上,群体创新与个体创新之间是辩证统一的关系。一方面,人的个体创新意识、能力等主要源于社会,是社会创新力量在个体创新方面的表现。生活于一定社会形态中的创新个体,其创新体现和反映着这一社会形态的整体性质。另一方面,每个人的创新活动都在社会分工中占有一定的地位,是社会整体创新活动中必不可少的一个细胞。这表明,个体创新是社会创新的一部分,具有社会的性质。

4.双重性

创新的双重性表现在很多方面。首先,创新是能动性和受动性的统一。创新的受动性表现在它受制于客观事物运动的规律,受制于创新手段和创新目的,受制于创新主体的水平和能力等;创新的能动性表现在创新活动中不能听任客观事物固有规律的摆布,而应该发挥创新者的主观能动性,不断实现超越。其次,创新是绝对性和相对性的统一。总体而言,创新是绝对的、无限的;但就每个具体的创新而言,创新又是有限的、相对的。最后,大多数创新活动对社会发展具有重大的促进作用,但也有一些创新活动对社会发展具有一定的破坏性、阻碍性作用。大多数创新在创新之初促进社会发展,但发展到一定时期或一定阶段,反而阻碍社会的进一步发展;不少创新对社会发展既有促进作用,又有破坏作用,关键是如何利用和由谁来利用创新成果。

5.高风险性

创新的高风险性是由创新自身的不确定性所决定的。这种不确定性主要包括技术的不确定性、市场的不确定性以及一般的政治和经济因素的不确定性。创新风险不同于现实中其他可以投保的风险,其不确定性不能用概率统计理论来进行处理。未来的不确定性会产生两种结果:有利于创新主体和不利于创新主体。不利于创新主体的结果就是风险。通常而言,不确定性越大,风险越高。创新需要投入相应的人力、物力、财力,投入的多少取决于创新程度。创新程度越大。投入越多。创新能否成功,投入能否顺利得到回报,受到很多不确定因素的影响,最后造成的创新结果可能回报颇丰,也可能血本无归。

(四)创新的原则

创新的原则就是人们开展创新活动时所要依据的基本法则和判断创新构思所凭借的标准。

1.遵守科学原理原则

创新必须遵循科学技术原理,不得有违科学发展规律。因为任何违背科学技术原理的创新都是不能获得成功的。比如,近百年来,许多才思卓越的人耗费心思,力图发明一种既不消耗任何能量,又可源源不断对外做功的"永动机"。但无论他们的构思如何巧妙,结果都逃不出失败的命运。其原因在于他们的创新违背了"能量守恒"的科学原理。

2.社会评价原则

创新要获得最后的成果,必须经受走向社会的严峻考验。爱迪生曾说:"我不打算发明任何卖不出去的东西,因为不能卖出去的东西都没有达到成功的顶点。能销售出去就证明了它的实用性,而实用性就是成功。"在进行社会评价时把握住评价事物使用性能最基本的几个方面,然后在此基础上做出结论,主要包括:解决问题的迫切程度;功能结构的优化程度;使用操作的可靠程度;维修保养的方便程度;美化生活的美学程度。

3.相对较优原则

创新不必要一味追求最优、最佳、最美、最先进。创新产物不可能十全十美。在创新过程中,利用创造原理和方法,获得许多创新设想,它们各有特点,这时,就需要人们按相对较优的原则,对设想进行判断和选择。运用该原则应着重考虑如下几个方面:从创新技术先进性上进行比较;从创新经济合理性上进行比较选择;从创新整体效果上进行比较选择。

4.机理简单原则

创新只要效果好,机理越简单越好。在现有科学水平和技术条件下,如不限制实现创新方式和手段的复杂性,所付出的代价可能远远超出合理程度,使得创新的设想或结果毫无使用价值。在科技竞争日趋激烈的今天,结构复杂、功能冗余、使用烦琐成为技术不成熟的标志。因此,在新创的过程中,要始终贯彻机理简单原则。为使创新的设想或结果更符合机理简单的原则,可进行如下检查:新事物所依据的原理是否重叠,超出应有范围;新事物所拥有的结构是否复杂,超出应有程度;新事物所具备的功能是否冗余,超出应有数量。

5.构思独特原则

我国古代军事家孙子在其名著《孙子兵法·势篇》中指出:"凡战者,以正合,以奇胜。故善出奇者,无穷如天地,不竭如江河。"所谓"出奇",就是"思维超常"和"构思独特",创新贵在独特,创新也需要独特。在创新活动中。关于创新对象的构思是否独特,可以从创新构思的新颖性、创新构思的开创性、创新构思的特色性,这几方面来考察。

6.不要轻易否定原则

不轻易否定原则是指在分析评判各种产品创新方案时应注意避免轻易否定的倾向。在飞机发明之前,科学界曾经从"理论"上进行了否定的论证;过去也曾有权威人士断言,无线电波不可能沿着地球曲面传播,无法成为通信手段。但是,这些结论现在早已证明都是错误的,这些不恰当的否定之所以出现是由于人们运用了错误的"理论"而更多的不应该出现的错误否定,则是由于人们的主观臆断,即给某项发明规定了若干用常规思维分析证明无法达到的技术细节的结果。

7.不能简单比较原则

在避免轻易否定倾向的同时,还要注意不要随意在两个事物之间进行简单比较。不同的创新,包括非常相近的创新,原则上不能以简单的方式比较其优劣。不同创新不能简单比较的原则,带来了相关技术在市场上的优势互补,形成了共存共荣的局面。创新的广泛性和普遍性都源于创新具有的相融性。如市场上常见的钢笔、铅笔就互不排斥,即使都是铅笔,也有普通木质的铅笔和金属或塑料的自动铅笔之分,它们之间也不存在排斥的关系。

以上是在创新活动中要注意并需切实遵循的创新原理和创新原则,这些均是根据百年来人类创新活动成功的经验和失败的教训提炼出来的,是创新智慧和方法的结晶。它体现了创新的规律和性质。按照创新原理和原则去创新并非束缚你的思维,而是把创新活动纳入安全可靠、快速应用的大道上来。

二、创新思维初探

创新思维作为一种综合的思维方式,它是在人类认识活动高级阶段展现出来的。创新思维与一般思维有所不同,突出表现在运用其取得的成果是具有独创性、突破性、新颖性和价值性的特征上。创新思维发生、运行的过程兼具首创性或独创性、发散性或扩展性、流畅性或顺畅性、批判性或质疑性,以及综合性或整体性的特征,是一个辩证发展的思维过程。在创新思维的发生及运行过程中,按照逻辑性与非逻辑性区分参与其中的不同思维形式,逻辑性之中的逻辑推理和假说等是规范思维的基本形式;而非逻辑性中的灵感思维、逆向思维想象思维、超前思维等又成为创新思维发生及运行的必要前提。创新思维在发生及运行过程中主要通过潜意识与显意识、逻辑思维与非逻辑思维、发散思维与收敛思维几种关系形式体现其创新性。

(一)创新思维的定义

创新思维属于思维的范畴。研究创新思维的特点、形式和内容,首先就要了解思维。只有理解思维的含义才能由广义的思维范畴下具体分析创新思维的内涵及外延。这样对创新思维的研究才能做到有源之水,有本之木,是有根据的研究,有深度的研究。《中国大百科全书·哲学卷》中将思维区分为广义与狭义两重概念,思维在广义上是相对于物质而与意识同义的范畴;狭义上是相对于感性认识而与理性认识同义的范畴。思维是高度组织起来的物质,即人脑的机能,人脑是思维的器官。巴浦洛夫关于第二信号系统的学说和现代关于脑科学研究的成果,愈来愈清楚地揭示出思维的物质生理机制,说明思维同大脑有不可分割的联系。但是,思维的产生不是单纯由大脑的生理基础决定的。

思维是社会的人所持有的反应形式,它的产生、存在和发展,都同社会实践和语言紧密地联系在一起。人在不断认识世界和改造世界的过程中都有思维参与其中,在这一过程中所形成的习惯性思维模式,就是思维方式。思维方式有很多种,创新思维作为有创见的、有价值的思维方式在人的认识实践活动中发挥了重要的作用。人类社会不断发展是离不开人类自身的发明、发现与创造的,一切文化的物质及非物质存在形式都与创新思维有关。思维是人脑对外部信息、内部信息加工的活动,它是一种无形的资源,指导人们的认识实践活动。思维是大脑对信息的加工活动。这里所说的信息,不仅包括来自客观外界的信息,而且包括来自主体内部生理,心理需要方面的信息。甚至可以说,思维的动力主要来自主体内部的需要。因为,只有根据主体自身的各种各样的需要,只有通过对来自主体内部的信息进行加工之后,才能从价值上对纷繁复杂的外部信息进行选择、决定取舍。而创新思维的特征更加突显思维的潜在能量,它在不断开发大脑潜能,探索积极心理因素与良好的客观环境,统一不同的思维方式,培养人们的创新意识,从而将创新思维运用到实践活动中以收获更大的价值的一种高级思维方式。创新思维作为人类独有的思维方式在人类文明发展历程中发挥着重要作用。

长期以来,学术界有关创新思维的研究不仅仅停留在表面现象,而且在脑科学、心理学、人工智能科学等不同领域都开展了有关创新思维的深入研究。随着我国思维科学的发展与进步,这些学科的发展有利于从思维的本质上揭示出创新思维的奥秘。思维是人类的智力核心,也是指导人类实践活动的基础环节。作为思维活动的成果并不是都是有创造性的,那些缺少创造性的成果就是在思维心理与思维过程中缺少对创新思维的运用,缺少了利用灵感、顿悟、直觉等非逻辑的思维方式进行思考,没有突破固有思维,从而导致思维及其产生的结果都是保守的、惯常的。

21世纪人类社会进入发展的新阶段、现代科学技术、知识信息领域的高速更新,要求创新思维必须参与到人的知识创新、科学发现、技术发明、艺术创作,以及认识自然等的活动中。思维对实践具有指导性作用,具有创造性质的思维方式在人们生产实践活动中的作用就更为明显,因此深入、系统地研究创新思维理论,有利于促进当代社会的进一步发展。

创新一词在辞海中解释为"抛开旧的,创造新的"。而创新思维有别于一般思维主要表现在其思维成果具有独创性、突破性、新颖性和价值性等特点之中,这也是判断创新思维的标准。创新思维是思维发展的高级形式,它也是人脑思维的一种综合思维,它同人脑机能直接相关,是人脑机能作用下的产物,是自然界长期演化和集体智慧共同作用的结果。因此,创新思维作为一个综合、系统的思维方式,与思维素质、思维心理、思维形式、思维环境和思维结果相联系,是对它们的一种系统性、综合性的反映。[①]

1.创新思维的含义

创新思维是改变已有思考问题的角度、观点,另寻新方向去认识事物,突破固有思维模式的认知方式,从而提出不同于多数人的、富有创见的新观念、新理论的思维。创新思维就其成果而言,不论是个体创新思维、群体创新思维,或者社会创新思维都是以具有突破性的新假说、新观点、新概念、新理论的形式展现的,概括起来就是一种能开拓意识新领域的、有创见的思维方式。随着理论界对创新思维研究的深入,其含义也在不断具体化。有关创新思维更为具体的定义是"思维主体依托大脑(尤其是右脑)皮层区域的运动,以人类特有的高级形式的感知、记忆、思考、联想、理解等能力为基础。在与思维客体的相互作用过程中,通过发散和收敛、求异和求同、形象和抽象、逻辑与非逻辑等辩证统一的思维过程,历经准备、酝酿、阐明和验证等四个时期,形成具有首创性、开拓性、复合性认知成果的智力活动"。

创新思维的重新定义,意味着人们对于创新思维的研究开始细化与深入,不只是停留在逻辑思维层面,而是涉及更多学科门类的综合性研究。研究创新思维就要了解其思维活动的过程,在创新思维的活动过程中,一般情况下需要图1-1所示的四个阶段参与其中。

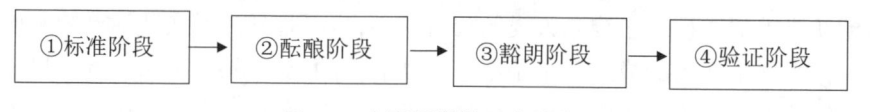

①标准阶段 → ②酝酿阶段 → ③豁朗阶段 → ④验证阶段

图1-1 创新思维的四个阶段

由于以上四个阶段的任务和目的不同,因此参与其中的思维方式也就不同。前两个阶段主要是对目标对象进行运用分析、综合、归纳、演绎、比较、类比等形式,因而运用的是逻辑思维;豁朗阶段又称顿悟阶段后两个阶段则主要是发现突破、取得创新,因而大多依靠想象、灵感、直觉及顿悟等非逻辑思维。

由于创新思维的发生及运行主要是依靠灵感、直觉或顿悟等非逻辑思维方式,因此它又经常表现为思维发展过程中的突变性跨越性,或者是思维逻辑的中断性,创新思维不仅仅表现为对现有概念、知识循序渐进的逻辑推理的结果和过程。创新思维的发生及运行不是在由单一思维下完成的,而是由构成对立

---

①吕爽,张志辉,郝亮.创新思维[M].北京:中国铁道出版社,2019.

面的逻辑思维与非逻辑思维、发散思维与收敛思维,求异思维与求同思维的辩证性发展、共同作用实现的。创新思维的发生及运行是在既相互区别、否定、对立,又相互补充、依存、统一的综合思维中充分体现出其综合性,是各种思维方式的综合体。由多种思维方式构成创新思维的矛盾性运动极大地推动了创新思维的发展。创新思维的反常性、过程的辩证性、空间的开放性、成果的独创性及思维主体的能动性是其区别于一般思维的又一重要特征。

"创新思维作为一个思维过程,是奠基在逻辑思维的基础上。应该说,无论怎样的创新思维形式,均离不开逻辑思维的基础作用"。创新思维在解决问题时不再将思维局限于逻辑的、单一的、线性的方式中,而是能够从全方位、多角度。多侧面地分析问题。这样的思维方式既开放了思维的空间性,又充分运用发散思维、逆向思维。求异思维、非线性思维等思维方式。创新思维最本质的特性体现在其成果的独创性,由创新思维所取得的成果常常具体表为其是新颖的和唯一的。创新思维是思维发展到高级阶段的思维形式,因此它不仅是客观世界在人脑中简单的、直观地反映,而且还是人有目的的思维活动。

2.创新思维的本意

创新思维是一个复杂的系统,对其本质的研究要从功能、结构、哲学三个层面展开。从功能层面看,创新思维的本质在于"出新""革新",在于运用其所获取前所未有的认识成果;从结构层面看,创新思维的本质在于"超越""突破",在于运用其独特的思维方式突破原有的思维结构;从哲学层面看,创新思维的本质在于"量变""质变",是量变及量变过程中的部分质变,是质变。

首先,从功能层面看,创新思维的本质在于"出新""革新",在于产生前所未有的认识成果。关于创新思维中"新"的理解,至少应该包括以下三个方面:①创新思维在面对新的领域和解决新的问题时,人们可以使用新的思路与方法来解决问题。②创新思维在面对旧的领域和解决旧的问题时,依然可以使用新的思路,有效的方法解决问题。③利用创新思维可以获取新的思维成果。一定要正确区分思维成果与实践结果,创新思维是指那些获得了新的思维成果的思维。正是因为创新思维能够获取首创性、价值性的认识成果,所以它才是不同于传统思维的创新思维,这也是创新思维与非创新思维的判断标准。

其次,从结构层面看。创新思维的本质在于"超越""突破"。是对已有思维结构的突破。在系统科学研究中,功能是被结构所决定的。因此,创新思维的结构特点与功能特点相联系,结构特点决定了其功能特点。创新思维的出新功能受制于它的超越结构。人们的思维结构是通过日常的学习与实践活动,由一定的知识、经验逐渐形成和建立的。一种思维结构逐步建立后,其存在就具有相对的稳固性,创新思维的结构特征在于对传统思维的超越,突破思维定式,突破惯有思维结构。

最后,从哲学层面看,创新思维的本质是"量变""质变",是量变及量变过程中的部分质变,是质变。人作为思维活动的主体,创新思维活动是人有意识,有目的、能动的活动,这一活动的过程体现着量变,也体现着质变,是量变和质变的统一。创新思维的发生及运行就是人们有意识、有目的的思维活动,在这一活动中彰显创新思维的"出新、革新",超越于传统思维方式,是对传统思维方式的"突破""飞跃",是在传统思维基础上的量变,当量变积累到一定程度,质变随之产生,量变过程中也会引起部分质变。总之,创新思维的本质不是单一的,而是具有多层次性,其功能层面的本质是"出新""革新";结构层面的本质"超越""突破";哲学层面的本质是"量变""质变",是三个层面的统一。

(二)创新能力与创新思维

创新能力是指人在顺利完成以原有的知识、经验为基础的创建新事物的活动过程中表现出来的潜在的心理品质。创新能力是人们革旧图新和创造新事物的能力、包括发现问题、分析问题、发现矛盾、提出假设,论证假设、解决问题以及在解决问题过程中进一步发现新问题。从而不断推动事物发展变化等。创新思维是创新能力最基本的三个构成要素之一,另外两个构成要素是创新意识和创新技能。创新能力有一部分是来自不断发问的能力和坚持不懈的精神;创新能力在一定的知识积累的基础上,可以训练出来,启发出来,甚至可以"逼出来"。总的来说,创新能力是人们运用已有的基础知识和可以利用的材料,并掌握相关学科的前沿知识,产生某种新颖、独特有社会价值或个人价值的思想、观点、方法和产品的能力。

当人的目标需求体系通过实践操作系统与外部环境接触后,发现现实条件不能满足自己的需要,便会发现问题,并力图解决它,以便达到目的。于是,创新能力便在人类利用外在环境以求自身生存与发展的过程中生成。这种生成过程是一个漫长的历史进程,而且其总是伴随着人类自身的进化发展。尤其是人脑机能的不断健全——从简单的工具发明到复杂的思想和物质创造,最终形成纷繁斑斓的人类文明体系:物质文明、制度文明和精神文明。这便是创新能力的形成过程。创新能力的作用主要表现在以下三个方面:①教人学会创新思维。②教人如何进行创新实践。③教人解决遇到的各种现实问题。

(三)创新思维模式

1.垂直思维和水平思维的综合运用

垂直思维是以逻辑与数学为代表的思维模式,又被称为纵向思维法,是指传统意义上的逻辑思维方法,这种思维模式最根本的特点是:根据前提一步步地推导,既不能逾越,也不能出现步骤上的错误,它是在一定范围内的纵向思考方式。思维的方向性与连续性是其主要特点。水平思维又称横向思维,不是过多考虑事物的确定性,而是考虑它的多种选择的可能性,关心的不是再修补旧观点,而是去考虑如何提出新的观点,不是一味地追求正确性,而是追求其丰富性,从多方向、多角度、多方位地出发思考问题、其特点是思维的多维性和发散性。垂直思维和水平思维互为补充,互为支持。单纯运用垂直思维将会陷入僵化和封闭,单纯运用水平思维则有可能缺乏持久性导致问题不能得到根本解决。唯有将两种思维模式混合运用。既保证思维的深度,又保证思维的广度,才能在方向正确的前提下提出更多的解决方案,并在此基础上论证每种方案的可行性和时效性,最终得出最佳方案。垂直思维体现传统性、贵在坚持;水平思维将成就全新的创造性思维。比如微信的创造者张小龙表示,微信刚开始只不过是一个邮件,但快到让你以为不是邮件。"专注小痛点,注重跨界"成就了今天覆盖全中国94%智能手机的使用量最大的手机APP。到今年,微信在全球共有12.63亿用户,新型的公众号平台有2000万个。张小龙这种创新思维模式也正体现了水平思维和垂直思维综合运用的成就。

2.头脑风暴法

头脑风暴法有很多名字:如会商思维法、脑力激荡法或智力激励法等。该方法是由美国BBDO广告公司负责人奥斯本于20世纪40年代提出。在群体决策中,由于群体成员心理相互作用影响,易屈服于权威或大多数人意见,形成所谓的"群体思维"。群体思维削弱了群体的批判精神和创造力,损害了决策的质量。为了保证群体决策的创造性,提高决策质量,管理上发展了一系列改善群体决策的方法,头脑风暴法是较为典型的一个。这种思维的方法是汇集一批专家、技术人员和其他相关人员共同来进行思考,集思广益,通过大家不同的想法以此来寻找最佳的创意理念。参加会商思维创意的人是拥有各种思维方式的人和拥有各种知识的人员,大家互相鼓励、启发、共同创意,完成头脑风暴法。这种方法在手机移动端APP创意中得到很好的体现。

美国的西部供电公司,因为每年的大雪压断了供电线路带来巨大的经济损失,一次公司召开大会讨论问题的解决方案,每年给供电线路扫雪,耗费大量的人力,而且是根本无济于事,问题集中卡在这里,大家都为此焦头烂额。于是大家开始头脑风暴,按照头脑风暴的原则,以量求质、延迟评判、组合运用,在热烈的风暴过程中,其中,轮到一组中的一个员工提出方案时,因为实在想不到什么了,就半开玩笑地说:"我没什么办法了,若有一个扫把帮忙打扫多好!"这时同组另一个员工顿时醒悟"创造一个扫把!"大家还没明过来,他接着解释道"让直升机沿线路飞行,直升机产生的巨大风力可以吹散线路上的积雪。"公司领导立即拍板,从此西部供电公司解决了一个大难题,每年仅此一项就节约了几百万美元的开支,节省了大量的人力,创造了良好的社会效益。这就是头脑风暴带来的工作中可以解决问题的案例。

3."二旧化一新"法

"二旧化一新"的概念是:两个原本非常普遍的概念,可以是两种想法。两种情况,甚至是两种事物,把它们融会在一起奇迹般地有了全新的突破;在有些情况下,即便是完全对立互相排斥的两个事物,也可以通过"二旧化一新"这个概念巧妙地合二为一。

"二旧化一新"的创新方法是由亚瑟·科斯勒提出的,他有句名言:"天才的主要标记不是完美而是创造,天才能开创新的局面。"这种创新方法的主要价值在于,能使创意者把各种不相关的,甚至相抵触的事物经过冲突组合而产生另一个更使人注目的构想。它的科学性同样可以从心理学关于想象和创新思维方面的研究成果得到证实,在很多广告的设计创意中这种方法也得到了广泛的运用。

澳大利亚一家航空公司想推出一则广告吸引顾客,但发现了一对矛盾:旅游者热衷于晴天乘飞机旅游;旅游者担心中途天气下雨会大煞风景而很少乘机旅游。也就是说,"下雨"和"旅游"是两个相抵触的事件。创意者把这两个相抵触的事件(或者说旅游者心理相抵触的两种想法)放在一起,形成了"下雨旅游"的新组合,乍看这是违反常理不合常情的荒唐组合,但是创意者对这个此前从未考虑过的新组合反复思索:能不能让人人下雨也去乘机旅游呢?也许用免费优待的方式可以吸引顾客。就这样,一个新的创意出现了:天晴不用说可以尽情游玩,下雨也不要紧,不收费,顾客也没有什么损失,因此,无论天晴还是下雨你都放心地乘机旅游去吧!这个新创意浓缩为六个字:"下雨,免费旅游"。为了避免公司收入因免费过多而遭受损失,另在广告里附加一条内容:下雨时间必须在连续三天以上。意即下雨时间不满三天,旅游者不能享受免费优待,而这一规定往往被顾客忽略了。人们心目中最深的印象只有一个:下雨旅游时乘飞机可以不花钱。这一由"二旧化一新"导致的广告创意,使该公司每年营业额增加30%,且数年兴旺不衰。

第二节 经济管理概述

一、资源的稀缺性

所有的经济问题都起源于我们向往的东西总是超出我们能获得的。经济学家把满足人类欲望的物品分为"自由物品"和"经济物品"。前者指人类无须通过努力就能自由取用的物品,如阳光、空气等,其数量是无限的;后者是指人类必须付出代价方可以得到的物品,即必须借助生产资源通过人类加工出来的物品。一方面,"经济物品"在人类社会生活中占据相当重要的地位,但它的数量是有限的;另一方面,人们的消费欲望又是无限的。当前一种欲望满足以后,又会产生后一种欲望或需要,所以说欲望或需要是无穷无尽的。但由于我们的时间、收入或我们必须支付的价格等的限制,每个人最后总有一些欲望得不到满足。我们的欲望不可能全部得到满足,这个现象叫稀缺性。

(一)稀缺的客观性

人类在地球上不是孤立的,其一举一动都必定要与特定的资源发生直接或间接的联系。离开了资源,人类就无法生存和发展。人类从太阳和地球那里可以得到满足生存所必需的能量。但是,欲望的最显著特征就是无穷大,在人类无限的需求面前,任何资源都可能是稀缺的,资源的稀缺性是客观存在的,不可避免。

(二)稀缺的相对性

资源的稀缺性,不是指物品或资源绝对数量的多少,而是指相对于人类欲望的无限性来说资源和物品是有限的。因此,稀缺性一般是指相对稀缺,即相对于人们现时的或潜在的需要而言是稀缺的。从人类生存的意义上来说,资源的稀缺性应该不是问题,但相对于人们的"过度需求",资源的稀缺性的假定无疑是成立的。历史上,曾经有很多被视为可以自由取用的资源,如森林、土地、海洋等已经逐渐变得稀缺;而且随着社会的进步、科技的发展,特别是人口的增加,连水也将变得越来越稀缺。正是由于资源的稀缺性导致了经济学的产生。

二、经济活动的基本问题

稀缺性是经济学的前提,也是一切经济问题的根源。由于稀缺性的存在,人们需要在经济活动中做出各种各样的选择,以追求尽可能大的满足,这便产生了如何利用现有资源去生产"经济物品"来更有效地满足人类欲望的问题。这种选择包括:第一,如何利用现有的经济资源;第二,如何利用有限的时间;第三,如何选择满足欲望的方式;第四,在必要时如何牺牲某种欲望来满足另一些欲望。由此,我们得出了经济学所需要解决的问题:①生产什么物品和劳务以及各生产多少?②如何生产?③为谁生产这些物品和服务?④何时生产?这四个问题被认为是人类社会共有的基本问题。

从经济资源稀缺性的事实出发解决人类经济生活的基本问题,归纳起来就是以下两个方面:①各种欲望的轻重缓急程度;②为了满足某种欲望所需付出的代价。把这两个方面联系起来考虑,即必须把既定目标与达成这一目标所需要的代价联系起来权衡比较,做出选择。这涉及机会成本和生产可能性边界的概念。

上述基本问题都是研究相对稀缺的经济资源(土地、劳动、资本等)如何分配给各种不同用途的问题,实质上是考察生产资源的合理配置问题。而另一方面,我们还要研究经济资源的充分利用,分析造成劳动者失业、生产设备和自然资源闲置的原因,并选择改进这种状况的方法和途径。在经济学体系中,这部分常常被认为是宏观经济学的内容。[1]

三、计划经济和市场经济

(一)市场经济

市场经济作为一种体制,是在西方随着自然经济的瓦解而逐步形成的。成千上万的消费者根据自己的爱好和需要在市场上选购产品和服务,成千上万的生产者在生产并非自己所需要的各种材料、半成品和成品,没有人进行统一的指挥和调度,整个经济是怎样实现有序、协调和有效率的呢?

用于解释市场经济机制的一个最简单的模型是:市场活动的主体是大量分散决策的消费者和生产者,有产品市场和要素市场两类市场。在产品市场上,生产者是产品供给方,而消费者是产品需求方;在要素市场上,消费者是要素供给方,而生产者是要素需求方。消费者在要素市场上提供要素服务取得收入,而在产品市场上支出,以换取自己需要的产品;生产者在产品市场上销售产品取得收入,而在要素市场上支出,以换取生产所需的要素和服务。每个消费者通过市场交换使自己得到最大的满足,而每个生产者则力求得到最大的利润。

市场机制是产生均衡价格(即使供应与需求数量相等时的价格)的机制,当供大于求时,价格下跌;当供不应求时,价格上升。这并不是人为规定的法则,而是供需双方在市场中讨价还价的结果。根据各自追求最大利益的行为准则,价格较低时需求增加或供给减少,或两者同时发生,而价格较高时则相反。当

---

[1]朱伏平,杨方燕.经济管理[M].成都:西南交通大学出版社,2018.

所有市场中都形成了均衡价格时,市场就同时解决了经济上的三个基本问题:产品市场中各种产品的均衡产量,是生产什么和生产多少的问题;生产者为取得最低成本而采用的技术和企业组织方式,是如何生产的问题;要素的价格和数量则解决了为谁生产的问题,市场体制的理论分析是建立在下列假设的基础之上的。

1. 理性选择

人是有理性的动物,每个人都会在一定的约束条件下争取自身的最大利益。人们在支出自己的收入时,肯定会选择性价比较高的商品,会寻找一个最能使自己满意的方式。人们在求职的时候当然希望得到包括物质和精神在内的最高报酬的工作,没有必要无缘无故地选择最不使自己愉快的工作并且只肯接受一半工资。经济学分析在理性人的假设下资源配置的机制及其效率,并非一定在推崇自私自利的价值观,并不必然否定人的社会性的一面和利他的高尚行为。反过来,社会上合理的利他行为的存在,也不否定经济学在理性假设下得到的资源配置效率的结论——除非有人专门把自己的劳动或资金放在最没有生产率的地方。

2. 自由和自愿的选择

在人们自愿的前提下自由选择,是另一个基本的假定。自愿保证了交易是增进交易双方利益的;而自由则使得所有可能的这样的交易都可以进行,从而把社会总体的利益增加到最大限度。这里还有一个隐含的假定,就是选择的交易活动没有溢出交易双方之外的效果。

3. 权利界定清晰

经济学一般假定在市场经济中,每个行为主体选择的权利是明确界定的,你只能用你拥有支配权的东西做交易,而所有经济物品的权利归属是清晰的。任何人不能强迫、不能盗窃、不能抢劫、不能欺诈。当然,难免有权利界定不清的情况存在,这时交易就有困难。显然,对权利的法律界定和保护是市场机制得以顺利运转的基础条件。经济学证明,在满足完全竞争、信息完备、没有外部性等条件时,市场机制可以导致资源在一定意义下的最优配置;"看不见的手"将引导个体的自利行为,增进社会总体的利益。然而,在现实中,以上条件并不完全具备,垄断、经济活动的外部性、信息的不完备,使得市场机制无法实现通过价格来有效配置资源的功能。收入的不平均,甚至部分人连生存的基本需求也得不到保障,市场导致的这种分配是社会所不能接受的。分散的经济决策可能引起总体经济产出和物价的严重波动。这时,就需要代表社会公共利益的政府这只"看得见的手"来解决这些问题。

(二)计划经济

市场经济体制是非人为设计、自然形成的资源配置方式,计划经济体制则是人为设计的替代市场体制的另一种资源配置方式。

在纯粹的计划经济体制中,生产资料归国家所有。在了解全国人民当前和今后、私人消费和公共消费的需要的基础上,政府的计划部门集中地解决经济上的生产什么和生产多少、如何生产以及为谁生产的问题。通过指令性计划安排生产要素在各个行业、各种产品之间的分配,安排消费品在全体居民中的分配。事实上,没有一个国家实行过这种纯粹的计划经济方式。

计划经济方式有它的优点。对于一些明显地有益于社会公众的事业、基础设施建设、投资巨大且回收期长的项目,通过计划的集中决策方式比从自利出发的分散个体决策方式,效率更高,速度更快。计划方式不用担心由于分散的个体对经济前景乐观或悲观的估计而引起的宏观经济波动。计划方式有利于实现比较平均的收入分配。

计划经济方式存也在难以解决的问题。

首先,计划经济存在着信息方面的困难。做出一个有效的社会经济计划,必须详尽地了解消费者的需求、各种生产要素的数量、各种生产要素在不同产品生产中的生产率以及所有这些数据的变化趋势。但影响消费者的需求的因素非常复杂,不同的要素组合会带来不同的生产率,人们的偏好和生产技术的进步更是难以预计。在没有充分信息和无力迅速处理信息的情况下,就会出现计划偏离实际、僵化和低效率的现象。

其次,计划体制不利于调动人的积极性。由于人们在开发新产品、创造新工艺、改进管理、降低成本、进行不同类型的生产活动时,干多干少一个样,干好干坏一个样,付出不同努力的人得到的报酬相同,导致人们缺乏持久地努力工作和创新的动力。

计划经济体制实践的结果表明,在当代条件下,占国民产出绝大部分的产品,采用计划经济的方式来生产和分配,不如采用市场经济的方式有效。但一些重要的产品和服务是必须由政府集中组织供给的,政府还需要用自己掌握的资源和权力来纠正分散的市场选择可能带来的收入分配的不公平、总体经济波动和对社会总体利益的损害,有效地达成社会公共目的。

四、组织与管理

(一)组织

从广义上说,组织是指由诸多要素按照一定方式相互联系起来的系统。从狭义上说,组织就是指人们为实现一定的目标,互相协作结合而成的集体或团体,如党团组织、工会组织、企业、军事组织等。狭义的组织专门指人群,运用于社会管理之中。在现代社会生活中,组织是人们按照一定的目的、任务和形式编制起来的社会集团,组织不仅是社会的细胞、社会的基本单元,而且可以说是社会的基础。

从管理学的角度,所谓组织(organization),是指这样一个社会实体,它是一个具有明确的目标导向和精心设计的结构与有意识协调的活动系统,同时又与外部环境保持密切的联系。根据组织表现出的性质,我们可以把组织的构成要素确定为:组织环境、组织目的、管理主体和管理客体。这四个基本要素相互结合,相互作用,共同构成一个完整的组织。本书所要研究的组织是指狭义的组织。

(二)企业组织

企业是人们共同劳动创造物质财富的场所,可以说管理决定着企业的生存和创造物质财富的成就,管理的好坏决定着企业的兴衰。

1.企业的含义

可以把企业定义为:从事生产、流通、服务等经济活动,以盈利为目的,以产品或劳务满足社会需要,依法设立,自主经营,自负盈亏,独立核算的经济组织,是具有法人资格的基本经济单位。

企业的概念主要有以下四个方面的含义。

第一,企业是营利性的经济组织。企业不同于事业单位、公益组织和政府部门,它以盈利作为最终目的。在市场经济条件下,一般来说企业提供的产品或服务对需求者和社会的贡献越大,则取得的利润也越多;反之,利润就越少。利润小的企业可以看作对社会的贡献小,而亏损的企业不仅没有为社会创造财富,反而是在消耗社会的财富。企业没有利润,就不能扩大再生产,员工的生活水平就难以提高,国家的税收就没有保证,国家的发展就会停滞。从这一点来看,企业确保获取合理的利润,不仅应是企业的目标,而且也是企业对社会承担的责任。

第二,企业是从事生产经营活动或劳务活动的经济组织。企业是市场上资本、土地、劳动力、技术等生产要素的提供者或购买者,又是各种消费品的生产者和销售者,因而是非常重要的市场经营主体。企业不同于政府部门、事业单位,它必须开展生产经营活动和劳务活动。在现代社会经济中企业按照分工的不同,从事不同的生产经营活动和劳务活动,发挥着不同的作用。

第三,企业必须自主经营,自负盈亏,独立核算。企业作为一个经济组织,必须拥有一定的独立性和经营自主权。企业有权独立自主地使用和支配其所属的人、财、物等资源,开展市场经营活动,以其自身的收入抵偿各项支出,对自己的经营活动承担全部责任。企业在生产经营过程中面临着许多风险,而最大的风险莫过于市场风险和资本风险。企业必须自我承担由于自身决策失误或由于环境变化所带来的对企业不利的一面,表现为经营亏损或客户的流失。这就要求企业必须按照市场的需求自主地组织生产经营活动,科学地决策,并对企业的出资者承担资产保值、增值的责任。

第四,企业应具有法人资格。所谓法人资格是指具有一定的组织机构和独立财产,能以自己的名义进行民事活动,享有民事权利和民事义务,依照法定程序成立的组织。具体地说,企业必须成为具有法人资格,拥有法人财产权,并以其法人财产独立地从事经营活动,独立地承担民事责任与义务的法律实体。

2.企业的基本特征

企业的基本特征是指各行各业、各种类型的企业所拥有的共同点。现代企业具有的基本特征包括以下六个方面:①组织性,企业不同于个人、家庭,它是一种有名称、组织机构、规章制度的经济组织。企业不同于靠血缘、亲缘、地缘或神缘组成的家族组织、同乡组织或宗教组织,它是由企业所有者和员工通过契约关系自由组合而成的一种开放的社会组织。②经济性,作为一种组织,企业本质上具有经济性,它是以经济活动为中心,实行全面的经济核算,追求并致力于不断提高经济效益的经济组织。而且,企业也不同于政府和国际组织等对宏观经济活动进行调控监管的机构,它是直接从事经济活动的实体,企业与消费者同属于微观经济单位。③商品性。企业作为经济组织,其经济活动是面向市场进行的。不仅企业的产品(产品、服务)和投入(资源、要素)是商品,而且企业自身(企业的有形、无形资产)也是商品,企业的产权可以有偿进行转让,可以说企业是生产商品的商品。④营利性。企业是市场经济条件下的基本单位,是单个的职能资本的运作实体,是以获取利润为直接目的,通过资本经营追求资本增值和利润最大化的商品经济组织。⑤独立性。企业是一种在法律上和经济上都具有独立性的组织。企业作为一个整体,对外完全独立,依法独立享有民事权利,独立承担民事义务和民事责任。企业与其他自然人,社团法人在法律地位上完全平等,没有行政级别和行政隶属关系。企业是拥有独立的,边界清晰的产权,具有完全的经济行为能力和独立的经济利益,实行独立经济核算,能够自决、自治、自律、自立,实行自我约束、自我激励,自我改造、自我积累和自我发展的独立组织。⑥风险性。在市场竞争中,优胜劣汰,适者生存。市场瞬息万变,不可控因素很多。企业经营者稍有不慎,就有可能使企业陷入困境,甚至濒临破产或倒闭。这种高风险给企业经营者带来的不仅是压力,同时也是机遇和挑战,促使他们不断努力进取,改善经营管理,改进技术,降低成本,提高企业竞争能力。

(三)企业管理

1.概念与特征

企业管理是企业内的管理科学与实践,有一般管理的普遍规律,也有企业管理的特殊规律。企业管理就是企业管理人员为了实现企业目标,根据企业环境、企业特征及其生产经营规律,对企业的各项资源和企业的经营活动,进行计划、组织、领导和控制,以高效率地实现企业目标而进行的一系列的职能活动。企业管理具有以下特征:①企业管理的目的性,企业是一个以不断创造社会所需要的产品和服务作为生存价值的经济组织,经营是企业一切活动的中心,管理是为经营服务的。因此,企业管理的目的就是不断提高劳动生产率,争取最佳的经济效益,保证企业的稳定和发展。管理者的职责就是不断通过管理活动引导和激励组织成员为企业目标的实现而努力。②企业管理的组织性,企业是为了实现一定的经济、目标和其他目标而将人、财、物等要素融合为一体的一个人造系统。为了保证企业组织中各种要素的合理配置和使企业协调运转,以实现企业的目标,就需要在企业中实施管理。另外,企业管理的载体是企业的组织架构,有效的管理活动需要通过高效率的组织来实现。③企业管理的人本性,企业管理的人本性是指在企业管理过程中应当以人为中心,把理解人、尊重人,调动人的积极性放在首位,把人作为管理的重要对象和企业的重要资源。这样才能协调好其他要素,实现高水平的管理。④企业管理的创新性,管理的创新性是指管理本身是一种不断变革、不断创新的社会活动。在当今经济全球化与竞争越来越激烈的条件下,面临着动态变化的环境,企业更在管理中不断寻求创新,以适应快速变化的环境,在激烈的竞争中获得生存。⑤企业管理的艺术性,影响企业管理效率的因素是复杂多变的。企业管理的艺术性是指在掌握一定的企业管理理论和方法的基础上,灵活应用这些知识和技能的技巧和诀窍,以提高企业管理的效率。企业管理的艺术性强调的是,管理人员必须在管理实践中发挥积极性、主动性和创造性,因地制宜地将企业管理知识与具体管理活动相结合,才能进行有效的管理。

2.企业管理的基础工作

企业管理基础工作,是企业在生产经营活动中,为实现企业的经营目标和管理职能,提供资料依据、共同准则、基本手段和前提条件必不可少的工作。企业管理好像一棵大树,基础工作是树根,只有根深才能叶茂。企业管理基础工作主要包括标准化工作、定额工作、计量工作、信息工作、制度化工作和基础教育工作。

(四)管理与经济

管理科学从其产生之始,就对企业经营和经济的发展起到了巨大的推动作用。在当今"经济全球化""信息化"的新时期,企业管理者必须加强经济学的学习,把科学的管理决策思维运用于企业的管理活动中,增强企业的竞争力。

到目前为止,管理科学已经从古典管理理论、行为科学理论阶段发展到了现代管理理论阶段,管理实践也从经验管理、科学管理发展到了文化管理,并随着人类社会、经济、政治、科技和文化实践与进步而不断发展。管理对经济的贡献已被认同。管理与经济中的劳动力、资本、技术要素不同,它既是一种投入要素,又是其他三个要素的组合性要素。当将其他三个要素投入到经济资源储备中时,经济会按生产函数规则增长,而管理要素可能按规则,也可能通过改变规则来影响经济的运行与增长。对企业经营者而言,一方面,要素的组织者要把资本、劳动、技术等生产要素进行合理的配置和组合,并使之有效地运行,产生最优的效率;另一方面,必须捕捉到市场机会,才有可能获得超额利润。因此,经营管理对企业经济效益的作用是一般劳动无法替代的,经营管理作为一种独立的生产要素能够产生经济效益,也能够创造生产力,认清管理对经济的贡献,有助于我们自觉学习管理科学。企业管理的主要目标是要使企业利润最大化。这就要求企业在进行生产经营决策时,应根据其可能的条件,寻求最有利于实现这一目标的行动方案。企业寻求和选择最优行动方案的分析决策过程,即为企业决策的最优化。学习经济学的目的就是提高效率、降低成本以实现企业所追求的利润最大化的最终目标,而在市场经济这个大环境下,企业利润最大化的目标,总是受到市场各方面的影响和制约。企业管理者需要解决"生产什么"和"怎样生产",正确地分析市场结构,再结合企业自身实际,寻求企业产品进入市场的切入点。然后,分析市场价格、产品周期,并根据社会生产技术条件,制定各种可能的生产策略,再预测各种策略的风险,以选择适合企业的恰当的生产方式。

在计划经济体制下,企业获得的利润是恒定的,不会随市场的波动而变化,而在市场经济条件下,产品价格随供求状况相对变动而发生波动。企业利润的有无和大小,往往取决于市场上产品价格与成本的相对大小,而经济学的目的就是适应市场的要求,运用科学的方法,结合各种生产要求,实现资源的最优组合,从而实现成本的最小化、企业利润的最大化。从资源的优化配置角度,如果企业管理人员没有适应市场的变化而改变传统的利润观,没有提高自己的决策能力和管理水平,那么企业将被淘汰。

第二章 创新思维方法

第一节 发散思维与收敛思维

一、发散思维

创新能力的核心是创造性思维,而发散思维是创造性思维方向性的指南针,是创造性思维的起点。在解决问题的过程中,人的思维常常表现出沿着许多不同的方向扩展,即"发散"的特征,使观念发散到各个有关方面,最终产生多种可能的答案而不是唯一的正确的答案,因而容易产生有创见的新颖观念。

(一)发散思维的含义

发散思维,又称辐射思维、放射思维、扩散思维或求异思维,是指大脑在思维时呈现的一种扩散状态的思维模式,即从一个目标或思维起点出发,沿着不同方向,顺应各个角度,提出各种设想,寻找各种途径,从而解决具体问题的思维方法。它表现为思维视野广阔,思维呈现出多维发散状态,如一题多解、一事多写、一物多用等方式。

心理学家认为,发散思维是创造性思维最主要的特点,是测定创新能力的主要标准之一。与人的创造力密切相关的是发散性思维能力及其转换的因素。

传统思维是基于知识与思维经验对思维对象进行逻辑判断的思考方式。而在创新活动中,人脑通过发散思维突破传统线性思维,向其他象限和维度扩散开来,思维的触角延伸向四面八方,随时接受任何灵感的触动。例如,"水"的发散思维,如图2-1所示。

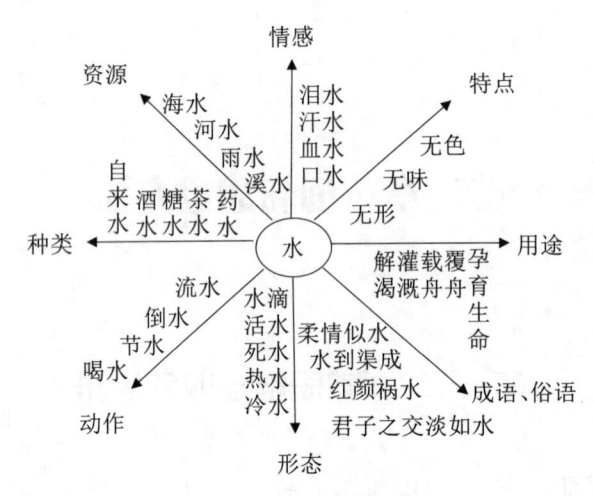

图2-1 "水的发散思维"

(二)发散思维的特点

发散思维具有流畅性、变通性、独特性、多感官性的特点。创新思维的关键在于如何进行发散。有人认为,科学家的创造能力与他的发散思维能力成正比,并且可以用"创造能力=知识量×发散思维能力"这一公式来表示。

1. 流畅性

流畅性是指短时间内就任意给定的发散源,选出较多的观念和方案,对提出的问题反应敏捷,表达流畅。机智与流畅性密切相关。流畅性反映的是发散思维的速度特征。目前我们课堂教学往往注重的是收敛性思维的培养和训练,缺乏的恰恰是那种能充分发挥学生的主动性和创造性的发散性思维训练,应该让学生追求多种答案。法国哲学家查提尔说:"当你只有一个点子时,这个点子再危险不过了。"美国的罗杰博士说:"习于寻求单一正确答案,会严重影响我们面对问题和思考问题的方式。"

曾有人请教爱因斯坦,他与普通人的区别何在。爱因斯坦答道:如果让一位普通人在一个干草堆里寻找一根针,那个人在找到一根针之后就会停下来;而他则会把整个草堆掀开,把可能散落在草里的针全都找出来。爱因斯坦在科学领域之所以能够取得那么大的成就,就是因为他在科学研究的过程中,不会找到一个方法后就停下来,而是不断地想出更多的方法,找到解决问题的方案,这充分体现了发散思维的流畅性。

2. 变通性

变通性是指思维能触类旁通、随机应变,不受消极思维定式影响,能够提出类别较多的新概念,能够举一反三,提出不同凡响的新观念、解决方案,产生超常的构想。变通过程就是克服人们头脑中某种自己设置的僵化思维框架,按照新的方向来思索问题的过程。

变通性比流畅性要求更高,需要借助横向类比、跨域转化、触类旁通等方法,使发散思维沿着不同的方向扩散,表现出极其丰富的多样性和多面性。

3.独特性

思维的独特性,就是指超越固定的、习惯的认知方式,以前所未有的新角度、新观点去认识事物,提出不为一般人所有的、超乎寻常的新观念。例如,红砖能够当尺子、画笔、交通标志等就是独特性思维。

4.多感官性

发散思维不仅运用视觉思维和听觉思维,而且充分利用其他感官接收信息并进行加工。发散思维还与情感有密切的关系,如果思维者能够想办法激发兴趣,产生激情,把信息感性化,赋予信息以感情色彩,就会提高发散思维的速度与效果。

(三)发散思维的常见形式

1.多路思维

多路思维就是根据研究对象的特征,人为地分成若干路径,然后一路一路的考虑,以取得更多解决方案的发散思维。这是发散思维最一般的形式。用多路思维进行思考可以化复杂为简单,化整为零,且使条理更清楚,思路更周密,使思维的流畅性、变通性大幅度提高,产生的有价值的方案也大大增多。

多路思维要求思考者善于一个路径又一个路径地想问题,而不要"一条道上走到黑"。

例如,以"电线"为题,设想它的各种用途,学生们自然地把它和"电、信号"等联系起来,作为导体;也可以把它当作绳用来捆东西、扎口袋等。但如果你把电线分成铜质、重量、体积、长度、韧性、直线、轻度等要素再思考,你会发现电线的用途无穷无尽。例如:可加工成织针,弯曲做鱼钩,可以做成弹簧,缠绕加工制成电磁铁,铜丝熔化后可以铸铜字、铜像,变形加工可以做外文字拼图,做运算符号等。

多路思维需要涉及各方面的知识,同时还要综合社会生活经验,这就需要在日常生活中细心观察,认真学习,拓宽知识面,要敢于冲破陈规陋习的束缚,进行创造性思维。

2.立体思维

立体思维就是在考虑问题时突破点线、面的限制,从上下左右、四面八方去思考问题,即在三维空间解决问题。某些问题在平面上是不可能解决的,放到立体空间,就十分简单了。其实,有不少东西都是跃出平面、伸向空间的结果。小到弹簧、发条,大到奔驰长啸的列车、耸入云天的摩天大厦,最典型的例子要数电子王国中的"格里佛小人"——集成电路了。立体形态的电子线路板制造出来后,不仅在上下两面有导电层,而且在线路板的中间设有许多导电层,从而大大节约了原材料,提高了效率。[①]

(四)发散思维的作用

发散思维是创造性思维的一个组成要素,其作用是为创造性思维活动指明方向,即要求朝着与传统的思想、观念、理论不同的另一个(或多个)方向去思维。发散思维的实质是要冲破传统思想、观念和理论的束缚。

1.发散思维是创新思维的核心与枢纽

创新思维的技巧性方法中,有许多都是与发散思维有密切关系的。发散思维开辟了线性逻辑思维之外的思维通道,使思维的原点连接四面八方。在这些高度通畅的道路上,联想思维、想象思维、侧向思维、逆向思维等创新思维得以自由驰骋。

2.发散思维是创新的基础与保障

发散思维的主要功能就是为随后的收敛思维提供尽可能多的解题方案。这些方案不可能每一个都十分正确、有价值,但是一定要在数量上有足够的保证。

(五)发散思维的方法

1.一般方法

发散思维的方法有以下五点:①材料发散法。以某个物品为"材料",以其为发散点,尽可能多地设想它的用途。②功能发散法。从某事物的功能出发,构想出获得该功能的各种可能性。③结构发散法。以某事物的结构为发散点,设想出利用该结构的各种可能性。④形态发散法。以事物的形态为发散点,设想出利用某种形态的各种可能性。⑤组合发散法。以某一事物为发散点,尽可能多地把它与别的事物进行组合,以形成新的可能。⑥方法发散法。以某种方法为发散点,设想出利用这种方法的各种可能性。⑦因果发散法。以某个事物发展的结果为发散点,推测出造成该结果的各种原因,或者由原因推测出可能产生的各种结果。

2.假设推测法

假设的问题不论是任意选取的,还是有所限定的,所涉及的都应当是与事实相反的情况,是暂时不可能的或是现实不存在的事物对象和状态。

---

① 刘江南,谌霖霖.创新思维与方法[M].长沙:湖南大学出版社,2019.

由假设推测法得出的观念可能大多是不切实际的、荒谬的、不可行的,这并不重要,重要的是有些观念在经过转换后,可以成为合理的、有用的思想。

3.集体发散思维

发散思维不仅需要用上我们自己的全部思考,有时候还需要用上我们身边的无限资源,集思广益。集体发散思维可以采取不同的形式,如我们常常戏称的"诸葛亮会"。创新技法篇中我们将详细介绍应用集体发散思维的方法——头脑风暴法。

二、收敛思维

(一)收敛思维的含义

收敛思维与发散思维是一对互逆的思维方式。收敛思维也叫做"聚合思维""求同思维""辐集思维"或"集中思维",是指在解决问题过程中,尽可能利用已有的知识和经验,把众多的信息和解题的可能性逐步引导到条理化的逻辑序列中去,最终得出个合乎逻辑规范的结论。

收敛思维也是创造性思维的一种形式。与发散思维不同,发散思维是为了解决某个问题,从这一问题出发,想的办法、途径越多越好,总是追求更多的办法;而收敛思维使我们直接对准思维目标,如图2-2所示。收敛思维也是为了解决某一问题,在众多的现象、线索、信息中,向着问题的一个方向思考,根据已有的经验、知识或发散思维中针对解决问题的最好办法而得出最终结论。如果说,发散思维是由"一到多"的话,那么,收敛思维则是由"多到一"。当然,在集中到中心点的过程中也要注意吸收其他思维的优点和长处。

吉尔福德认为,收敛思维属于逻辑思维推理的领域,可纳入智力范围。虽然发散思维是创造性思维中最基本、最普遍的方式,但是,没有收敛思维,就没有办法确定由发散思维所得到的众多方案中,究竟哪一个方案最合适。

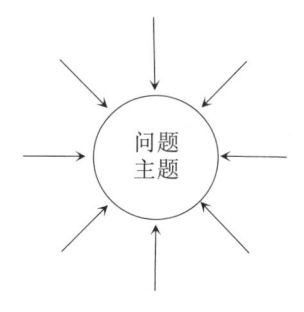

图2-2 收敛思维图

(二)收敛思维的特点

1.唯一性

尽管解决问题有多种多样的方案和方法,但最终总是要根据需要,从各种不同的方案和方法中选取解决问题的最佳方案或方法。收敛思维所选取的方案是唯一的,不允许含糊其词、模棱两可,一旦选择不当,就可能造成难以弥补的损失。

2.逻辑性

收敛思维强调严密的逻辑性,需要冷静的科学分析。它不仅要进行定性分析,还要进行定量分析,要善于对已有信息进行加工,由表及里,去伪存真,仔细分析各种方案可能产生什么样的后果以及应采取的对策。

3.比较性

在收敛思维的过程中,对现有的各种方案进行比较才能确定优劣。比较时既要考虑单项因素,更要考虑总体效果。

收敛思维对创造活动的作用是正面的、积极的,和发散思维一样,是创造性思维不可缺少的。这两种思维方式运用得当,会对创造活动起促进作用;使用不当,就不能发挥应有的作用。但我们国家很长一段时间里,教育方法上忽视了收敛思维,这对创新能力的培养是不利的,需要进行改变。

三、发散思维与收敛思维的关系

发散思维可以开阔思路,获得灵感。这些思路、灵感还需要进一步遴选、加工、修改才可能形成最后的方案。这就需要运用收敛思维。发散和收敛正是大脑思维的一种完整体现。

收敛思维是指在解决问题的过程中,尽可能利用已有的知识和经验,把众多的信息和解题的可能性逐步引导到条理化的逻辑序列中去,最终得出一个合乎逻辑规范的结论。这就好比凸透镜的聚焦作用,它可以使不同方向的光线集中到一点,从而引起燃烧。

发散思维与收敛思维既有不同又相互联系。

(一)两者的思维指向相反

发散思维是由问题的中心指向四面八方,是为了解决某个问题,从这一问题出发,想的办法、途径越多越好,总是追求还有没有更多的办法。收敛思维是由四面八方指向问题的中心,是为了解决某一问题,在众多的现象、线索、信息中,向着问题的一个方向思考,根据已有的经验、知识或发散思维中针对解决问题的最好办法去得出最终的结论和最好的解决办法。

(二)两者的作用不同

发散思维是一种求异思维,要尽可能地在更广泛的范围内搜索,把各种不同的可能性都设想到。收敛思维是一种求同思维,要集中各种想法的精华,达到对问题系统、全面的考察,为寻求一种最有实际应用价值的结果,而把多种想法理顺、筛选、综合、统一。

(三)两者具有互补性

发散思维与收敛思维又是相互联系的,是一种对立统一的辩证关系。没有发散思维的广泛收集,多方搜索,收敛思维就没有了加工对象,就无从进行;反过来,没有收敛思维的认真整理,精心加工,发散思维的结果再多,也不能形成有意义的创新结果,也就成了废料。只有两者协同合作,交替运用,一个创新过程才能圆满完成。

发散思维与收敛思维不仅在思维方向上互补,而且在思维操作的性质上也互补。发散思维与收敛思维必须在时间上分开,即分阶段。如果它们混在一起,将会大大降低思维的效率。

在创造性解决问题的过程中,可以通过发散思维推测出许多假设和新的构想,再通过收敛思维,从中找出一个最正确的答案。在发散思维之后,还需进行收敛思维,也就是把众多的信息逐步引导到条理化的逻辑序列中去,以便最终得出一个合乎逻辑规范的结论来。事实证明,任何创造成果,都是发散思维与收敛思维的对立统一,往往是发散—集中—再发散—再集中,直至完成的过程。

第二节 联想思维

一、联想思维概述

(一)联想思维的含义

联想思维是指人脑记忆表象系统中,由于某种诱因导致不同表象之间发生联系的一种没有固定思维方向的自由思维活动,是由一个事物的概念、方法和形象想到另一个事物的概念、方法和形象的心理活动。联想思维可以将两个或多个事物联系起来,由此及彼,由表及里,发现它们之间相似、相关或相反的属性,或隐藏在这些事物背后的规律性,并在此基础上产生新的想法或创意。

(二)联想思维的特点

联想思维具有连续性、形象性、概括性的特点。

1.连续性

联想思维的主要特征是由此及彼。连绵不断地进行,可以是直接的,也可以是迂回曲折的,形成闪电般的联想链,而链的首尾两端往往是风马牛不相及的。

2.形象性

由于联想思维是形象思维的具体化,其基本的思维操作单元是记忆表象,是一幅幅画面,所以,联想思维和想象思维一样十分生动,具有鲜明的形象。

3.概括性

联想思维可以很快把联想到的思维结果呈现在联想者的眼前,而不顾及其细节如何,是一种整体把握的思维操作活动,因此有很强的概括性。

(三)联想思维的作用

1.在两个以上的思维对象之间建立联系

通过联想,可以在较短时间内在问题对象和某些思维对象间建立联系,这种联系会帮助人们找到解决问题的答案。

2.为其他思维方法提供一定的基础

联想思维一般不能直接产生有创新价值的新的形象,但是,它往往能为产生新形象的想象思维提供一定的基础。

3.活化创新思维的活动空间

联想,就像风一样,扰动了大脑的活动空间。由于联想思维有由此及彼、触类旁通的特性,所以常常把思维引向深处或更加广阔的天地,促使想象思维的形成,甚至灵感、直觉、顿悟的产生。

4.有利于信息的储存和检索

思维操作系统的重要功能之一,就是把知识信息按一定的规则存储在信息存储系统,并在需要的时候再把其中有用的信息检索出来。联想思维就是思维操作系统的一种重要操作方式,可以进行信息的储存和检查。

(四)联想思维的方法

1.自由联想发

自由联想法指的是思维不受限制的联想,可以从多方面、多种可能性中寻找问题的答案。

2.强制联想法

强制联想法是指把思维强制性地固定在一对事物中,并要求对这对事物产生联想。将看起来毫无关系的两个事物强行联系在一起,思维的跳跃较大,能帮助我们克服经验的束缚,产生新设想或开发新产品。

3.仿生联想法

仿生联想法是通过研究生物的生理机能和结构特性,设想创造对象的方法。自然界的生物经过亿万年的优选、演变,存在着人类取之不尽、用之不竭的创造模型。

二、联想思维的类型

(一)相似联想

相似联想就是由某一事物或现象想到与之存在形式、性质或意义上相似之处的其他事物或现象,进而产生某种新设想。

(二)相关联想

相关联想是在时间上和(或)空间上相互接近的事物之间进行联想,进而产生某种新设想的思维方式。例如,放在一张桌子上的手机和笔,二者表面上并无联系,但在空间上彼此接近,它们之间发生的联想即为空间接近联想。由此可能会产生:可操作手机电容屏的笔、可给手机充电的笔、可作为手机无线U盘的笔、笔形的手机等。

(三)对比联想

对比联想即相反联想,是根据事物之间存在的互不相同或彼此相反的情况进行联想,从而引发出某种新设想的思维方式。人们往往习惯于看到正面而忽视反面,因而相反的联想会使人的联想更加丰富,更加富于创新性。

(四)因果联想

因果联想是指由两个事物间的因果关系所形成的联想。

(五)连锁联想

连锁联想是根据事物之间这样或那样的联系,一环紧扣一环地进行联想,从而引发出新的设想的思维方式。

(六)自由联想

自由联想就是在看上去没有任何联系相距甚远的事物之间形成联想,以引发出某种新设想的思维方式。

三、训练联想思维的方法

(一)焦点客体法

焦点客体法是美国人温丁格特于1953年提出的,目的在于创造具有新本质特征的客体。主要做法是:将研究客体与偶然客体建立联想关系。焦点客体法的工作程序如下:①确定我们要研究的焦点客体;②随机选取几个物体作为偶然客体;③分别写出这几个偶然客体的明显特征;④将以上写出的每个特征分别与焦点客体结合,得到新的焦点客体;⑤根据每个新的焦点客体得到新的想法;⑥将以上的新想法进行合理的汇总得到新的焦点客体。用此方法解决问题,使用表格形式比较方便。①

(二)类比法

类比法是把陌生的对象与熟悉的对象、未知的东西与已知的东西进行比较,从中获得启发而解决问题的方法。类比法的实施可分为直接类比、仿生类比、因果类比、对称类比等方法。

包括以下三种方法。

1.直接类比

直接类比,是从自然界或者已有的成果中寻找与研究对象相类似的东西而解决问题的方法。

2.仿生类比

将动物或植物的一些特性与研究对象的特性进行类比的思维方法。

3.因果类比

因果类比,是根据已有事物的因果关系与研究事物的因果关系之间的相同或类似之处,去寻求创新思路的一种方法。

4.对称类比

对称类比是利用对称关系进行类比而产生新成果的思维方法。例如,以往化妆品都是女人专用的,根据对称类比,男士化妆品应运而生了。

(三)移植法

移植法是指把某一事物的原理、结构、方法、材料等转移到当前的研究对象中,从而产生新成果的思维方法。移植法的实施可分为原理移植、结构移植、方法移植、材料移植等。

包括以下四种学习方法。

1.原理移植

原理移植就是将某种科学技术原理转用到新的研究领域。例如,根据音乐贺卡打开自动发声的原理,我国台湾地区一位业余发明家将其移植到汽车倒车提示器上,倒车时发出"倒车请注意"的声音。

2.结构移植

结构移植就是将某事物的结构形式和结构特征转用到另一个事物上,以产生新的事物。例如,拉链功能移植,某公司为有口蹄疫地区的动物做了数双短

---

①刘长存.创新思维与技法[M].大连:辽宁师范大学出版社,2015.

筒拉链靴,而美国将拉链移植到外科手术的缝合中。

3.方法移植

方法移植就是将新的方法转用到新的情景中,以产生新的成果。

4.材料移植

材料移植就是将材料的特性移植到新的事物上。漆黑的夜晚,如何能快速找到电灯的开关呢？如果它能自己发光就好了,现在有人利用亚硫酸锌白天吸光、夜间发光的特性,将它制成电器开关、夜光工艺品、夜光门牌等,使人们在夜晚也能轻松地看到它们。

四、联想思维的训练

联想思维能力训练可以分以下三步进行:①从给定信息出发,尽可能多地用到各种类型,形成多种多样的综合联想链。②给定两个没有关联的信息,寻找各种各样的联想链将它们连接起来。例如,建立一个从"粉笔"到"原子弹"的联想链:粉笔—教师—科学知识—科学家—原子弹。③寻找任意两个事物的联系,可以省去联想链,但要建立两个事物间有价值的联系,并由此形成创新设想或创意,这一阶段联想的难度较大,但它是最有价值的联想,应当多进行这方面的训练。

第三节 逆向思维

一、逆向思维概述

(一)逆向思维的含义

逆向思维又称反向思维。心理学研究表明:每一个思维过程都有一个与之相反的思维过程,在这个互逆过程中,存在正、逆思维的联结。所谓逆向思维,是指和正向思维方向相反而又相互联系的思维过程,是从事物的反面去思考问题的思维方式。这种方法常常使问题获得创造性地解决。

(二)逆向思维的特点

逆向思维具有普遍性、批判性、新颖性的特点。

1.普遍性

逆向思维在各种领域、各种活动中都有适用性,由于对立统一规律是普遍适用的,而对立统一的形式又是多种多样的,有一种对立统一的形式,相应地就有一种逆向思维的角度,所以,逆向思维也有无限种形式。如性质上对立两极的转换(软与硬、高与低等);结构、位置上的互换、颠倒(上与下、左与右等);过程的逆转(气态变液态或液态变气态、电转为磁或磁转为电等)。不论哪种方式,只要从一个方面想到与之对立的另一个方面,都是逆向思维。

2.批判性

逆向是与正向比较而言的,正向是指常规的、公认的或习惯的想法与做法。逆向思维则恰恰相反,是对传统、惯例、常识的反叛,是对常规的挑战。它能够克服思维惯性,破除由经验和习惯造成的僵化认识模式。

3.新颖性

循规蹈矩的思维和按传统方式解决问题虽然简单,但容易使思路僵化、刻板,摆脱不掉习惯的束缚,得到的往往是一些司空见惯的答案。其实,任何事物都具有多方面的属性。由于受过去经验的影响,人们容易看到熟悉的一面,而对另一面却视而不见。逆向思维能克服这一障碍,往往能出人意料,给人以耳目一新的感觉。

二、逆向思维的类型

(一)反转型逆向思维

反转型逆向思维是指从已知事物的相反方向进行思考,产生发明构思的途径。反转型逆向思维常常从事物的功能、结构、因果关系等方面进行反向思维。它打破了线性思维的指向性,将其思维方向进行逆转和颠覆,以开辟一种新的思考方向和化解问题的途径:①原理逆向就是从事物原理的相反方向进行的思考;②功能逆向就是按事物或产品现有的功能进行相反的思考;③结构逆向就是从已有事物的结构方式出发所进行的反向思考,如结构、位置的颠倒和置换等;④属性逆向就是从事物属性的相反方向所进行的思考;⑤程序逆向或方向逆向就是颠倒已有事物的构成顺序、排列位置而进行的思考;⑥观念不同,行为不同,收获不同;观念相同,行为相似,收获相同。运用观念逆向,创造性地解决问题。[1]

(二)转换型逆向思维

转换型逆向思维是指在研究问题时,由于解决这一问题的手段受阻,而转换成另一种手段,或转换思考角度思考,以使问题顺利解决的思维方法。它要求人们不拘泥于传统,从思维的教条中解放出来。这种"不合理中的合理因素"往往能成为出奇制胜的关键。

---

[1]吴兴华.创新思维方法与训练[M].广州:中山大学出版社,2019.

(三)缺点逆向思维

缺点逆向思维是一种利用事物的缺点,将缺点变为可利用的东西,化被动为主动,化不利为有利的思维方法。它是利用事物的不同状态特点,甚至利用其缺陷和不利因素来寻求具体问题的解决方法。这是一种化腐朽为神奇的思维方式,在最大程度利用有限资源的同时,提升了处理问题的水平和质量。它不仅是一种思维模式,更是一种独特的智慧。

这种方法并不以克服事物的缺点为目的;相反,它是化弊为利,找到解决方法。

三、逆向思维与发明原理

逆向思维广泛应用于创新领域。在发明问题解决理论(TRIZ)中我们可以找到很多应用逆向思维的方法和工具,例如,在TRIZ的基础创新工具集"40个发明原理"中就有多个应用反转型、转换型、缺点逆向思维的原理。下面列举两个典型的原理。

(一)反向作用原理

反向作用原理是TRIZ40个发明原理中的第13号原理,属于反转型逆向思维的方法。这一原理有3条注释:①不用常规的解决方法,而是反其道而行之,逆向思维;②使物体或外部介质的活动部分变成不动的,而使不动的成为可动的;③使物体运动的部分颠倒。

(二)变害为利原理

变害为利原理是TRIZ40个发明原理中的第22号原理。这一原理应用缺点逆向思维。TRIZ对变害为利原理的解释是:①利用有害的因素(特别是对环境的有害影响)来取得有益的效果;②将一有害因素与另一有害因素结合,抵消有害因素。这其实就是我们常说的以毒攻毒,一物降一物。如果系统里有一个有害的因素我们无法避免,那么可以引入另外一个有害的因素来抵消它达到消除有害作用或者大大降低有害作用的目的。③提高有害运作的程度以达到无害状态。

四、培养逆向思维的途径

(一)辩证分析

如前所述,正向思维和逆向思维反映了矛盾的对立统一规律。因此,我们可以从矛盾的对立面去思考问题。任何事物都是矛盾的统一体,如果我们从矛盾的不同方面去引导逆向思维,往往能认识事物更多的方面。

(二)反向推理

反向逆推,探讨某些命题的逆命题的真假。

(三)运用反证

反证法是正向逻辑思维的逆过程,是一种典型的逆向思维。反证法是指首先假设与已知事实和结论相反的结果成立,然后推导出一系列和客观事实、原理和规律相矛盾的结果,进而否定原来的假设,从而更加有力地证明已知事实和结论的正确性。

(四)执果索因

执果索因是指改变解决问题时的惯用思路,从果到因,从答案到问题。而创新是先明确问题,然后寻找答案,可以称为"形式为先,功能次之"。1992年,心理学家罗纳德·芬克、托马斯·沃德和史蒂芬·史密斯首次提出了"形式为先,功能次之"这一概念。他们发现,人会沿着两个方向进行创造性思考:一是从问题到答案;二是从答案到问题。研究结果表明,人们更善于在一个已知的形式里寻找其功能(从答案出发),而不太善于从一个已知的功能中建立形式(从问题出发)。

第四节 想象思维

一、想象思维概述

(一)想象思维的含义

想象思维是大脑通过形象化的概括作用,对大脑内已有的记忆表象进行加工、改造或重组的思维活动。想象能够冲破时间和空间的限制,而"思接千载""视通万里"。想象思维可以说是形象思维的具体化,是人脑借助表象进行加工操作的最主要形式,是人类进行创新及其活动的重要的思维形式。爱因斯坦说:想象力比知识更重要,因为知识是有限的,而想象力概括着世界上的一切,推动着进步,并且是知识进化的源泉。想象能力是创造性思维能力的核心,人类一旦失去了想象力,创造力也就随之枯竭了。

最早提到想象思维的是古希腊的亚里士多德。他在《心灵论》中说:"想象和判断是不同的思想方式。"古罗马时代的裴罗斯屈拉塔斯也曾说过,想象"是用心来创造形象"。文艺复兴时期的美学家和文艺理论家差不多都谈到了想象。例如,马佐尼把想象看成是"制造形象的能力"。培根在《论学问》中认为人类的认识能力有三种：记忆、想象和理智。17世纪的新古典主义者虽然强调理性，但也并不全部否定想象。18世纪的启蒙运动者，更把想象与感情结合起来，看成是文艺天才的一种特殊才能。英国经验派进一步从生理学和心理学的角度对想象做了深入细致的探讨。德国古典美学的奠基人康德把想象力与理解力的自由和谐看成是审美活动的基本特点之一。黑格尔也很重视想象，他说："最杰出的艺术本领就是想象。"

（二）想象思维的特点

想象思维具有形象性、概括性、新颖性和等特点。

1. 形象性

想象是通过对已有记忆表象进行加工而再造或创造新形象的过程，它加工的对象是形象信息，而不是语言或符号。例如，我们读文学作品中对人物或事物的描写，头脑中就会出现这个人物或事物的形象；听到天气预报就会想象相应的天气状况。想象思维的形象性，使它不同于逻辑思维，想象思维的过程和结果丰富多彩、生动活泼、直观亲切。

2. 概括性

想象思维是以形象的形式进行的，因而具有概括性。例如，把地球想象成鸡蛋，地壳是蛋壳，地幔是蛋白，地核是蛋黄，非常概括。科学家把原子结构想象成太阳系，原子核是太阳，核外电子是行星，围绕原子核高速旋转。

3. 新颖性

想象思维中出现的形象是新的，它不是表象的简单再现，而是在已有表象的基础上加工改造的结果。

4. 超越性

想象思维中的形象源于现实但又不同于现实，他是对现实形象的超越，正是借助这种对现实的超越，我们才产生了无数发明创造。

（三）想象思维的作用

1. 想象在创新思维中的主干作用

创造性思维要产生具有新颖性的结果，但这一结果并不是凭空产生的，要在已有的记忆表象的基础上，加工、改组或改造。创造活动中经常出现的灵感或顿悟，也离不开想象思维。

著名物理学家普朗克说："每一种假设都是想象力发挥作用的产物。"巴甫洛夫说："鸟儿要飞翔，必须借助于空气与翅膀，科学家要有所创造，则必须占有事实和开展想象。"以上名言充分说明了想象在创造性思维中起主干作用。

2.想象在创新思维中的主导作用

大哲学家康德说过:"想象力是一个创造性的认识功能,它能从真实的自然界中创造一个相似的自然界。"

在无数发明创造中,我们都可以看到想象思维的主导作用。发明一件新的产品,一般都要在头脑中想象出新的功能或外形,而这新的功能或外形都是人的头脑调动已有的记忆表象,加以扩展或改造而来的。就好像工程师要建楼,没有图纸就不知道该怎样下手,我们有目的地进行创造活动,就好像要在头脑里画好这样一张图纸,先把头脑中已有的记忆表象调动出来,再运用自己的想象选择加工,最终图画好了,我们所需要的结果就清晰地呈现在脑海里,创新的目的就达到了。

那么,如何发挥自己的想象力呢?德国的一名学者曾经说过这样的话:"眺望风景,仰望天空,观察云彩,常常坐着或躺着,什么事也不做。只有静下来思考,让幻想力毫无拘束地奔驰,才会有冲动。否则,任何工作都会失去目标,变得烦琐空洞。谁若每天不给自己一点做梦的机会,那颗引领他工作和生活的明星就会暗淡下来。"

3.想象在创新思维中的灵魂作用

精神生活对个人是很重要的。一个精神生活丰富的人,对生活常有感悟,便能更多地领略到生活的情趣与美,而人的精神生活是否丰富多彩,主要是看想象力是否丰富。

如欣赏艺术家的作品,要想解读作品的内涵,领略作品的美,就必须借助想象力来完成。想象力越丰富,则能感受到的美感就越多,对作者的认同感就越强,即产生了共鸣。比如读李清照的词:"梧桐更兼细雨,到黄昏,点点滴滴。这次第,怎一个愁字了得。"你能感受到词中透出的那丝丝凄凉吗?

二、想象思维的种类

(一)无意想象

无意想象是事先没有预定的目的,不受主体意识支配的想象。无意想象是在外界刺激的作用下,不由自主地产生的。例如,人们观察天上的白云时,有时把它想象成棉花,有时想象成仙女,有时又想象成野兽等;人们在睡觉时做的梦,精神病患者在头脑中产生的幻觉等,这些都是无意想象。无意想象可以导致灵感的产生,但无意想象不能直接创造出新东西,必须借助有意想象。

(二)有意想象

有意想象是事先有预定的目的,受主体意识支配的想象。它是人们根据一定的目的,为塑造某种事物形象而进行的想象活动。这种想象活动具有一定的预见性、方向性。有意想象可分为再造型想象,创造型想象和幻想型想象。

1.再造型想象——情境再现

再造型想象是根据他人的言语叙述、文字描述或图形示意,形成相应形象的过程。如读小说、诗歌想象出人物形象和故事情境;建筑工人根据建筑蓝图想象出建筑物的形象;看舞蹈、听音乐想象出的美好画面等。

再造型想象是理解和掌握知识必不可少的条件。再造型想象有一定的创造性,但其创造水平较低。再造型想象的结果与想象者知觉经验积累,认识事物水平、看问题的角度等息息相关。我们常说的"仁者见仁,智者见智""有一千个读者就有一千个哈姆雷特"都是这个道理。

2.创造型想象——推陈出新

创造型想象是根据一定的目的、任务,在脑海中创造出新形象的心理过程。它是用已经积累的知觉材料(记忆表象)作为基础进行加工,创造出新形象的过程。

3.幻想型想象——无中生有

幻想型想象是与生活愿望相结合并指向未来的想象。巴尔扎克说过:"想象是双脚站在大地上行进,他的脑袋却在腾云驾雾。"幻想型想象可分为理想和空想:理想是符合事物发展规律,有实现可能的积极的幻想;空想是与客观现实相违背的消极的幻想。

幻想型想象是创造型想象的特殊形式,二者的区别:一是幻想型想象所形成的形象,总是和个人的愿望相联系,并体现个人所向往、所祈求的事物,而创造型想象所形成的形象则不一定是个人所向往的形象;二是幻想型想象与当前的创造性活动没有直接联系,幻想型想象无法创造出当前的物质产品或精神产品,而是指向未来活动,但又常常是创造性活动的准备阶段。

三、提高想象思维能力

(一)想象思维的认知加工方式

想象思维的认知加工方式有四种:黏合、夸张、人格化和典型化。

1.黏合

黏合即组合,就是把不同记忆表象的一些组成部分或因素抽取出来,组合在一起,构成具有自己的结构、性质、功能与特征的能独立存在的特定事物新形象的思维加工方式。如《西游记》中猪八戒的形象。

2.夸张

夸张就是对客观事物形象中的某一部分进行改变,突出其特点,从而产生新形象。如漫画中的人物形象、神话中的千手观音形象、童话中大人国和小人国的形象等,都是使用了夸张的认知加工方式而形成的。

3.人格化

人格化就是对客观事物赋予人的形象和特征,从而产生新形象。如《西游记》中孙悟空的形象,动画片中米老鼠、唐老鸭的形象等。

4.典型化

典型化就是根据一类事物的共同特征来创造新形象。如小说中的人物形象就是作家综合了许多人的特点后创作出来的。[①]

(二)增强想象思维能力的途径

1.丰富表象积累

表象是再现于大脑中被感知的客观事物的形象,它是想象的现实依据。心理学研究表明:一个人记忆表象储备越多,他所展开的想象内容越丰富。想象无非是扩大和组合的记忆。扩大我们的视野正是丰富表象积累的重要途径,因为人对事物的认识是从感知事物开始的,只有开阔视野,才能接触鲜活的事实和知识,才能更多更好地感知多姿多彩的大千世界,储备丰富的记忆表象。

开阔视野有两种途径:一是开阔生活视野,留心观察和体验生活,留心各种各样的人和事,通过观察、调查、采访等方式采集大量的现象和事实,丰富作为想象原材料的表象;二是开阔阅读视野,多读各类书籍,积累生活的间接经验,丰富表象积累。

2.强化创新意识

人们的目的和需要决定了人们的思维积极性和活跃性,只有我们有较强的创新目的和创新需求,才能使我们的创新活动更有效率。

3.训练想象能力

具有包括:①再造型想象训练。训练再现的想象能力。如:先给出基础材料,然后调动已有的知识和表象积累,对材料进行想象,从而创造出一种源于材料又不同于材料的意象。②创造型想象训练。训练解决现实问题的想象能力。如:给出某一具体目标或功能,想象如何实现这一目标或功能。③幻想型想象训练。训练超现实的或面向未来的想象能力。如:想象一次火星旅行的经历。想象能力是青少年的一种宝贵品质。但一个人必须把幻想和现实结合起来,并且积极地投入实际行动,以免幻想变成永远脱离现实的空想。同时,一个人还应当把幻想和良好愿望、崇高理想结合起来,并及时纠正那些不切实际的幻想和不良愿望。

[①]王浩程,冯志友.创新思维及方法概论[M].北京:中国纺织出版社,2018.

第三章 创新思维技法

第一节 创造性思维方式

创新思维是指以新颖独创的方法解决问题的思维过程,以求突破常规思维的界限,以超常规甚至反常规的方法、视角去思考问题,提出与众不同的解决方案,从而产生新颖的、独到的、有意义的思维成果。创新思维的本质在于将创新意识的感性愿望提升到理性的探索上,实现创新活动由感性认识到理性思考的飞跃。

创新思维的运用目的,就是让我们具有"新的眼光",克服思维定式,打破技术系统旧有的阻碍模式。一些看似很困难的问题,如果我们投以"新的眼光",站到更高的位置,采用不同的角度来看待,就会得出新奇的答案。

在客观需要的推动下,创新思维以新获得的信息和已存储的知识为基础,综合运用各种思维形态或思维方式,克服思维定式,经过对各种信息、知识的匹配、组合,或者从中选出解决问题的最优方案,或者系统地加以综合,或者借助于类比、直觉等创造出新办法、新概念、新形象、新观点,从而使认识或实践取得突破性进展的思维活动。创新思维具有新颖性、灵活性、探索性、能动性和综合性等特点,是创新过程中最基本的手段。创造性思维方式就是从创新思维活动中总结、提炼、概括出来的具有方向性、程序性的思维模式。

一、发散思维与收敛思维

思想家托马斯·库恩认为,科学革命时期发散思维占优势,常规科学时期收敛思维占优势,一个好的探索者要在发散思维和收敛思维之间保持必要的张力。

(一)发散思维

发散思维是由美国心理学家J·P·吉尔福特提出的,是对同一问题从不同层次、不同角度、不同方向进行探索,从而提供新结构、新点子、新思路或新发现的思维过程。发散思维具有流畅性、灵活性和独特性的特点。

流畅性是思想的自由发挥,指在尽可能短的时间内生成并表达出尽可能多的思维观念以及较快地适应、消化新的思想观念,是发散思维量的指标。例如,在思考"取暖"有哪些方法时,可以从取暖方法的各个方向发散,有晒太阳、烤火、开空调、电暖气、电热毯、剧烈运动、多穿衣等,这些都是同一方向上数量的扩大,方向较为单一。

灵活性是指克服人们头脑中僵化的思维框架,按照某一新的方向来思索问题的特点。常常借助横向类比、触类旁通等方法,使发散思维沿着不同的方面和方向扩散。独特性表现为发散的"新异""奇特""独到",即从前所未有的新角度认识事物,提出超乎寻常的新想法,使人们获得创造性成果。

发散思维的具体形式包括用途发散、功能发散、结构发散和因果发散等。

采用发散思维,可以尽可能多地提出解决问题的办法,最后再收敛,通过论证各种方案的可行性,最终得出理想方案。

(二)收敛思维

收敛思维是将各种信息从不同的角度和层面聚集在一起,尽可能利用已有的知识和经验,将各种信息重新进行组织、整合,实现从开放的自由状态向封闭的点进行思考,从不同的角度和层面,把众多的信息和解题的可能性逐步引导到条理化的逻辑序列中,以产生新的想法,寻求相同目标和结果的思维方法,形成一个合理的方案。

发散思维所产生的设想或方案,通常多数都是不成熟或者不切实际的。因此,必须借助收敛思维对发散思维的结果进行筛选,得出最终合理可行的方案或结果。

二、横向思维与纵向思维

横向思维是截取历史的某一横断面,研究同一事物在不同环境中的发展状况,并通过同周围事物的相互联系和相互比较中,找出该事物在不同环境中的异同。纵向思维是从事物自身的过去、现在和未来的分析对比中,发现事物在不同时期的特点及前后联系而把握事物本质的思维过程。横向思维与纵向思维的综合应用能够对事物有更全面的了解和判断,是重要的创造性思维技巧之一。

(一)横向思维

横向思维是由爱德华·德·波诺于1967年在其《水平思维的运用》中提出的。横向思维从多个角度入手,改变解决问题的常规思路,拓宽解决问题的视野,从而使难题得到解决,在创造活动中发挥着巨大作用。

在横向思维的过程中,首先把时间概念上的范围确定下来,然后在这个范围内研究各方面的相互关系,使横向比较和研究具有更强的针对性。横向思维对事物进行横向比较,即把研究的客体放到事物的相互联系中去考察,可以充分考虑事物各方面的相互关系,从而揭示出不易觉察的问题。

(二)纵向思维

纵向思维被广泛应用于科学和实践之中。事物发展的过程性是纵向思维得以形成的客观基础,任何一个事物都要经历一个萌芽、成长、壮大、发展、衰老和死亡的过程,并且在这个发展过程中可捕捉到事物发展的规律性,纵向思维就是对事物发展过程的反映。纵向思维按照由过去到现在、由现在到将来的时间先后顺序来考察事物。

三、正向思维与逆向思维

正向思维是按常规思路,以时间发展的自然过程、事物的常见特征、一般趋势为标准的思维方式,是一种从已知到未知来揭示事物本质的思维方法。与正向思维相反,逆向思维在思考问题时,为了实现创造过程中设定的目标,跳出常规,改变思考对象的空间排列顺序,从反方向寻找解决办法的一种思维方法。正向思维与逆向思维相互补充、相互转化。

(一)正向思维

这是人们最常用到的思维方式。正向思维法是在对事物的过去、现在充分分析的基础上,推知事物的未知部分,提出解决方案。

正向思维具有如下特点:在时间维度上是与时间的方向一致的,随着时间的推进进行,符合事物的自然发展过程和人类认识的过程;认识具有统计规律的现象,能够发现和认识符合正态分布规律的新事物及其本质;面对生产生活中的常规问题时,正向思维具有较高的处理效率,能取得很好的效果。[1]

(二)逆向思维

逆向思维法利用了事物的可逆性,从反方向进行推断,寻找常规的岔道,并沿着岔道继续思考,运用逻辑推理去寻找新的方法和方案。

四、求同思维与求异思维

求同思维是指在创造活动中,把两个或两个以上的事物,根据实际的需要,联系在一起进行"求同"思考,寻求它们的结合点,然后从这些结合点中产生新创意的思维活动。

---

[1]陶友青.创新思维 技法 TRIZ 专利实务[M].武汉:华中科技大学出版社,2018.

求异思维法是指对某一现象或问题,进行多起点、多方向、多角度、多原则、多层次、多结果的分析和思考,捕捉事物内部的矛盾,揭示表象下的事物本质,从而选择富有创造性的观点、看法或思想的一种思维方法。

(一)求同思维

求同思维是沿着单一的思维方向,追求秩序和思维缜密性,能够以严谨的逻辑性环环相扣,以实事求是的态度,从客观实际出发,来揭示事物内部存在的规律和联系,并且要通过大量的实验或实践来对结论进行验证和检验。

求同思维进行的是异中求同,只要能在事物间找出它们的结合点,基本就能产生意想不到的结果。组合后的事物所产生的功能和效益,并不等于原先几种事物的简单相加,而是整个事物出现了新的性质和功能。

(二)求异思维

在遇到重大难题时,采用求异思维,常常能突破思维定式,打破传统规则,寻找到与原来不同的方法和途径。求异思维在经济、军事、创造发明、生产生活等领域广泛应用。求异思维的客观依据是任何事物都有的特殊本质和规律,即特殊矛盾表现出的差异性。要进行求异思维,必须积极思考和调动长期积累的社会感受,给人们带来新颖的、独创的、具有社会价值的思维成果。

第二节 创造性思维技法

对创新思维的内在规律加以总结归纳,形成有助于方案产生或问题解决的策略,即为创造性思维技法。在具体的问题解决和方案生成中,对创造性思维技法的系统化应用以及辅助工具的支持也是非常关键的。

创造性思维技法是有效、成熟的创造性思维的规律化总结与结构化表达。

一、整体思考法

整体思考法是由德·彼诺(Edward de Bono)开发的一个全面思考问题的模型,它提供了"横向思考"的工具,避免把时间浪费在相互争执上。这种方法将思维方式分为六类,而每次思考时思考者只能用一种方式思考,这样可有效避免思维混杂,为在需要一种确定类型的思维时提供形式上的方便。同时,可将一般争辩型思维向制图型思维转化,从而形象地展示出思考的路线,这有利于思维的展开和整理(见图3-1)。

客观性思考:思考者要撇开所有建议与辩论,而仅对事实、数字和信息进行思考。通过提以下问题和回答罗列出已有信息和需求信息：已得到什么信息？缺少什么信息？想得到什么信息？怎样得到这些信息？

探索性思考：是尽可能多地提出各类新奇建议，创造出新观念、新选择。这是极其重要且最有价值的思考方式，通过其他思考方式加工处理后，可逐步变成切实可行的方案。

积极性思考：是以一种积极的态度和看法思考事物的优点，基于逻辑寻找事物发展的可能性。例如：它为什么有利？它为什么能做？为什么它是一件要努力做好的事情？其中包含了什么潜在价值？有时一些概念所包含的优势并不是十分明显，需要刻意寻找。

批判性思考：思考时，要在事实基础上对问题提出质疑、判断、检验，甚至逻辑否定，并批判性地找到方案不可行的原因。例如：它安全吗？它同事实相吻合吗？这事能做吗？批判性思考可以纠正事物中存在的错误和问题本身。

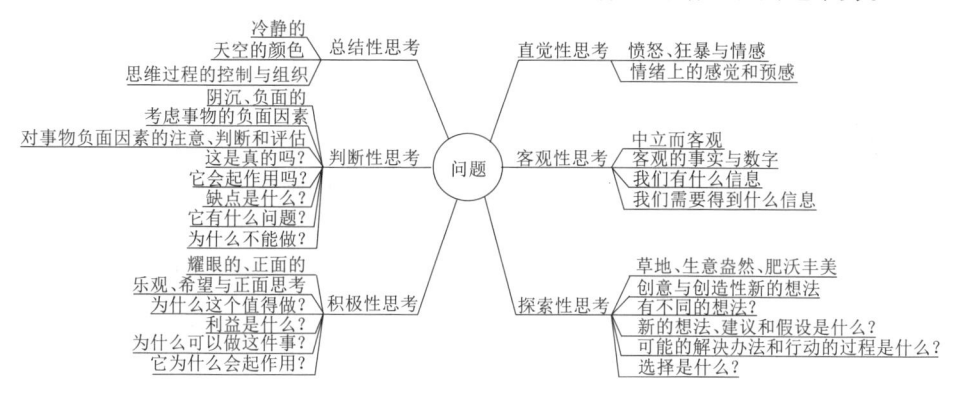

图3-1 整体思考法的不同思维角度

总结性思考：思考过程中对思考方案的及时总结，对下一步进行安排。在进行总结性思考时，要控制思维的进程，保持冷静，评价所运用的思维并及时对思考结果进行总结。

直觉性思考：在进行直觉思考时，要表达出对项目、方法的感觉、预感或其他情绪，但并不要求给出原因。例如，觉得项目有没有前景？使用这种方法能不能达到目的？尽管有时候没办法将直觉背后的原因说清楚，但它在思考过程中可能非常有用。在直觉思维之后通常还应用一些其他的思考方法对其结果加以验证。

整体思考法的一般性思考顺序是：客观性思考→探索性思考→积极性思考→批判性思考→探索性思考→总结性思考→批判性思考→直觉性思考。在实际运用时，应针对不同的问题性质，结合思考方式自身的思维特点来安排其顺序。

二、多屏幕法

多屏幕法(又称九屏幕法)即对情境进行整体考虑,不仅考虑目前的情境和探讨的问题,而且还有它们在层次和时间上的位置和角色。多屏幕法具有可操作性、实用性强的特点,可以更好地帮助使用者质疑和超越常规,克服思维定式,为解决实践中的疑难问题提供清晰的思维路径。

根据系统论的观点,系统由多个子系统组成,并通过子系统间的相互作用实现一定的功能,简称为系统。系统之外的高层次系统称为超系统,系统之内的低层次系统称为子系统。我们所要研究的、问题正在发生的系统,通常称作"当前系统"(简称系统)。例如,如果把汽车作为一个当前系统,那么轮胎、发动机和方向盘都是汽车的子系统。因为每辆汽车都是整个交通系统的一个组成部分,交通系统就是汽车的一个超系统。

当前系统是一个相对的概念。如果以轮胎作为"当前系统"来研究的话,那么轮胎中的橡胶、子午线等就是轮胎的子系统,而汽车、大气、车库等都是汽车的超系统。

在分析和解决问题的时候,多屏幕法要考虑当前系统及其超系统和子系统;要考虑当前系统的过去和将来,还要考虑超系统和子系统的过去和将来(见图3-2)。

超系统的过去	←	当前系统的超系统	→	超系统的未来
当前系统的过去	←	当前系统	→	当前系统的未来
子系统的过去	←	当前系统的子系统	→	子系统的未来

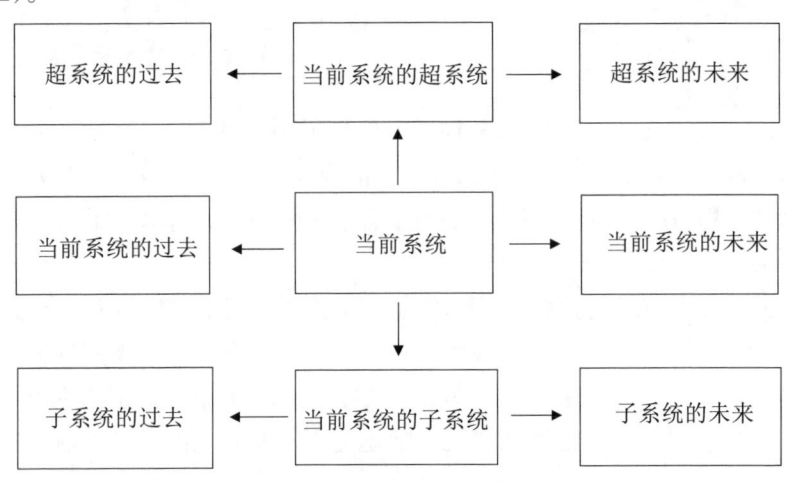

图3-2 系统思维的多屏幕法

考虑"当前系统的过去"是指考虑发生当前问题之前该系统的状况,包括系统之前运行的状况、其生命周期的各阶段情况等,考虑如何利用过去的各种资源来防止此类问题的发生,以及如何改变过去的状况来防止问题发生或减少当前问题的有害作用。

考虑"当前系统的未来"是指考虑发生当前问题之后该系统可能的状况,考虑如何利用以后的各种资源,以及改变以后的状况来防止问题发生或减少当前问题的有害作用。

当前系统的"超系统"元素,可以是各种物质、技术系统、自然因素、人与能量流等。人们通过分析如何利用超系统的元素及组合,来解决当前系统存在的问题。[①]

当前系统的"子系统"元素,同样可以是各种物质、技术系统、自然因素人与能量流等。人们通过分析如何利用子系统的元素及组合,来解决当前系统存在的问题。

当前系统的"超系统的过去"和"超系统的未来"是指分析发生问题之前和之后超系统的状况,并分析如何利用和改变这些状况来防止或减弱问题的有害作用。

当前系统的"子系统的过去"和"子系统的将来"是指分析所发生问题之前和之后子系统的状况,并分析如何利用和改变这些状况来防止或减弱问题的有害作用。

进行这些分析后,再来寻找这个问题的解决方案,我们就会发现一系列完全不同的观点:新的任务定义取代了原有任务定义,产生了一个或若干个考虑问题的新视角发现了系统内没有被注意到的资源等。

多屏幕思维方式是一种分析问题的手段,它体现了如何更好地理解问题的一种思维方式,也确定了解决问题的某个新途径。另外,各个屏幕显示的信息,并不一定都能引出解决问题的新方法。如果实在找不出好的办法,可以暂时先空着它。但不管怎么说,每个屏幕对于问题的总体把握,肯定是有所帮助的。练习多屏幕思维方式,可以锻炼人们的创造力,也可以提高人们在系统水平上解决任何问题的能力。

三、金鱼法

在创新过程中,有时候产生的想法看起来并不可行甚至不现实,但是,此种想法的实现却绝对令人称奇。如何才能克服对"虚幻"想法的自然排斥心理呢?金鱼法可帮助我们解决此问题。金鱼法的基础,是将一个异想天开的想法分为两个部分:现实部分及非现实(幻想)部分。接着,把非现实部分再分为两部分:现实部分及非现实部分,继续划分,直到余下的非现实部分有时会变得微不足

[①] 吕丽,流海平,顾永静.创新思维 原理 技法 实训 第2版[M].北京:北京理工大学出版社,2017.

道,而想法看起来却愈加可行为止。

金鱼算法具体做法是。

将不现实的想法分为两个部分:现实部分与非现实部分。精确界定什么样的想法是现实的,什么样的想法看起来是不现实的。

解释为什么非现实部分是不可行的。尽力对此进行严密而准确的解释,否则最后可能又得到一个不可行的想法。

找出在哪些条件下想法的非现实部分可变为现实的。

检查系统、超系统或子系统中的资源能否提供此类条件。

如果能,则可定义相关想法,即应怎样对情境加以改变,才能实现想法的看似不可行的部分。将这一新想法与初始想法的可行部分,组合为可行的解决方案构想。

如果我们无法通过可行途径,来利用现有资源为看起来不现实的部分提供实现条件,则可将这一"看起来不现实的部分"再次分解为现实与非现实部分。然后,重复前面步骤,直到得出可行的解决方案构想。

金鱼法是一个反复迭代的分解过程,其本质是将幻想的、不现实的问题求解构想,变为可行的解决方案。

第三节 因果分析法

当我们面对一个技术问题的时候,牵涉的因素往往很多,这时,分析的关键是理顺问题产生的原因,并充分挖掘技术系统内外部资源,以找到最有效解决问题的方案。

常见的因果分析方法有五个"为什么"、故障树、鱼骨图分析、因果矩阵分析等。

一、五个"为什么"分析法

在丰田公司的改善流程中,有一个著名的"五个为什么"分析法。要解决问题必须找出问题的根本原因,而不是问题本身;根本原因隐藏在问题的背后。举例来说,你可能会发现一个问题的源头是某个供应商或某个机械中心,即问题发生在哪里;但是,造成问题的根本原因是什么呢?答案必须靠更深入的挖掘,并询问问题何以发生才能得到。先问第一个"为什么",获得答案后,再问为何会发生,依此类推,问五次"为什么"。丰田的成功秘诀之一,就是把每次错误视为学习的机会,不断反思和持续改善,精益求精。通过识别因果关系链,来进行诊断。

这个方法的使用前提要求是对问题的信息充分了解,下面这个例子可以生动地解析这种方法的特点。

丰田汽车公司前副社长大野耐一先生,曾举了一个例子来找出停机的真正原因。

有一次,大野耐一发现一条生产线上的机器总是停转,虽然修过多次但仍不见好转。于是,大野耐一与工人进行了以下的问答:

一问:"为什么机器停了?"

答:"因为超过负荷,保险丝就断了。"

二问:"为什么超负荷呢?"

答:"因为轴承的润滑不够。"

三问:"为什么润滑不够?"

答:"因为润滑泵吸不上油来。"

四问:"为什么吸不上油来?"

答:"因为油泵轴磨损、松动了。"

五问:"为什么磨损了呢?"

再答:"因为,没有安装过滤器,混进了铁屑等杂质。"

经过连续五次不停地问"为什么",才找到问题的真正原因和解决的方法,在油泵轴上安装过滤器,在油泵轴上安装过滤器。如果没有这种追根究底的精神来发掘问题,很可能只是换一根保险丝草草了事,真正的问题还是没有解决。[①]

五个"为什么"分析方法并没有多么玄奥,只是通过一再追问为什么,就可以避免表面现象,而深入系统分析根本原因,也可避免其他问题。所以若能解决问题的根本原因,许多相关的问题就会迎刃而解。

二、鱼骨图分析

鱼骨图是由日本管理大师石川馨先生创建的,故又名石川图,这是一种发现问题"根本原因"的方法,也可以称之为"因果图"。鱼骨图分析法把问题以及原因,采用类似鱼骨的图样串联起来,鱼头是问题点,鱼骨则是原因,而鱼骨又可分为大鱼骨、小鱼骨、细鱼骨,小鱼骨是大鱼骨的支骨,细鱼骨又是小鱼骨的支骨,必要时,还可以再细分下去。大鱼骨是大方向,小鱼骨是大方向的子因,而细鱼骨则是子因的子因。鱼骨图分析法与头脑风暴法结合是比较有效的寻找问题原因的方法之一。

[①] 刘长存.创新思维与技法[M].大连:辽宁师范大学出版社,2015.

根据不同类型,可以有不同的鱼骨图模板(见图3-3)。

对于列举出来的所有可能的原因,还要进一步评价这些原因发生的可能性,用V(非常可能)、S(有些可能)和N(不太可能)三种类型来标志。

对标有V和S的原因,评价其解决的可能性,用V(非常容易解决),S(比较容易解决)和N(不太容易解决)三种类型来标志。

对标有VV、VS、SV、SS的原因,进一步评价其实施纠正措施的难易度,用V(非常容易验证)、S(比较容易验证)和N(不太容易验证)三种类型来标志。

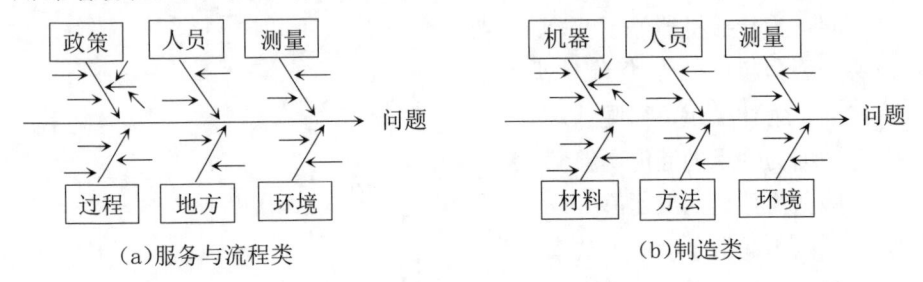

图3-3 两种类型的鱼骨图模板

通过评价,我们将VVV、VVS等原因在鱼骨图中标识出来。图3-4是"M研究所项目管理水平低下"所绘制的鱼骨分析图,其中将比较容易解决的方面直接在图中标识出来。

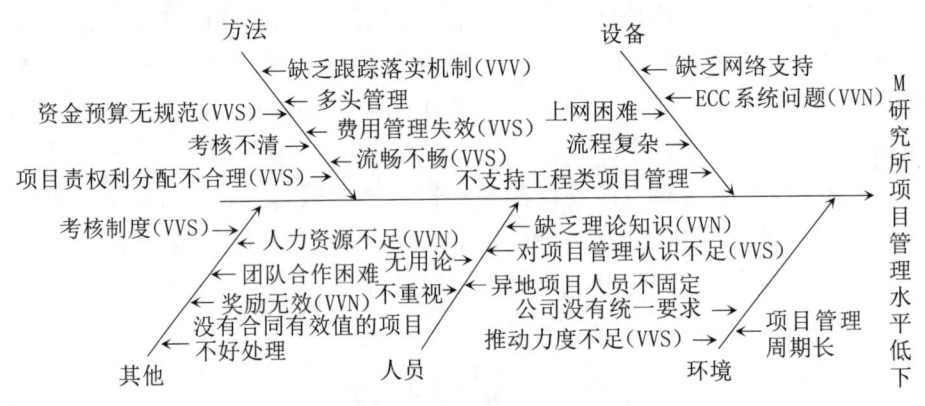

图3-4 完整鱼骨图样式

第四节 资源分析法

"资源"最初是指自然资源。人们不断地发现、利用和开发新能源,并创造出很多新的设计和技术。例如,太阳能蓄电池、风力发电机、超级杂交水稻、基因技术等。这些新技术、新成果,大多都来源于人们对现有资源的创造性应用。

一、资源的分类

资源有很多不同的分类方式。从资源的存在形态角度出发可将资源分为宏观资源和微观资源;从资源使用的角度出发可将资源分为直接资源和派生资源;从分析资源的角度出发可将资源分为显性资源和隐性资源。显性资源指的是已经被认知和开发的资源,隐性资源指的是尚未被认知或虽已认知却因技术等条件不具备还不能被开发利用的资源。

资源通常按照物质、能量、时间、空间、功能、信息等角度来划分。

物质资源:用于实现有用功能的一切物质。系统或环境中任何种类的材料或物质都可看作可用物质资源。例如废弃物、原材料、产品、系统组件、功能单元、廉价物质、水。创新理论认为:应该使用系统中已有的物质资源解决系统中的问题。

能量资源:系统中存在或能产生的场或能量流。一般能够提供某种形式能量的物质或物质的转换运动过程都可以称为能源。能源主要可分为三类:一是来自太阳的能量,除辐射能外,还经其转化为很多形式的能源;二是来自地球本身的能量,例如热能和原子能;三是来自地球与其他天体相互作用所引起的能量,例如潮汐能。系统中或系统周围的任何可用能量都可看作是一种资源,例如机械资源(旋转、压强、气压、水压等)热力资源(蒸汽能、加热、冷却等)、化学资源(化学反应)、电力资源、磁力资源、电磁资源。

信息资源:系统中存在或能产生的信息。信息作为反映客观世界各种事物的特征和变化结合的新知识已成为一种重要的资源,在人类自身的划时代改造中产生重要的作用。其信息流将成为决定生产发展规模、速度和方向的重要力量。[1]

时间资源:系统启动之前、工作中以及工作之后的一切可利用时间。

空间资源:系统本身及超系统的可利用空间。为了节省空间或者当空间有限时,任何系统中或周围的空闲空间都可用于放置额外的作用对象,特别是某

---

[1] 赵新军,李晓青,钟莹.创新思维与技法[M].北京:中国科学技术出版社,2014.

个表面的反面、未占据的空间、表面上的未占用部分、其他作用对象之间的空间、作用对象的背面、作用对象外面的空间、作用对象初始位置附近的空间、活动盖下面的空间、其他对象各组成部分之间的空间,另一个作用对象上的空间、另一个作用对象内的空间、另一个作用对象占用的空间、环境中的空间等。

功能资源:利用系统的已有组件,挖掘系统的隐性功能。例如,将飞机机舱门用作舷梯。

此外,相对于系统资源而言,还有很多容易被我们忽视,或者没有意识到的资源,这些资源通常都是由系统资源派生而来。能充分挖掘出所有的资源,是解决问题的良好保证。

二、资源分析方法

资源分析就是从系统的高度来研究和分析资源,挖掘系统的隐性资源,实现系统中隐性资源显性化,显性资源系统化,强调资源的联系与配置,合理地组合、配置、优化资源结构,提升系统资源的应用价值或理想度(或资源价值)。资源分析可以帮助我们找到解决问题所需要的资源,帮助我们在这些可能的方案中找到理想度相对比较高的解决方案。

资源分析的步骤如下。

第一步:发现及寻找资源。可以使用的工具如多屏幕法等。

多屏幕法按照时间和系统层次两个维度对情境进行系统的思考。它强调系统地、动态地、相关联地看待事物,将寻找到的资源填入表中。

第二步:挖掘及探究资源。挖掘就是向纵深获取更多有效的、新颖的、潜在的、有用的资源。探索就是针对资源进行分类,针对系统进行聚集,以问题为中心寻找更深层级的资源及派生资源。

派生资源可以通过改变物质资源的形态而得到,主要有物理方法和化学方法两种。

第一种:改变物质的物理状态(相态之间的变化)。包括物理参数的变化,如形状、大小、温度、密度、重量等;机械结构的变化:直接相关(材料、形状、精度)、间接相关(位置、运动)。

第二种:改变物质的化学状态。包括物质分解的产物;燃烧或合成物质的产物。

第三步:整理及组合资源。资源整合是指对不同来源、不同层次、不同结构,不同内容的资源进行识别与选择、汲取与配置、激活并有机融合,使其具有较强的系统性、适应性、条理性和应用性,并创造出新的资源的一个复杂的动态过程。

资源整合是通过组织和协调,把系统内部彼此相关又彼此分离的资源,及系统外部既参与共同的使命又拥有独立功能的相关资源整合成一个大系统,取得"1+1>2"的效果。

第四步:评价及配置资源。事实上,某一解决方案中采用的资源越少,求解问题的成本就越小。这里所说的成本应理解成为广义的成本。

对于资源的遴选,资源评估从数量上有不足、充分和无限,从质量上有有用的、中性的和有害的;资源的可用度从应用准备情况看,有现成的、派生的和特定的,从范围看有操作区域内、操作时段内、技术系统内、子系统中和超系统中,从价格上看有昂贵便宜和免费等。最理想的资源是取之不尽,用之不竭,不用付费的资源。

资源配置是指经济中的各种资源(包括人力、物力、财力)在各种不同的使用方向之间的分配。资源配置的三要素就是:时间、空间和数量。资源利用的核心思想是:挖掘隐性资源,优化资源结构,体现资源价值。

第四章 经济管理创新的宏观视角

第一节 宏观经济管理

一、宏观经济管理的必要性

(一)宏观经济管理的概念

宏观经济管理是管理大系统中的一个子系统,因此,阐述宏观经济管理的概念,需要从管理、经济管理、宏观经济等一些基本的概念谈起。

1. 管理的概念

管理是指人们为实现一定的目标而进行的计划、组织、指挥、协调、监督、控制等活动。管理产生于人类的共同劳动和社会行为,它是人类特有的、控制自身行为和有目的的自觉活动。只要有人类及其社会活动,小到家庭、单位的活动,大到国家、社会的活动,都普遍存在着管理。

管理作为针对人们行为的活动过程,它要求明确管理的目标是什么、谁去进行管理、管理什么、怎样管理,这就是管理构成的要素。管理的基本要素有四个:管理目标、管理主体、管理客体、管理职能。管理目标是管理预先设定并且要求达到的目的;管理主体和管理客体就是管理者和管理对象;管理职能是指管理方法、措施及管理手段的实施运用过程等。

管理的一般职能包括计划、组织、指挥、协调、监督和控制等。计划功能在于事先确定做什么、如何做何时做、达到什么标准等,即对将要进行的活动做出安排;组织功能在于建立一定的组织形式,有明确的分工和岗位,赋予相应的权限和责任;指挥功能在于建立统一的政策、法规、制度,下达统一的指令;协调功能在于使各单位、各部门之间做到密切配合,使各个方面、各个层次的关系得到协调;监督功能在于检查、发现和监察偏离、违背管理目标和要求的行为;控制功能在于对出现的新情况和新问题予以适时调整,对于偏离管理目标和要求的行为予以及时纠正。管理的这些功能是最一般的功能,并且是综合在一起共同发挥作用的。

管理普遍存在于人们社会生活的各个方面,如行政管理、经济管理、军事管理、科技管理、教育管理、卫生管理、企业管理等等。管理可以使人们在社会活动中目标明确,组织有序,利益协调,群力集中,效率提高,因而它的重要性是显而易见的,而且已经越来越被人们所认识和重视。

2. 经济管理的概念

经济管理就是对经济活动的管理,它是为了实现一定的经济目标而对经济运行过程进行的计划、组织、指挥、协调、监督和控制等行为的过程。经济管理包括了对社会再生产全过程及生产、分配、交换和消费等各个环节的管理。

一般而言,经济管理是为了实现某种经济目的而进行的管理活动,即它追求的是资源的合理配置、资源的充分利用、效率、节约等经济目的,因而它有别于行政管理、军事管理、教育管理等非经济的管理活动。

经济管理具有二重性,即自然属性和社会属性,这是由生产过程中的二重性即生产力属性与生产关系属性所决定的。马克思指出:"资本主义的管理就其内容来说是二重的,因为它所管理的生产过程本身具有二重性:一方面是制造产品的社会劳动过程,另一方面是资本的价值增值过程。"作为"制造产品的社会劳动过程",即生产的自然属性,使资本主义的经济管理具有社会生产力要求的一般性或共同性,而作为"资本的价值增值过程"即生产的社会属性,又使资本主义的经济管理具有了资本主义生产关系要求的特殊性。

社会主义经济管理也具有二重性,因为社会主义生产过程既是一个制造产品的一般的社会劳动过程,又是一个在社会主义生产关系下进行的特殊的社会劳动过程,因此,它要求社会主义的经济管理既要体现现代社会生产力发展的一般要求,又要体现社会主义生产关系的特殊要求。社会主义生产关系是建立在以生产资料公有制为主体的基础上的,它使得社会主义的生产目的不断满足人民日益增长的物质文化需要,使得劳动者成为社会和生产的主人,使得他们在生产、分配、交换和消费方面的关系是平等的、互助互利的。

认识经济管理的二重性具有十分重要的意义。管理具有自然属性使我们可以大胆地学习和借鉴包括资本主义社会在内的一切有利于生产力发展的、先进的管理经验和现代化的管理手段,共享人类共同的文明成果,以提高我们对现代社会生产的管理水平。管理具有社会属性又使我们的社会主义经济管理在生产关系的性质上区别于资本主义经济管理,我们要坚持经济管理的社会主义方向,维护劳动者作为社会和生产主人翁的地位,以及管理者与被管理者平等互利、相互配合和协作的关系,充分发挥劳动者的积极性与创造性,完善和巩固社会主义市场经济制度。

3.宏观经济管理的概念

经济运行按其主体和层次的不同可以分为微观经济与宏观经济。微观经济是指单个经济单位,如个别企业和消费者的经济行为及其相应的经济变量;宏观经济是指一个国家社会范围内的经济关系或整个国民经济活动以及相应的经济变量。与之相适应,经济管理也分为微观经济管理与宏观经济管理。

宏观经济管理是政府及其管理机构代表全体人民的意志和利益,遵循客观经济规律要求,为实现预期的发展目标,运用经济的、法律的、行政的手段和措施,对国民经济的总体运行和相应的经济总量变化进行计划、组织、指挥、协调、监督和控制的管理过程。简而言之,宏观经济管理就是政府对整个国民经济进行的全局性的和综合性的管理。

宏观经济管理的主体是政府。首先,政府具有宏观管理的政治权威。作为宏观经济管理主体的广义的政府是一个集行政、司法和立法等多种机构为系统的政府,它最能集中体现各阶层和各方面的利益,并能以制度、法律和行政等手段来支持和维护其管理。其次,只有政府才能承担国家管理经济的职能。随着生产力的发展和生产的日益社会化,特别是分工的不断深化,各种经济联系日趋复杂化,社会再生产的矛盾和社会各方面利益冲突进一步加剧,使得国家产生了干预调节经济的职能,国家的经济职能只有通过政府的相应职能机构来贯彻实施。现代市场经济条件下,国家的基本经济职能是:①制定和维护产权制度。②规范市场秩序。③提供公共产品。④干预调控社会经济。⑤制定促进社会公平的分配和再分配制度。最后,只有政府才有可能从总体上反映国民经济总量运行的客观要求,并具有调控宏观经济运行的能力。政府不仅有相应的宏观管理机构,而且重要的是政府掌握着国家财政、金融体系,控制着国家雄厚的国有资产和资源,建立了信息网络和数据处理中心等。这些都是政府实行宏观经济管理的重要保证。

宏观经济管理的对象是国民经济总体及其运行过程。与微观经济管理的对象是企业的生产经营活动不同,宏观经济管理涉及的是整个国民经济的可持续发展,经济总量的平衡和经济结构的优化、升级,区域经济的合理布局和协调发展,国土资源的合理开发、有效利用和生态环境的改善等一系列关系全局的重大问题。宏观经济管理,就是通过适当的手段和途径,全面提高国民经济的综合素质和运行效率,促进国民经济快速、健康增长,提高综合国力和国际竞争力。

(二)我国宏观经济管理的特征

宏观经济管理是生产社会化的客观要求,当今世界上所有市场经济国家都实行着程度不同的宏观经济管理,但是,社会主义市场经济国家同资本主义市场经济国家所实行的宏观经济管理,在管理目的、管理手段等方面有本质区别。同时,宏观经济管理同微观经济管理相比,也有许多不同之处。我国宏观经济管理具有以下特征。

1. 管理主体的行政性

从宏观经济管理的基本概念中可以看出,宏观经济管理的主体是国家各级政府,其实质是国家各级政府凭借行政权力,按照行政隶属关系对宏观经济总体及其运行所进行的行政性的管理。在我国的宏观经济管理中,各级政府存在着"统一领导,分级管理"的关系。中央政府是最高的管理权力机构,负责对整个国民经济和社会发展做出全面、系统的规划和安排,中央政府制定的各项宏观经济管理的方针政策,地方各级政府必须贯彻落实。同时,地方政府也拥有一定的管理地方宏观经济活动的自主权,但必须要以服从中央政府的统一管理为前提。

2. 管理客体的总体性

客体是指主体以外的客观事物,是主体认识和实践的对象。与主体相对应,管理客体是指能够为管理主体所认识、影响和控制的客观事物。如前所述,宏观经济管理的对象是一定范围内的经济总体及其运行。经济总体是由各个经济个体所组成的整体,也就是说,宏观经济总量的变化最终要取决于微观经济活动的个量变化,微观经济活动的总和构成了宏观经济运动,但经济总量又不是微观经济个量的简单相加,关于这一点,马克思在《资本论》中说得很清楚。马克思认为,个别资本运动的总和构成了社会资本运动。当然,在这里,社会资本的运动绝不是个别资本运动的简单相加。这就是说,经济总体与经济个体有着不同的运行规律,管理时也应采取不同的方式方法。进行宏观经济管理时必须树立整体的观念、全局的观念,所关注的始终是通过市场所反映的经济总量,而不是微观主体的个别经济行为。

3. 管理方式的间接性

以直接控制为主对整个国民经济实行管理,是计划经济体制特有的管理方式。市场经济条件下的宏观经济管理,主要采取的管理方式不是直接管理,而是间接调控、间接管理主要是对微观经济基础而言的,国家不下达更多的指令性计划,不去规定和指挥企业应当生产什么和如何进行生产。对于微观经济个体组织的生产经营活动,国家并不进行直接的干涉,而主要是运用经济手段、法律手段和必要的行政手段,引导企业做出符合国家宏观经济发展目标的决策和选择,从而实现国民经济的总量平衡。宏观经济管理方式的间接性指的是一般情况下以间接管理为主要方式,并不排斥国家对某些特殊行业和特殊企业实行直接管理,也不排斥在必要时对经济总体的运行实行直接管理和直接控制的可能性。

4.管理目的的全局性

所谓全局性,就是指宏观经济管理要从国民经济全局利益出发,维护国民经济全局的利益,使各局部利益服从于全局的利益。

在市场经济条件下,利益主体是多元化的,各利益主体本能地追求自身的利益并把自身利益置于第一位是极为正常的事。现实经济生活中,各利益主体的自发经济活动,有的是和全局利益相一致的,也有的会和全局利益发生矛盾。这种局部利益和全局利益相矛盾的情况并不少见,解决这类矛盾,只能依靠宏观经济管理。当然,宏观经济管理在维护国家整体利益的同时,并不忽视局部利益和个体利益的存在,而是要从整个国民经济发展的全局出发,妥善地协调和处理国家利益、局部利益和个体利益的关系,要兼顾各方面的利益,使它们达到有机的统一。宏观经济管理能够根据国民经济全局利益的要求,运用经济手段和法律手段,引导各利益主体的经济活动符合国民经济发展的要求,同时限制危害国民经济全局利益的经济行为。

(三)加强宏观经济管理的必要性

1.加强宏观经济管理是社会化大生产的客观要求

社会主义生产是建立在大机器工业上的社会化大生产。在社会化大生产的条件下,生产规模日益扩大,社会分工和协作日益复杂生产社会化的推进,使社会生产、流通、分配和消费在全社会范围内形成了紧密的联系,使整个国民经济成为一个有机的整体,因此,社会生产的联系、交换和协调就有了特别重要的意义。生产社会化是现代化大生产发展的必然趋势,随着社会生产力的发展,生产社会化的程度将越来越高。

生产社会化是指由分散的、孤立的、小规模的个体生产转变为集中的、相互联系的、大规模的社会生产的过程。生产社会化是社会生产力和社会分工日益发展的必然趋势。生产社会化的特点主要表现在:①生产过程由过去分散的、孤立的过程变为由许多人既相互分工又相互协作、共同进行的社会化的生产过程。②生产资料由过去只供个人家庭使用变为许多人共同使用的社会化的生产资料。③产品由单个人的产品变为社会的产品。④各个企业和各个部门之间的分工和专业化不断发展,它们之间的相互依赖和相互制约的协作关系更加密切。⑤随着生产规模的扩大和社会分工的发展,促进了生产的商品化,使过去分散狭小的地方市场变为全国统一的市场,并进而突破国家和民族的界限,形成和发展成为世界市场。

宏观经济管理的必然性在于生产的社会化所导致的社会分工和协作关系的发展。社会化大生产条件下,社会分工越专业化、越细密和越广泛,所要求的协作和相互依赖关系就越密切、越不可分割。这就需要对社会经济活动的各个方面、各个部门、各个地区以及社会生产的各个环节进行计划、组织、指挥和协调,因而客观上要求对国民经济进行统一的管理,要求协助宏观管理系统来调节社会生产的各个方面和各个环节,以保持整个国民经济活动协调一致地运行。特别是随着生产社会化的发展,生产规模日益扩大,分工和协作关系不断深化和广泛,国民经济活动就更加离不开宏观经济管理。

2.加强宏观经济管理是维护公有制主体地位的必要保证

社会主义市场经济的一个重要特征,就是坚持以公有制为主体,多种所有制经济共同发展的基本经济制度,这种经济制度是我们坚持国家社会主义性质的经济基础,这种制度要求:①公有资产在社会总资产中要占优势。②国有经济控制国民经济命脉。③国有经济对经济发展起主导作用。这种特殊的经济制度决定了我国政府宏观经济管理的职能可以国家政权代表的身份行使,也可以公有制特别是国有生产资料所有者代表的身份行使。在我国,国有企业是我国社会主义公有制的主要成分,经过几十年艰苦卓绝的努力,我国已经积累了相当雄厚的国有资产,为社会主义市场经济的建立奠定了强大的物质基础。改革开放以来,政府管理经济的职能在逐步转变,国有企业也进行了一系列的改革。在政企职责分开,所有权与经营权适当分离的情况下,政府把国有企业推向市场,对国有企业,虽然不直接插手经营,但仍然要以生产资料所有者的身份进行必要的管理,对关系国计民生的一些特殊国有企业的重大经营决策,国家还是要进行必要的指导和干预。

从整体上来说,国家不允许国有资产在盲目的市场竞争中削弱或流失。只有强化宏观经济管理,才能确保国有资产保值增值,确保国有经济真正成为市场主体。只有不断发展壮大国有经济,才能更好地发挥国有经济对国民经济的导向作用和对经济运行整体态势的控制力。只有保持强大的、有活力的公有制经济在整个国民经济中的主体地位,才能保证国家的社会主义方向,防止两极分化,最终实现共同富裕。

3.加强宏观经济管理可以弥补市场调节的缺陷

无论哪种社会制度的经济建设,都存在资源配置的问题。市场机制在资源配置中的作用被称为"看不见的手"的作用,它是指企业主在追逐自身利益即利润最大化目标的情况下,通过市场上的价格机制和竞争机制的作用,能使资源得到有效配置,市场也是资源配置的一种方式。但是,从西方国家市场经济的发展历史进程中可以看出,国民经济的运行和发展单靠市场的自发调节是远远不够的,它往往会造成经济运行的短期性、波动性和盲目性,如果任其自行发展,必然会导致周期性的严重经济危机,造成社会经济的巨大损失。市场调节存在着缺陷,这已经成为人们的共识。我国的社会主义市场经济同样具有一般市场经济的共性特征,所以,为了有效地发挥市场对资源配置的基础性作用,减少经济运行中的盲目性和自发性,节约社会劳动和社会资源,必须以国家为主体,对经济的整体运行实行宏观经济管理。事实上,当今世界各资本主义市场经济国家无一例外地都实行了宏观经济管理。如果说它们之间有什么差别,也只是在管理的方式和管理的程度上有所不同。可以说,现代市场经济都是有宏观经济管理的市场经济。

同时,依靠市场对资源进行配置,只有在微观经济领域才能显示出其有效性,而在宏观经济领域中的许多方面则是无能为力的。许多重大的经济问题,如社会总供给与社会总需求的严重失衡而引起的经济萎缩、失业增加或严重的通货膨胀问题;经济与社会协调发展的目标和发展战略问题;各经济利益主体之间的配合和利益协调问题;社会基础设施建设和公益事业的发展问题,限制垄断和防止严重的两极分化问题,等等。类似上述问题,市场机制都是无法解决的,必须依靠政府的宏观经济管理才能使这些问题得到妥善的解决。

二、宏观经济管理的内容与任务

(一)宏观经济管理的内容

1.宏观经济管理是对社会再生产总体运行过程的管理

社会经济运行过程实际上就是社会再生产的运动过程。从这个意义上说,经济管理也就是对社会再生产总体运行过程的管理。

(1)社会再生产是一个有机的统一体

社会再生产过程是由生产、分配、交换、消费四个环节组成的。生产是社会再生产的起点,消费是社会再生产的终点,分配和交换是生产和消费之间的中间环节。社会再生产四个环节之间不是彼此孤立的,而是相互依存、相互制约的,它们共同构成一个有机的统一体。

在生产、分配、交换和消费之间的关系上,消费是由生产、分配、交换所决定的,反过来,消费又对生产、分配、交换产生重要的作用。生产、分配、交换的对象、规模、结构和方式决定着消费的对象、规模、结构和方式,并创造出消费的动力,消费对生产的作用表现为它能使作为生产要素的劳动力被再生产出来,消费对分配的作用表现为分配得以最终实现,消费对交换的作用表现为使交换最终完成,并促进交换的扩大。在生产和消费的关系上,一方面,生产决定消费,决定消费的对象、消费的方式和消费的动力;另一方面,通过消费才能使产品成为现实的产品,消费又创造出生产的动力。在生产和分配的关系上,一方面,生产决定分配,表现为生产为分配提供了对象即用于分配的产品,人们参与生产的方式决定了分配的方式;另一方面,分配也决定着生产,生产资料的分配决定着生产结构,产品的分配也反作用于生产。在生产与交换的关系上,一方面,无论是生产过程内的交换,还是产品的交换,都是由生产决定的,生产的性质和分工发展的深度、广度决定了交换的性质、深度和广度;另一方面,交换又反作用于生产,交换的发展、市场的扩大,能够促进生产的进一步发展。[①]

(2)宏观经济管理与社会再生产的正常运行

社会再生产要顺利经过生产、分配、交换、消费四个环节,并循环往复,不断运动,必须具备一定的条件。这个条件是再生产的各个环节、各个方面所要求的比例关系必须相互协调。在社会再生产过程中存在的这些错综复杂、千变万化的各种比例关系,特别是一些关系社会再生产总体运行的重大比例关系,如果单靠市场机制的自发调节,显然是要付出诸如经济剧烈波动、资源极大浪费等沉重代价的。因此,社会再生产的正常运行,离不开政府的宏观经济管理。宏观经济管理的任务主要是调节和控制涉及社会再生产总体运行的全局性、战略性的各种比例关系,使它们相互协调。例如,社会总供给与总需求的比例、生产资料生产与消费资料生产的比例,不同产业之间的比例、投资与消费的比例、固定资产投资与生产要素供给的比例、各地区间的比例等。这些比例关系协调好了,社会再生产的各个环节之间就能够相互衔接,整个国民经济也就能按比例顺利地发展。

(3)宏观经济管理的经济内容

宏观经济管理就是要在国民经济全局范围内实现社会总需求与社会资源总供给的增长相适应,使现有的资源获得最有效、最合理的利用,实现最佳的经济效益和社会效益,使社会再生产的规模和能力逐步扩大和增强,使人民群众日益增长的物质和文化需要得到更好满足。其具体内容主要包括:社会总需求与社会总供给的总量平衡和结构平衡;经济增长速度和经济效益;固定资产投资的规模、结构和效益;产业结构的合理化和升级;消费基金的规模、结构和水平;进出口总额和国际收支的平衡;国民收入的分配和再分配;生产布局和地区

[①] 康芳,马婧,易善秋.现代管理创新与企业经济发展[M].长春:吉林出版集团股份有限公司,2020.

协作等。从推进社会主义市场经济体制改革的角度看,宏观经济管理的任务还包括:培育和完善包括劳动、资本、技术、土地等生产要素市场在内的社会主义市场体系;维护产权,规范市场秩序,保证公平竞争,调节分配,促进效率与公平;推进现代企业制度;完善社会保障制度;整治国土,保护环境和维护生态平衡等。

宏观经济管理的内容,除了包括经济发展的内容,还包括科学技术和社会事业发展的内容,因为经济不可能脱离科技和社会事业而孤立发展,因此,科技和社会事业发展也是宏观经济管理的重要内容。

2.宏观经济管理是对经济、科技和社会协调发展的管理

社会经济运行过程是经济、科技与社会事业之间相互依存、相互促进、三位一体地协调运行的过程。从这个意义上说,宏观经济管理必须对经济科技与社会事业发展统筹规划,协调安排。为此,我们应对经济、科技与社会事业发展及其相互关系有一个总括的认识。

(1)科学技术与经济社会发展的相互关系

当代科学技术突飞猛进地发展,愈来愈明显,直接地表现为一种现实的、巨大的生产力,关系着生产建设发展的深度和广度,成为经济发展中具有决定意义的因素之一。经济建设和社会发展所面临的许多重大问题的解决,都有赖于科学技术的发展和突破。21世纪是高科技发展的世纪,高新技术的不断突破,必将把整个经济社会发展推进到一个新的阶段。从另一方面来说,科技的发展也以一定的经济和社会发展为基础。发展科技要靠长期的、大量的人力、物力、财力的投入。没有经济实力的支撑,教育事业的发展及人才的培养、科技事业的进步是难以实现的。因此,一方面,科学技术的发展必须面向经济建设,考虑如何实现经济和社会发展的目标;另一方面,科技发展的方向、目标、重点以及规模和速度都必须同经济实力和社会发展状况相适应。

(2)社会事业发展与经济发展的相互关系

从广义上说,社会是指由一定生产关系所规定的人们在一定物质生产活动基础上所形成的相互联系的有机整体;社会发展则是指经济发展、政治发展、科技与教育发展以及人自身的发展等方面的综合。从狭义而言,社会发展则是指非经济的发展,包括与经济发展有间接联系的物质和非物质的交换、分配和消费活动的发展,如劳动力就业,人口数量增长和人口质量提高,社会保障建设,城市住宅和公用事业发展,环境保护,国土资源开发与整治,人民生活水平提高等,还包括文化、体育、教育、卫生事业的发展,人类精神生活的丰富,人自身的全面发展以及政治制度的进步等。这里所讲的社会发展是指狭义的社会发展。

在一定意义上可以说,科技发展也是社会发展的一部分,但我们通常把它作为一个单独的部分来研究。

一般说来,社会活动是起源于经济活动的。经济活动是各项社会活动的源泉,社会活动是经济活动的派生物。但是,社会活动也存在着自身独特的发展规律,总是对经济活动产生一定的影响。由于社会发展与经济发展之间在客观上存在着内在的联系,一国的社会事业发展的规模和速度必须同其经济发展状况相适应,既要考虑不超过经济发展水平提供的可能,也不能忽视了社会事业的落后对经济发展造成的不良影响。

(二)宏观经济管理的基本任务

政府对宏观经济的统一管理,是从全社会共同利益和国家长远利益出发,根据经济规律和市场经济运行机制的要求,对国民经济总体进行的计划、组织、指挥、协调、监督和控制。宏观经济管理的任务包括:制定经济社会发展战略和计划,维护产权制度和对国有资产进行管理,对整个国民经济进行宏观调节和控制,规范市场运行秩序,调整社会分配和完善社会保障,提供公共物品,保护环境,维护生态平衡,促进国民经济持续、快速、有序、健康发展和整个社会经济效益的全面提高,等等。在宏观经济管理的这些任务中,对国民经济总量的调控,即实现社会总供给和总需求在量上和结构上的基本平衡,并在此基础上努力促进国民经济的持续、快速,有序和健康发展是宏观经济管理最基本的任务。因此,在宏观经济运行的诸多矛盾中,如社会发展与经济发展的矛盾、工业与农业的矛盾、积累与消费的矛盾、经济发展与资源环境保护的矛盾、效率与公平的矛盾等,有一对基本的和主要的矛盾,即经济总量平衡与不平衡的矛盾,它贯穿于宏观经济领域所有的矛盾之中。这一矛盾无论是在传统的计划经济体制下还是在社会主义的市场经济体制下,都是存在的。在社会主义市场经济体制下,它有时还会表现得更明显,更突出。宏观经济管理只有牢牢抓住了这一基本的、主要的矛盾,才能把整个国民经济链条带动起来。所以,正确处理宏观经济总量的平衡问题,努力实现宏观经济的基本平衡,并且在此基础上促进国民经济的持续、快速、有序和健康发展,便成了宏观经济管理的两项最基本的任务。

1.保持经济总量的基本平衡

总量问题是宏观经济运行最基本的问题,在宏观经济运行中所指的经济总量平衡,主要是指社会总供给与社会总需求的平衡。

由于社会总供给与社会总需求这两个经济总量是宏观经济各种比例关系的综合反映,它们的平衡状况直接影响整个宏观经济的运行状况。因此,总量平衡是宏观经济管理的首要任务。

保持经济总量的基本平衡,是指保持社会总供给与社会总需求之间的大体平衡,防止和避免出现需求不足、生产过剩、市场疲软或需求膨胀、经济过热、通货膨胀这两种不正常现象,这是保证国民经济持续、快速、健康发展的前提条件,也是保持微观企业的生产经营能够有序进行的重要外部条件,在保持总量平衡方面,宏观经济管理的基本作用是"反经济周期",即尽量减弱和避免经济运行中的周期性震荡。一般来说,当经济出现过热的征兆时,政府应及时干预总需求,使投资和消费不致过旺;当经济出现滑坡时,政府应设法刺激总需求,增加投资和消费,以此来维持社会总供求之间的大体平衡。保持宏观经济运行的总体的平衡,主要包括以下几个方面的内容。

(1)努力保持社会总供给与社会总需求的基本平衡

社会总供给与社会总需求的基本平衡是国民经济快速、健康发展的前提,是理论与实际工作者追求的目标。如果总需求与总供给不平衡,市场价格就会偏离价值规律运行的轨道,就不能正确指示社会资源的稀缺状况和程度,不能正确反映供求关系的变化,从而导致市场机制失灵和经济运行的不正常。1997年以来,我国先后采取了一系列增加投资、刺激消费、拉动需求的宏观经济政策,以促使社会总供给与总需求的基本平衡,保持整个国民经济的正常运行。可见,保持社会总供给与社会总需求的基本平衡,乃是宏观经济管理的首要任务。

(2)保持生产结构与需求结构相适应

国民经济总量的平衡与国民经济各种结构的平衡是总供给与总需求平衡相互联系、相互制约的两个方面。总量平衡是结构平衡的前提,总量一旦失衡,必然引起结构的紊乱;结构平衡又是总量平衡的基础,结构一旦失衡,也必然表现为总量平衡的破坏。结构平衡的实质是产业结构、产品结构同需求结构相适应。虽然需求结构是随着生产力的发展而变化的,但在一定的生产力水平之上的社会需求结构是基本稳定的。所以,在通常情况下,总需求结构决定生产结构,而不是相反,因而不能强制地让需求结构适应生产结构。可见,在供给与需求的结构矛盾中,矛盾的主要方面是供给结构即生产结构。要根据社会经济的发展以及科学技术的进步来不断地调整产业结构、产品结构,以适应人民日益增长的物质文化需要,适应国内外市场变化的需求。

(3)努力做到价值平衡与实物平衡相统一

在社会主义市场经济条件下,社会总供给与总需求平衡的内容除了实物产品的供求平衡外,还包括劳务或服务的供求平衡,而劳务供求的计量只能用价值指标来衡量,这也表明市场经济中经济总量的平衡首先必须是价值平衡,实物平衡不能反映非物质生产部门即第三产业的发展状况。即使是物质生产部门,由于各种产品的使用价值千差万别和量上的不可通约性,也要求把价值平衡作为经济总量平衡的基础。但是,总供给与总需求的价值平衡,又离不开实物平衡;单纯强调价值平衡,必然会引起结构的失衡;片面强调实物平衡,必然会引起总量的失衡。因此,要把价值平衡与实物平衡很好地统一起来,要通过价值平衡来引导实物平衡,通过实物平衡来改善结构平衡,并最终使国民经济中总供给与总需求的平衡在总量与结构上达到统一。

2.促进经济结构的优化

搞好宏观经济的基本平衡,抓住国民经济的主要矛盾进行宏观经济管理,其目的就是要保证和促使整个国民经济能够持续、快持续、快速、健康发展,不仅要以经济总量的基本平衡为条件,而且过程,实质上是经济结构不断调整和优化的过程。这里所讲的经济结构,主要包括产业结构、产品结构、技术结构、企业组织结构和资源优化配置的客观要求,也是国民经济整体素质提高和实现经济结构的优化,是宏观经济管理的一项长期任务。结构优化的实质是要求资源配置合理化,保持不同产业和部门适当地投入产出,彼此间形成最佳组合的比例关系,使各种资源相互作用形成合力,使组合在一起的资源能够创造出最好的经济效益,并通过市场机制的作用转化成价值形式,推动和促进国民经济协调发展。实践证明,通过价格等市场机制的引导,通过有效的市场竞争,可以使社会资源在产业间、产业内得到不断的优化配置。但市场机制对资源配置也存在着局限性,单独依靠市场机制进行资源配置,某些重要的基础产业就会在相当长时期内因投资起点高、利润诱导不足等原因而得不到应有的发展。宏观经济管理的任务就是要从国民经济发展的根本需要出发,制定和实施正确的经济政策,依靠科技进步,强化应用技术的开发和推广,促进科技成果向现实生产力转化,不断提高经济增长中的科技含量,政府要在优化产业结构和产品结构、提高劳动者素质、推动科技进步等方面下大功夫,采取综合配套的政策和措施,限制粗放经营,鼓励集约经营,适度倾斜地配置资源,有重点地协调产业结构并对骨干产业和支柱产业等给予倾斜式的支持以促进其发展。

促进经济结构的优化,主要包括以下几个方面的问题。

第一,要力求国民经济持续地发展。所谓持续地发展,是指经济的发展要与社会、资源、环境的发展相协调、相一致,即经济的有效增长既要建立在社会体制创新、技术进步和有利于社会公平的基础上,又要与资源的可利用能力、环境的可承载能力和整个生态环境的改善相适应。促使国民经济的可持续发展,要求我们尊重自然的、社会的、经济的客观规律,能动地调控"自然—社会—经济"这一复合系统,在不超越资源与环境承载能力的条件下,保持经济的持续发展,既能保证人们的生活质量不断提高,又能保持资源永续利用和生态环境的不断改善;既满足当代人的需求,又不损害后代人满足其需求的能力。同时,经济的持续发展还应该避免经济发展过程中的大起大落。在我国社会主义经济建设的历史上,经济发展曾出现过几次大起大落的情况,究其原因,主要是由于指导思想上"左"的错误和宏观经济管理的失误所造成的。不顾实际可能,不遵循客观规律,盲目大干快上,其结果往往是发展速度一时上去了,很快又不得不降下来。

第二,要力求国民经济快速地发展。一般来说,提高经济效益是经济工作的核心内容,快速发展是经济工作的基本出发点和根本宗旨。社会主义要体现自身的优越性,就必须创造出比资本主义更高的经济增长速度。在具备条件时,我们应该抓住有利时机,加速发展经济,力争几年上一个新台阶。但是,我们要充分地认识到,快速发展要与经济效益的提高相统一,不能不顾经济效益而片面地追求高速度。同时,快速发展又要以比例协调为基础,离开了协调的比例关系,快速冒进只能导致经济大起大落。因此,保持国民经济的快速发展,必须正确处理好速度、效益和比例的相互关系。另外,我们还应注意到,快速发展是一个相对概念,判断速度的高低不能以一两个年度的速度为依据。从一个发展时期来看,只有持续、稳定地发展,才能有真正的高速度。宏观经济管理的一个重要任务,就是要把快速发展建立在比例协调、效益比较好、经济持续稳定发展的基础上。

第三,要力求国民经济有序地发展。所谓有序地发展,是指整个国民经济有秩序地运行,消除了经济运行中的无序现象。一般说来,经济发展秩序是指在特定的生产方式下保证经济正常发展和有效运行的机制和规则,社会主义市场经济体制的形成、发展和确立的过程,也是社会主义市场经济秩序的形成和完善的过程,两者是相伴而生的。国民经济持续、快速、健康地发展,有赖于完善的社会主义市场经济体制的秩序来保障,所以,宏观经济管理要把建立和维护国民经济运行秩序作为一项重要任务。它主要包括运用法律、法规和行政管理来规范政府、企业和劳动者的行为,规范商品市场和资本、劳动力等生产要素市场运行的秩序以及规范市场公平竞争的规则等三方面内容。

第四,要力求国民经济健康地发展。所谓健康地发展,就是指经济运行中速度、比例,效益的关系,生产、积累和消费之间的关系,经济发展与社会发展的关系,资源合理利用和生态环境保护之间的关系都比较协调,国民经济中各地区、各部门、再生产各环节之间的结构都比较合理,宏观经济效益与微观经济效益之间达到比较完美的统一。只有在国民经济持续、稳定、协调、有序发展的基础上,才能实现国民经济健康发展的目标。

国民经济持续、快速、有序和健康地发展是一个完整统一的概念,反映了社会主义市场经济内在规律的根本要求。如果国民经济能够持续、稳定、协调地发展,那么,整个国民经济的发展速度也必然是快的。要保证整个国民经济持续、快速、健康地发展,必须自觉地维护社会主义市场经济的运行秩序,反之,若社会主义市场经济运行秩序没有建立起来,就不可能保持国民经济持续、稳定、协调的运行态势,快速发展也就无从谈起。能否实现国民经济的持续、快速、有序、健康发展,很大程度上取决于我们宏观经济管理工作的好坏。管理得当,就能实现;管理失误,就不能实现。可见宏观经济管理的任务十分重要,它关系到整个国民经济能否快速发展,人民生活水平能否得到较快提高,社会主义现代化能否顺利实现。

(三)宏观经济管理的具体任务

宏观经济管理的基本任务,仅作一般的、基本的规定,它的具体内容在时限上还有各自的侧重点。因此,还需要把基本任务分解、具体化,以便于操作。按宏观经济管理的实际进程分为短期、中期和长期的具体任务。

1. 短期任务

短期任务一般指年度任务。年度计划是宏观经济处于运行过程中,各种经济矛盾最容易显露出来,比如,财政出现赤字、信用发生膨胀、重要物资供不应求、国际收支出现逆差等都会引起通货膨胀,经济过热;或者是相反情况,出现生产滑坡,市场疲软。无论发生哪种情况都必须及时加以解决。

短期宏观经济管理的侧重点,一般应放在总需求的调控方面,即通过必要的财政政策、货币政策及其他政策和措施来抑制或刺激消费需求和投资需求,进而调节总需求来适应既有的供给水平,以实现总供给与总需求的平衡。当出现需求不足时,政府的宏观调控应侧重于刺激总需求,以求在短期内解决需求不足带来的经济衰退和失业等问题;当出现需求过度时,政府的宏观调控就应侧重于抑制总需求,以尽快解决经济过热、通货膨胀和物价上涨等问题。

总供给和总需求的平衡是一个经常性、长期性的任务,只是它在短期任务中显得特别突出,许多深层次的经济矛盾还需要中长期任务来解决。

2. 中期任务

中期任务一般指五年规划的任务。五年规划是宏观经济管理的基本形式,它适合当前的生产力发展水平,许多重大的经济任务可以在五年内得到解决。

中期任务主要包括确定国民经济发展规模和速度,重要比例关系的安排,制定产业政策和产业结构的调整,地区政策和生产力布局,确定固定资产投资规模和投资结构,对外贸易和技术经济合作,科学技术和教育事业发展,人民生活水平的提高程度等。这些都是国民经济发展中的重大问题,它们相互联系、相互制约,要在综合平衡的基础上加以合理确定。

中期任务的突出矛盾是固定资产投资规模和投资结构的矛盾。固定资产投资规模直接关系到国民经济持续、快速、健康发展的方针,投资规模过大过小都不好,长期以来的倾向是投资规模过大,影响经济持续稳定发展。在投资规模上,一定要坚持建设规模与国力相适应的原则。投资结构直接影响产业结构和地区布局的合理性,要遵循按比例发展规律的要求,根据国家的产业政策和地区政策确定投资结构,并进行有效的调整和调节,使国民经济协调发展。

3.长期任务

长期任务是以十年或十年以上国民经济和社会发展规划的形式表现出来。它是社会化大生产和社会再生产过程连续性的要求。长期任务包括国民经济和社会发展的战略目标、战略重点。国民经济结构的调整和整体技术的改造,基础工业、基础设施建设,农业现代化建设,地区均衡发展的推进,重大工程项目的布局,科学技术的发展方向,教育事业的发展以及人口规模控制、资源和生态环境的保护等;长期任务具有纲领性的特点,它涉及国民经济发展的方向、人民的长远利益,具有动员人民、组织人民的号召力,要十分重视长期战略任务的制定,但长期任务由于时间较长,不确定因素较多,不可能详细制定,只是纲领性、原则性的指导。长期任务要落实到中期任务和短期任务上,使长、中、短期任务相互结合,形成长、中、短期任务体系。

第二节 经济发展模式与宏观管理目标

一、传统经济发展模式的基本特征及其运行轨迹

与经济体制模式相联系,我国的经济发展模式也经历了一个从传统模式向新模式的转变。为了把握新发展模式的基本内容和特征,我们需要从历史演变的角度,回顾传统经济发展模式及其转变。

(一)传统经济发展模式的基本特征

从中华人民共和国成立至党的十一届三中全会,这一时期的传统的经济发展模式是利用超经济的强制力量,优先发展重加工业,以数量扩张为主的内向型经济发展模式。

在四十多年的实践中,这种经济发展模式主要表现出以下几个基本特征。

1. 以高速度增长为主要目标

在这样一个发展模式中,经济增长速度一直是处于最重要的中心地位。然而,这又是以赶超先进国家为中心而展开的。在这样一种以高速度增长为主要目标的赶超发展方针指引下,追求产量、产值的增长成为宏观经济管理的首要任务。

2. 以超经济的强制力量为手段

从战略指导思想来说,主张从建立和优先发展重工业入手,用重工业生产的生产资料逐步装备农业、轻工业和其他产业部门,随后逐步建立独立、完整的工业体系和国民经济体系,并逐步改善人们的生活。在这一战略思想的引导下,我们一直把重工业,特别是重加工业作为固定的经济建设重心,实行倾斜的超前发展。然而,在一个基本上是封闭自守的经济系统中,这种倾斜的超前发展基本上或者完全依靠国内积累的建设资金。由于重工业的优先发展需要大量资金,国家只好采取超经济的强制力量,以保证这种倾斜的超前发展。因此,这种倾斜的超前发展实质上是以农业、轻工业等产业部门的相对停滞为代价的。

3. 以高积累、高投入为背景

为了通过倾斜的超前发展,迅速建立和形成一个独立、完整的工业体系和国民经济体系,就需要有高积累、高投入,以便大批地建设新的项目。因此,经济发展是以外延扩大作为基本方式的。在这样的发展模式下,大铺摊子,拉长基建战线,一哄而上,竞相扩展等现象,已成为必然的反映。

4. 一种封闭式的内向型经济发展模式

虽然,在这一发展模式下也存在着一定的对外经济技术交流关系,但通过出口一部分初级产品和轻工业产品换回发展重工业所需的生产资料,最终是为了实现经济上自给自足的目标,而且这种对外经济关系被限制在一个极小的范围内。因此,从本质上说,这是一种封闭式的内向型经济发展模式。在这一发展模式下,经济的自给自足程度就成为衡量经济发展程度的重要标志。这种传统的经济发展模式是一定历史条件下的特定产物,有其深刻的历史背景。传统经济发展模式受其历史局限性和主观判断错误的影响,存在着自身固有的缺陷。

(二)传统发展模式下经济的超常规发展轨迹

为了全面考察传统发展模式,并对其做出科学的评价,我们需要进一步分析传统发展模式下经济发展的轨迹。从总体上说,在传统发展模式下,我国的经济发展经历了一个偏离世界性标准的进程,留下了超常规的发展轨迹,其主要表现在以下几个方面。

1.总量增长与结构转换不同步

我国的结构转换滞后于总量增长,近年来,短缺与过剩并存已成为普遍现象,这种滞后制约了总量的均衡与增长。

2.产业配置顺序超前发展

我国在产业配置顺序上的超前发展,比一般后发展国家更为显著。重加工工业的超前发展,导致了农业、轻工业和基础工业先天发育不足。因为,重加工工业的超前发展是基于超经济强制地约束农业经济的发展。农业劳动生产率增长缓慢的同时,重加工业的超前发展严重损害了轻工业的发展。轻工业发展不足,使积累的主要来源的转换没有顺利实现,这不仅直接影响了农业承担积累主要来源的重大压力,而且未能完成满足资金密集型基础工业发展需要的历史任务。

3.高积累、高投入与低效益、低产出相联系

在我国工业化体系初步建立以后,那些曾经塑造了我国工业化体系的条件,如低收入、高积累和重型产品结构等,却反过来成为束缚自身继续发展的因素,从而造成高积累、高投入与高效益、高产出的错位,使国民经济难以走上良性循环的轨道。

4.农、轻、重之间的互相制约超乎寻常

在我国经济结构变动中,却出现了农、轻、重之间形成强大的相互制约力,三者产值平分天下的僵持局面。不仅农业与工业之间的结构变动呈拉锯状,而且轻工业与重工业之间的结构变动也是反反复复。这种农、轻、重大结构的势均力敌状态,造成较多的摩擦,使各种经济关系难以协调。

除以上几个主要方面之外,我国经济发展的超常规轨迹还表现在许多方面,如产业组织结构失衡,区域经济发展结构失衡,资源与生产能力错位;技术结构发展迟缓,中低技术繁衍等。这些都从不同的侧面反映了传统发展模式下我国经济发展非同寻常的特殊性。

二、新的经济发展模式的选择

传统的经济发展模式虽然在特定的历史条件下起过积极的作用,但由于其本身的缺陷以及条件的变化,已造成了不少严重问题。因此,要对经济发展模式做出新的选择。新的经济发展模式的选择,既要遵循经济发展的一般规律,又要充分考虑到我国经济发展进程中的基本特征,同时还要正视我们正面临的

压力和挑战。

（一）我国经济发展进程的基本特征

从传统经济向现代经济转化，是一个世界性的历史过程，任何一个国家的经济发展都会受到支配这个进程的共同规律的影响，从而表现出具有统计意义的经济高速增长和变动的状态。但是，由于各国经济发展的历史背景和内外条件不同，在其经济发展进程中会出现差异，有时甚至是极大的偏差。因此，在把握经济发展共同规律的基础上，必须研究各国从传统经济向现代经济转化中的特殊性。[①]

与其他国家相比，我国经济发展的历史背景和内外条件更为特殊，不仅与发达国家有明显的差别，而且与一般发展中国家也不相同。这就不可避免地使我国经济发展走出了一条与众不同的道路。我们认为，我国经济发展进程中的基本特征，可以归纳为"三超"，即超后发展国家，超大国经济和超多劳动就业人口。

这三个基本特征，不仅构造了我国经济发展的基本性状，而且也界定了我们选择经济发展战略的可能性空间，决定了我国经济发展非同一般的超常规轨迹。

（二）我国经济发展新阶段及其面临的挑战

除了考虑到我国经济发展进程的基本特征外，我们还应该看到，经过四十年的努力，我们已基本实现了经济建设的第一步任务，解决了人们的温饱问题，我国的经济发展开始进入一个新阶段。

如果说过去的经济发展主要是以低层次消费的满足来推动的话，那么在这个新阶段，国民经济的增长就是以非必需品的增长为主要动因。这是经济发展过程中的一个重大的质的变化。

但是，我国进入这个新成长阶段，与先行的发达国家不同，不是单靠自身获得的科学、技术和文化的进步来推动的，而是像许多发展中国家一样，不得不借助于外来的技术和知识，并受到外部消费模式的强烈影响。因此，在经济发展新阶段，我国将面临一系列新的问题和困难。

1.非必需品的选择

非必需品在消费方面具有很大的选择空间和替代弹性，而在生产方面，其不同的选择对资源约束、产业带动效应、就业弹性以及国民收入的增长有非常不同的影响。因此，我们一方面必须依靠非必需品的需求来推动经济的增长，

[①] 厉以宁,朱善利,罗来军,杨德平.低碳发展作为宏观经济目标的理论探讨——基于中国情形[J].管理世界,2017(6):1-8.

另一方面又要避免这种需求完全脱离本国的资源条件与供给能力,对本国的产业发展与结构转换产生不利的影响。

2.供给结构的调整

在这一阶段,以非必需品为主的消费结构的变动比较迅速,面对供给结构的长期超稳态却难以适应,从而形成严重的滞后发展。因此,国内结构性矛盾可能会升级。这样,我们就面临着大规模调整供给结构的艰巨任务。这种结构调整已经使产业结构合理化与高级化。

3.劳动力市场的就业压力

在满足非必需品需求的结构变动中,还要考虑如何在严重的资源约束的情况下,实现众多劳动力的充分就业。因为,在这一新阶段,将有大批农业剩余劳动力转移出来要求加入其他产业部门,但同时又不可能特别加大制造业在国民经济结构中的比重。

4.国际竞争的压力

随着对外开放的深入发展,外汇需求加速递增将成为必然现象,为缩小国际收支逆差,扩大出口创汇能力成为重要问题。然而,我国以初级产品为主的出口结构正面临着世界市场初级产品需求减少,价格下降的严重挑战,出口竞争加剧,创汇能力削弱。

5.新技术革命的冲突

正在蓬勃兴起的世界新技术革命日益强化着技术在经济发展中的作用,使发展中国家的劳动力资源优势逐步丧失。如果无视新技术革命对产业结构的冲击和对国民经济的影响,那么我国与世界的经济、技术差距将会进一步拉大。

(三)向新的经济发展模式转变

尽管新的经济发展模式不是对传统经济发展模式的彻底否定,而是对其的扬弃,但两者之间存在着本质的区别。

1.经济模式转变

传统经济发展模式向新经济发展模式的转变,是一种革命性的转变,历史性的转变。具体来说,有以下几个方面的本质性转变:①发展目标的转变,即由以单纯赶超发达国家生产力水平为目标转变为以不断改善人们的生活,由温饱型向小康型过渡为目标;②发展重心的转变,即由追求产值产量的增长转变为注重经济效益,增长要服从经济效益的提高;③发展策略的转变,即由超前的倾斜发展转变为有重点的协调发展,在理顺关系的基础上突出重点;④发展手段的转变,即由以外延型生产为主转变为以内涵型生产为主,提高产品质量,讲究产品适销对路;⑤发展方式的转变,即由波动性增长转变为稳定增长,稳中求进,尽量避免大起大落,反复无常。

2.经济体制改革

这种经济发展模式转变的实现,从根本上说,有赖于经济体制改革的成功。传统的经济体制不可能保证新的经济发展模式的实现,所以经济体制模式的转变是实现新经济发展模式的根本保证。在此基础上,建立新的经济发展模式要着力于以下几个方面:①对国民经济进行较大的调整;②要确立新的经济理论、思想观念和政策主张;③要端正政府和企业的经济行为。

三、新经济发展模式下的宏观管理目标

从一般意义上说,宏观管理目标是由充分就业、经济增长、经济稳定、国际收支平衡、资源合理配置、收入公平分配等目标构成的完整体系。但在不同的经济发展模式下,宏观管理目标的组合、重点以及协调方式是不同的。因此,随着传统经济发展模式向新的发展模式的转变,宏观管理目标的性质也会发生重大变化。

(一)宏观管理目标之间的交替关系

宏观管理目标之间存在着固定的关联。这种关联有两种类型:一种是互补关系,即一种目标的实现能促进另一种目标的实现;另一种是交替关系,即一种目标的实现对另一种目标的实现起排斥作用。在宏观经济管理中,许多矛盾与困难往往就是由这种目标之间的交替关系所引起的。这种目标之间的交替关系主要有以下几种。

1.经济增长和物价稳定之间的交替关系

为了使经济增长,就要鼓励投资,而为了鼓励投资,一是维持较低的利息率水平;二是实际工资率下降,使投资者有较高的预期利润率。前者会引起信贷膨胀,货币流通量增大;后者需要刺激物价上涨。

在供给变动缓慢的条件下,经济增长又会扩大对投资品和消费品的总需求,由此带动物价上涨。在各部门经济增长不平衡的情况下,即使总供求关系基本平衡,个别市场的供不应求也会产生连锁反应,带动物价上涨。

然而,要稳定物价,就要实行紧缩,这又必然会制约经济增长。因此,在充分就业的条件下,经济增长目标与稳定物价目标之间存在着相互排斥的关系。

2.经济效率与经济平等之间的交替关系

经济效率目标要求个人收入的多少依经济效率高低为转移,从而要求拉开收入差别。同样,它也要求投资的收益多少依经济效率高低为转移,以此来刺激投资与提高投资效益。然而,经济平等目标要求缩小贫富收入差距,这样社会的经济效率就会下降。同样,忽视投资收益的差别,使利润率降低,就会削弱投资意向,难以实现资源配置的优化。

因此,经济效率与经济平等(收入均等化)不可能兼而有之。在一定限度内,强调平等,就要牺牲一些效率;强调效率,就要拉开收入的差距。

3.国内均衡与国际均衡之间的交替关系

这里的国内均衡主要是指充分就业和物价稳定,而国际均衡主要是指国际收支平衡。充分就业意味着工资率的提高和国内收入水平的上升,其结果是一方面较高的工资成本不利于本国产品在国际市场上的竞争,从而不利于国际收支平衡;另一方面对商品的需求增加,在稳定物价的条件下,不仅使商品进口增加,而且要减少出口,把原来准备满足国外市场需求的产品转用于满足国内扩大了的需求,于是国际收支趋于恶化。

如果要实现国际收支平衡目标,那么一方面意味着外汇储备增加,外汇储备增加意味着国内货币量增加,这会造成通货膨胀的压力,从而不利于物价稳定;另一方面,消除国际收支赤字需要实行紧缩,抑制国内的有效需求,从而不利于充分就业目标的实现。

宏观管理目标之间的交替关系决定了决策者必须对各种目标进行价值判断,权衡其轻重缓急,斟酌其利弊得失,确定各个目标的数值的大小,确定各种目标的实施顺序,并尽量协调各个目标之间的关系,使所确定的宏观管理目标体系成为一个协调的有机整体。

(二)新发展模式下宏观管理目标的转变

决策者是依据什么来对各种具有交替关系的目标进行价值判断,权衡轻重缓急,斟酌利弊得失,使其形成一个有机整体的呢？其中最重要的依据,就是经济发展模式。

从这个意义上来说,经济发展模式决定了宏观管理目标的性质。有什么样的经济发展模式,就有什么样的宏观管理目标。宏观管理目标体系中各个目标数值的大小、各种目标实施的先后顺序,都是服从于经济发展模式需要的。

在传统经济发展模式下,宏观管理目标所突出的是经济增长与收入分配均等化,并以其为核心构建了一个宏观管理目标体系。在这个宏观管理目标体系中,经济增长目标优先于结构调整目标;收入分配均等化目标优先于经济效率目标,其他一些管理目标都是围绕着这两个目标而展开的。

按照西方经济学的观点,经济增长和收入分配均等化之间也是一种交替关系。因为充分就业条件下的经济增长会造成通货膨胀,而通货膨胀又会使货币收入者的实际收入下降,使资产所有者的非货币资产的实际价值上升,结果发生了有利于后者而不利于前者的财富和收入的再分配。

当传统经济发展模式向新的经济发展模式转变之后,这种宏观管理目标体系已很难适应新经济发展模式的需要。以协调为中心的从效益到数量增长的发展模式要求用新的价值判断准则对各项管理目标进行重新判断,在主次位置、先后顺序上实行新的组合。

按照新的经济发展模式的要求,宏观经济管理目标首先应该突出一个效益问题,以效益为中心构建宏观管理目标体系。具体地说,围绕着经济效益目标,讲求经济稳定和经济增长,在"稳中求进"的过程中,实现充分就业、收入分配公平、国际收支平衡等目标。当然,这种宏观管理目标体系,诸目标之间仍然存在着矛盾与摩擦,需要根据各个时期的具体情况加以协调。

(三)新发展模式下宏观管理目标的协调

从我国现阶段的实际情况来看,新的发展模式下的宏观管理目标的协调,主要有以下几个方面。

1.实行技术先导

靠消耗大量资源来发展经济,是没有出路的。况且我国的人均资源占有量并不高。因此,发展科学技术,改善有限资源的使用方式,是建立新发展模式的基本要求。

然而,我国大规模的劳动大军和就业压力,无疑是对科技进步的一种强大制约。我们面临着一个两难问题,即扩大非农就业与加快科技进步的矛盾。对于这两者都不可偏废。我们不能脱离中国劳动力过剩的现实来提高科技水平,发展技术密集型经济,而要在合理分工的基础上加快技术进步。

除此之外,我们要把科技工作的重点放在推进传统产业的技术改造上。因为在今后相当长的时间内,传统产业仍将是我国经济的主体。传统产业在我国经济增长中仍起着重要作用。但是,传统产业的技术装备和工艺水平又是落后的。因此,要着重推进大规模生产的产业技术和装备的现代化;积极推广普遍运用的科技成果,加速中小企业的技术进步。与此同时,要不失时机地追踪世界高技术发展动向,开拓新兴技术领域,把高技术渗透到传统产业中,并逐步形成若干新兴产业,从而提高我国经济发展水平,使国民经济在科技进步的基础上不断发展。

2.优化产业结构

合理的产业结构是提高经济效益的基本条件,也是国民经济持续、稳定地协调发展的重要保证。目前我国产业结构的深刻矛盾,已成为经济发展的严重羁绊,因此优化产业结构是新发展模式的一项重要任务。

按照国际经验,后发展国家在进行结构调整和改造时总会伴随着一定的总量失衡,这是不可避免的。但是总量失衡太大,也不利于结构的调整和改造。因此,我们应在坚持总量平衡的同时优化产业结构。这就是说,要合理确定全社会固定资产投资总规模和恰当规定消费水平提高的幅度,使建设规模同国力相适应,社会购买力的增长幅度同生产发展相适应,并以此为前提来优化产业结构。

所谓优化产业结构,首先要使其合理化,然后才是相对地使其高级化。产业结构合理化就是要解决由于某些产业发展不足而影响整体结构协调的问题。长期以来,我国加工工业发展过快,而农业、轻工业、基础工业和基础产业则均发展不足,所以结构合理化的任务是较重的。

在重视产业结构合理化的同时,还应积极推进产业结构高级化。我国产业结构的高级化,应按不同的地区发展水平分层次高级化。发达地区要逐步形成资金密集型和技术密集型为主体的产业结构,并使新兴产业和高技术产业初具规模。落后地区要以第一次产业和轻工业相互依托的方式实现轻工业的大发展,形成以劳动密集型为主体的产业结构。这样,在总体上就能形成以高技术产业为先导,资金密集型产业为骨干,劳动密集型产业为基础的合理产业结构。

3.改善消费结构

适当的消费水平和合理的消费结构,也是提高经济效益的一个重要条件。

我们要根据人们生活的需要来组织生产。但同时也要根据生产发展的可能来确定消费水平,并对消费结构进行正确的引导和调节,不能盲目追随外国的消费结构和消费方式。根据我国人口众多而资源相对不足的国情,我们应该选择适合我国国情的消费模式。

在吃的方面,要同我国农业资源的特点和农业生产力水平相适应。在住的方面,要实行住宅商品化,加大"住"的消费支出比重。在用的方面,要同我国产业结构转换速度和技术水平相适应,需求"热点"的转移不能过于迅速,购买洪峰不能过于集中,要考虑产品的正常寿命曲线和产业之间的相关效应。在今后一段时间内,应以中档耐用消费品为主,而不能以高档豪华耐用消费品为主。

第三节 宏观经济管理中的市场环境

一、完整的市场体系

一个完整的市场体系是由各种生活资料和生产要素的专业市场构成的。

因为人们之间的经济关系是贯穿于整个社会再生产过程中的,既包括消费也包括生产,所以市场关系是通过各种与社会再生产过程有关的要素的交换表现出来的,完整的市场关系应该是一个由各种要素市场构成的体系。一般来说,它包括商品(消费品和生产资料)市场、技术市场、劳动力市场和资金市场。

(一)商品市场

商品市场是由以实物形态出现的消费资料和生产资料市场构成的,它是完整的市场体系的基础。

作为基础产品和中间产品的生产资料市场与社会生产有着重大的直接联系。生产资料市场既反映生产资料的生产规模和产品结构,又对整个固定资产规模及投资效果起制约作用,同时也为新的社会扩大再生产提供必要条件和发挥机制调节作用。因此,生产资料市场实际上是经济运行主体的轴心。

作为最终产品的消费品市场与广大居民生活有着极为密切的关系。该市场的参与者是由生产者和消费者共同构成的,小宗买卖与现货交易较为普遍,交易的技术性要求较低,市场选择性较强。消费品市场不仅集中反映了整个国民经济发展状况,而且涉及广大居民物质和文化生活的所有需求,是保证劳动力简单再生产和扩大再生产的重要条件。因此,消费品市场对整个国民经济发展有重要影响。

生产资料市场与消费品市场虽然有重大的区别,但两者都是以实物形态商品为交换客体的,具有同一性,并以此区别于其他专业市场。

(二)技术市场

技术市场按其经济用途可细分为初级技术市场、配套技术市场和服务性技术市场。这些市场促使技术商品的普遍推广和及时应用,推动技术成果更快地转化为生产力。

由于技术商品是一种知识形态的特殊商品,所以技术市场的运行具有不同于其他专业市场的特点。

1.技术市场存在着双重序列的供求关系

技术市场存在着双重序列的供求关系,即技术卖方寻求买方的序列和技术买方寻求卖方的序列。这是因为技术商品有其特殊的生产规律:一方面是先有了技术成果,然后设法在生产过程中推广应用;另一方面是生产发展先提出开发新技术的客观要求,然后才有技术成果的供给。这两种相反的供求关系序列,都有一个时滞问题,从而难以从某个时点上确定市场的供求性状。在技术市场上,供不应求与供过于求,总是同时存在的。

2.市场的卖方垄断地位具有常态性

由于技术商品具有主体知识载体软件等特征,再生产比第一次生产容易得多,所以为保护技术商品生产者的利益,鼓励技术商品生产,在一定时期内技术商品要有垄断权。它不允许别人重复生产以前已经取得的技术成果,否则就将受到法律制裁。在一般情况下,每一技术商品都应具有独创性,同一技术商品不允许批量生产。因此,在技术市场上,同一技术商品的卖方是独一无二的,不存在同一技术商品卖方之间的竞争,相反同一技术商品的买方则是众多的,存在着买方之间的竞争,从而在总体上是卖方垄断市场。

3.市场的交易具有较大的随意性

由于技术商品的使用价值是不确定的,客观上并不能全部转化为生产力;技术商品的价值也不具有社会同一尺度,不存在同一技术商品的劳动比较的可能性,只能转借技术商品使用后的效果来评价,所以在市场交易时主要由供求关系决定其价格。

4.市场的交易形式较多的是使用权让渡

由于技术商品作为知识信息具有不守恒性,即它从一个人传递到另一个人,一般都不使前者丧失所传递的信息,因而技术商品的生产者往往在一定时期内,只让渡技术的使用权,而不出卖其所有权。这样,根据技术商品的传递特点,生产者就可以向多个需求者让渡其技术使用权,这是其他专业市场所不具有的交易方式。

(三)劳动力市场

劳动力市场在商品经济发展中起着重要作用。它使劳动力按照供求关系的要求进行流动,有利于劳动力资源的开发和利用,以满足各地区、各部门和各企业对劳动力的合理需求,实现劳动力与生产资料在质和量两方面的有机结合。同时,劳动力市场的供求竞争也有利于消除工资刚性和收入攀比的弊端,调整收入分配关系,促使劳动者不断提高自身素质,发展社会所需要的技能。

(四)资金市场

在发达的商品经济中,资金市场是市场体系的轴心。资金市场按期限长短可细分为货币市场和资本市场。前者主要用来调节短期资金。它通过银行之间的拆放、商业票据的贴现、短期国库券的出售等方式,融通短期资金,调剂资金余缺,加快资金周转,提高资金利用率。后者主要是用来进行货币资金的商品化交易,把实际储蓄转变为中长期的实际投资。它通过储蓄手段吸收社会多余的货币收入,通过发行公债、股票、债券等形式筹集长期资金,通过证券交易流通创造虚拟信贷资金,从而加速资金积累与集中,为社会再生产规模的扩大创造条件。

在资金市场上,信贷资金作为商品,既不是被付出,也不是被卖出,而只是被贷出,并且这种贷出是以一定时期后本金和利息的回流为条件的,从而资金商品具有二重价值,即资金本身的价值和增值的价值。此外,资金商品的贷出和流回,只表现为借贷双方之间法律契约的结果,而不表现为现实再生产过程的归宿和结果。因此,资金市场的运行也有自身的特殊性。

1.市场的供求关系缺乏相对稳定性

在资金市场上,对于同一资金商品,一个人可以扮演既是供给者,又是需求者的双重角色,所以市场的供求对象没有相对稳定的分工。这种供求两极一体化的倾向,使市场的供求关系极为复杂多变,不可能建立较为固定的供求业务和供求渠道。

2.市场的运行建立在信用投机的支点上

资金市场所从事的是信用活动。任何信用,都具有风险性,有风险就必然有投机。信用投机,尤其是技术性投机,承担了别人不愿承担的风险,提供了头寸,使市场更加活跃,具有灵活性,使资金更具有流动性,使市场的资金价格趋于稳定。

3.市场的流通工具和中介机构作用重大

资金市场的交易,除少数直接借贷的债权债务关系外,大多数要以信用工具作为媒介。然而,那些国债、公司债、股票、商业票据、银行承兑汇票和可转让大额定期存单等信用工具,则要通过一系列商业银行、储蓄机构、投资公司、保险公司、证券交易所等中介机构来实现。

4.市场活动的虚拟性创造

资金市场的信用活动,既不是商品形态变化的媒介,又不是现实生产过程的媒介,它的扩大和收缩并不以再生产本身的扩大和停滞为基础。这种信用活动创造了虚拟资金,加速了整个再生产过程。

(五)市场体系的结构均衡性

作为一个市场体系,不仅是全方位开放的市场,而且各个市场之间存在着结构均衡的客观要求。这是市场主体之间经济关系得以完整反映的前提,也是宏观间接控制的必要条件。

1.市场门类的完整性

在商品经济条件下,市场是人们经济活动的主要可能性空间。在这个活动空间中,人们不仅要实现商品的价值,更为重要的是,人们为价值创造而进行生产要素配置。价值实现与价值创造的一致性,要求市场必须全方位开放,具有完整性。残缺的市场体系不仅使现有的市场不能充分发挥作用,而且会妨碍整个经济运行一体化。

2.市场规模的协调性

一个市场体系的功能优化不在于某类市场规模的大小,而在于各类市场规模的协调效应。所以,各类市场的活动量必须彼此适应,协调有序。任何一类市场的"规模剩余"和"规模不足"都将导致市场体系结构失衡及其功能的衰减。

3.市场信号的协同性

各类市场之间的联系程度取决于市场信号之间的协同能力。只有当某一市场信号能及时转换成其他市场的变化信号,产生市场信号和谐联动时,市场体系才具有整体效应,从而才能对经济进行有效调节。

总之,市场体系的结构完整和均衡,是市场活动正常进行的基本条件,也是间接控制的必要条件之一。否则,间接控制就无法从总体上把握经济运行的状况,也无法综合运用各种经济杠杆进行宏观调控。

二、买方的市场主权

在市场竞争关系中,商品供给等于某种商品的卖者或生产者的总和,商品需求等于某种商品的买者或消费者的总和。这两个总和作为两种力量集合互相发生作用,决定着市场主权的位置:以买方集团占优势的"消费者主权"或者以卖方集团占优势的"生产者主权"。这两种不同的竞争态势,对整个经济活动有不同的影响。宏观间接控制所要求的是"消费者主权"的买方市场。

(一)市场主权归属的决定机制

在买方与卖方的竞争中,其优势的归属是通过各自集团内部的竞争实现的。因为竞争关系是一种复合关系,即由买方之间争夺同一卖方的竞争和卖方之间争夺同一买方的竞争复合而成。买方之间的竞争,主要表现为竞相购买自己所需的商品;卖方之间的竞争,主要表现为竞相推销自己所生产的商品。在这一过程中,究竟哪一方能占据优势,掌握市场主权,取决于双方的内部竞争强度。如果买方之间的竞争强度大,消费者竞相愿出更高的价钱来购买商品,必然会抬高商品的售价,使卖方处于优势地位。如果卖方之间的竞争强度大,生产者彼此削价出售商品,则必然会降低商品的售价,使买方处于优势地位。一般来说,决定竞争强度的因素有两方面。

1.供求状况

市场上商品供过于求,卖方之间争夺销售市场的竞争就会加剧,商品售价被迫降低。与此相反,市场上商品供不应求,买方之间争购商品的竞争就会加剧,哄抬商品价格上升。

2.市场信息效率

市场的商品交换是以信息交流为前提的,商品信息量越大,商品交换的选择度越高,被排除的可能选择就越多,从而使竞争加剧。所以,市场信息效率对竞争强度有直接影响。在供求状况不变时,市场信息效率不同,竞争强度也会发生变化。

总之,供求状况和市场信息效率共同决定着竞争强度,买方之间与卖方之间的竞争强度的比较,决定了市场主权的归属。

(二)市场主权不同归属的比较

市场主权归属于买方还是卖方,其结果是截然不同的。生产者之间竞争强度的增大,会促使生产专业化的发展,有利于商品经济的发展;而消费者之间竞争强度的增大,则迫使大家自给自足地生产,不利于商品经济的发展。因此,"消费者主权"的买方市场较之"生产者主权"的卖方市场有更多的优越性,具体表现在以下几点。

1.消费者控制生产者有利于实现生产目的

在生产适度过剩的情况下,消费者就能扩大对所需商品进行充分挑选的余地。随着消费者选择的多样化,消费对生产的可控性日益提高,生产就不断地按照消费者的需要进行。与此相反,卖方市场是生产者控制消费者的市场。在有支付能力的需求过剩的情况下,生产者生产什么,消费者就只能消费什么;生产者生产多少,消费者就只能消费多少。消费者被迫接受质次价高、品种单调的商品,其正当的权益经常受到损害。[①]

2.买方宽松的市场环境有利于发挥市场机制的作用

在平等多极竞争中,产品供给适度过剩,可以提高市场信息效率,使价格信号较为准确地反映供求关系,引导资金的合理投向,使短线产品的生产受到刺激,长线产品的生产受到抑制。在产品供给短缺时,强大的购买力不仅会推动短线产品价格上涨,而且也可能带动长线产品价格上涨,市场信息效率低下,给投资决策带来盲目性。

3.消费者主权有利于建立良性经济环境

产品供给适度过剩将转化为生产者提高效率的压力,生产效率的提高将使产品价格下降,从而创造出新的大量需求,使供给过剩程度减轻或消失。随着生产效率的进一步提高,又会形成新的生产过剩,这又将造成效率进一步提高的压力,结果仍是以创造新需求来减缓生产过剩。因此,在这一循环中,始终伴

[①] 梅艳.经济信息在宏观经济管理中的应用研究[J].商业,2015(5):167.

随着生产效率的不断提高和新需求的不断创造。在卖方市场中,质次价高的商品仍有销路,效率低下的企业照样生存,缺乏提高效率、降低价格和创造新需求的压力,总是保持着供不应求的恶性循环。

4.消费者主权有利于资源利用的充分选择

生产者集团内部竞争的强化,将推动生产者采用新技术和先进设备,改进工艺,提高质量,降低成本,并促使企业按需生产,使产品适销对路。消费者集团内部竞争的强化,将使企业安于现状,不仅阻碍新技术和新设备的采用,还会把已经淘汰的落后技术和陈旧设备动员起来进行生产,这势必造成资源浪费,产品质量低下。同时,强大的购买力也会助长生产的盲目性,造成大量的滞存积压产品。可见,消费者主权的买方市场在运行过程中具有更大的优越性。

(三)买方市场的形成

形成买方市场有一个必要前提条件,就是在生产稳定发展的基础上控制消费需求,使之有计划地增长。也就是说,生产消费的需求必须在生产能力所能承受的范围之内,否则生产建设规模过度扩张,就会造成生产资料短缺;生活消费的增长必须以生产力的增长为前提,否则生活消费超前,就会造成生活资料短缺。

在市场信息效率既定的条件下,总体意义上的买方市场可以用总供给大于总需求来表示。由于总供给与总需求的关系受多种因素影响,其变化相当复杂,所以判断总体意义上的买方市场是比较困难的。一般来说,总量关系的短期变化可能与政策调整有关,总量关系的长期趋势则与体制因素相联系。例如,在传统社会主义体制下,企业预算约束软化导致的投资饥渴症和扩张冲动,使总量关系呈现常态短缺,尽管在短期内,采取紧缩政策对总量关系进行强制性调整,有可能在强烈摩擦下压缩出一个暂时性的买方市场,但不可能从根本上改变卖方市场的基本格局。因此,要形成总体意义上的买方市场,必须从体制上和政策上同时入手,通过政策调整使总需求有计划地增长,为体制改革奠定一个良好的基础,通过体制改革消除需求膨胀机制,提高社会总供给能力,最终形成产品绝对供应量大于市场需求量的买方市场。

总体意义上的买方市场虽然在某种意义上反映了消费者主权,但它并没有反映产品的结构性矛盾。如果大部分有支付能力的需求所对应的是供给短缺的商品,而大量供给的商品所对应的是有效需求不足的购买力,那么即使存在总体意义上的买方市场,也无法保证消费者市场的主体地位。因为从结构意义上考察,有相当部分的供给都是无效供给,真正的有效供给相对于市场需求仍然是短缺的,实质上还是卖方市场。所以,完整的买方市场是总量与结构相统一的供大于求的市场。结构意义上的买方市场的形成,主要在于产业结构与需求结构的协调性。一般来说,当一个国家的经济发展达到一定的程度,基本解决生活温饱问题后,需求结构将产生较大变化,如果产业结构不能随之调整,就会导致严重的结构性矛盾。因此,关键在于产业结构转换。但由于生产要受到各种物质技术条件的约束,产业结构的转换具有较大刚性,所以也要调整需求结构,使之有计划地变化,不能过度迅速和超前。

个体意义上的买方市场形成,在很大程度上取决于具体商品的供需弹性。一般来说,供给弹性小的商品,容易形成短期的买方市场。需求弹性小的商品,如果需求量有限,只要生产能力跟得上,还是容易形成买方市场的。需求弹性大的商品,一般有利于形成买方市场,但如果受生产能力的制约,尽管需求量有限,也不易形成买方市场。需求弹性大,供给弹性小的商品,因销售者不愿库存商品,宁愿削价出售,在一定程度上有利于买方市场的形成。需求弹性大,供给弹性也较大的商品,如服装等,则主要取决于需求量与生产量的关系,只要社会购买力有一定限量,生产能力跟得上,就有可能形成买方市场。

买方市场形成的历史顺序,一般是先生产资料市场,后生活资料市场。这是因为生产资料是生活资料生产加速发展的基础,首先形成生产资料买方市场,有利于生活资料买方市场的发育。如果反历史顺序,在消费需求总量既定的前提下,那些需求弹性大的生活资料也可能形成买方市场,但这是不稳定的,并且首先形成的生活资料买方市场不利于推动生产资料买方市场的发育。因为消费品生产部门发展过快超过基础设施的承受能力,能源、交通和原材料的供应紧张就会严重影响消费品生产部门,使这些部门的生产能力闲置,开工不足,最终导致生活资料买方市场向卖方市场的逆转。同时,强大的消费品生产加工能力加剧了对生产资料的争夺,使生产资料市场难以转向买方市场。

因此,我们应在稳步提高人们生活水平的前提下,注重发展基础工业,重视基础设施建设,以带动直接生产部门的生产,这有利于生产资料买方市场的形成,使生活资料买方市场建立在稳固的基础之上。

三、多样化的市场交换方式

多样化的市场交换方式是较发达市场的基本标志之一,是市场有效运行的必要条件。它反映了市场主体之间复杂的经济关系和联结方式。各种不同功效的市场交换方式的组合,使交换过程的连续性与间断性有机地统一起来,有利于宏观间接控制的有效实施。多样化的市场交换方式包括现货交易、期货交易和贷款交易三种基本类型。

（一）现货交易市场

现货交易是买卖双方成交后即时或在极短期限内进行交割的交易方式。

1.现货交易的基本特性

现货交易的基本特性表现为：①它是单纯的买卖关系，交换双方一旦成交、便"银货两清"，不存在其他条件的约束。②买卖事宜的当即性，交换双方只是直接依据当时的商品供求状况确定商品价格和数量，既不能预先确定，也不能事后了结。③买卖关系的实在性，成交契约当即付诸实施，不会出现因延期执行所造成的某种虚假性。现货交易方式，无论从逻辑上，还是历史上来说，都是最古老、最简单、最基本的交换方式。因为大部分商品按其自身属性来说，适宜于这种交换方式。

2.现货交易对商品经济的调节

现货交易市场是建立在由生产和消费直接决定的供求关系基础上的，其最大的特点是随机波动性。市场价格和数量都不能预先确定，而要根据即时供求关系确定。人们对未来商品交易价格和数量的预期，也只是以当前的价格和数量以及其他可利用的资料为基础。这一特点使现货交易市场对商品经济运行具有灵活的调节作用，具体表现在：①有利于竞争选择，释放潜在的经济能量。市场的波动性是实行竞争选择的前提条件之一。市场的波动越大，竞争选择的范围越广，竞争选择的强度越大，所以现货交易市场的竞争选择机制作用较为明显。②有利于掌握真实的供求关系，对经济活动进行及时的反馈控制。除了投机商人囤货哄价，在一般情况下，现货交易价格信号能比较直接地反映实际供求状况，并且反应较为灵敏。这有助于企业对自身的经营做出及时调整，也便于政府及时采取相应的经济手段调控市场。③有助于及时改善供求关系，防止不良的扩散效应和联动效应。由于现货交易关系比较单一和明朗，该市场的价格波动往往具有暂时性和局部性，至多波及某些替代商品和相关商品的供求关系，不会引起强烈的连锁反应。

当然，现货交易方式也有其消极作用。在现货交易市场上，当前供求的均衡是通过无数次偶然性的交换达到的，市场价格的涨落幅度较大，价格信号较为短促，市场风险较大。这些容易引起企业行为短期化，投资个量微型化，投资方向轻型化等倾向，不利于经济的稳定发展。

（二）期货交易市场

期货交易是先达成交易契约，然后在将来某一日期进行银货交割的交易方式。

1.期货交易的基本特性

期货交易的基本特性表现为：①它不仅是买卖关系，而且还是一种履行义务的关系，即买进期货者到期有接受所买货物的义务，卖出期货者到期有支付所卖货物的义务。②对于期货交易来说，成交仅仅意味着远期交易合同的建立，只有到了未来某一时点的银货交割完毕，交易关系才算终结，从成交到交割要延续一段时间。③期货买卖成交时，并不要求买卖双方手头有现货，不仅如此，在未到交割期以前，买卖双方还可以转卖或买回。所以期货交易具有投机性，会出现买进卖出均无实物和货款过手的"买空卖空"。

2.期货交易市场的组成

套期保值者和投机者都是期货交易市场的主要人群，前者参与期货交易是为了减少业务上的风险，后者参与期货交易是为了牟取利润而自愿承担一定的风险。在该市场上，投机者是必不可少的。首先，由于商品的出售是"惊险的一跃"，套期保值者更愿意销售期货，如果期货市场全由套期保值者组成，则购买期货的需求一方总是相对微弱的，所以需要通过投机者的活动来调整期货供求之间的不平衡。其次，由于套期保值者不愿承担风险，单由他们的交易而达成的期货价格通常是不合理的，要大大低于一般预期价格。当投机者参与市场活动后，只要期货价格低于他们的预期价格，他们就会买进期货以牟取利润，这种敢于承担风险的行为会把期货价格提高到一个更为合理的水平。因此期货市场必须由这两部分人组成，才具有合理性、流动性和灵活性。

3.预期确定性

期货交易市场是建立在未来供求关系预先确定基础上的，其最大特点是预期确定性。期货市场的特点决定了它对经济运行的稳定性具有积极作用，具体表现在：①有利于生产者转移风险、套期保值，保证再生产过程的正常进行。生产者通过出售或购进期货，就可以避免市场价格波动带来的损失，例如就销售者来说，如果期内价格下跌，并反映在期货价格上，期货合同的收益将有助于弥补实际销售因价格下跌带来的损失。如果期内价格上涨，期货头寸的损失同样会由实际销售因价格上涨带来的收益所抵补。这样，生产者就能免受市场风险干扰而安心生产。②有利于市场价格的稳定，减轻市场波动。在该市场上，投机者利用专门知识对商品期货价格做出预测，并承担价格风险进行"多头"和"空头"的投机活动。当供给的增加会引起价格大幅度下降时，他们就买进存货并囤积起来，以便在以后以有利的价格抛出，这样就维持了现期价格。当供给短缺时，他们抛出存货，因而防止了价格猛涨。③有利于提高市场预测的准确度，产生对将来某一时点上的收益曲线形状和价格水平的较为合理的预期。期货价格反映了许多买方与卖方对今后一段时间内供求关系和价格状况的综合看法。这种通过把形形色色的个别分散的见解组合成一个易识别的预测量,虽然不能说是完全正确的,但总比个别的一次性的价格预测更准确和更有用。④有利于完善信息交流,促进市场全面竞争。期货市场作为买卖双方为未来实际交易而预先签订契约的中心,不仅使买卖双方互相了解其对方的情况,减少了互相寻找的盲目性,而且使各种短期与长期的信息大量汇集,扩大了可利用的市场信息范围。

期货交易市场虽然有利于消除因人们对商品价格和数量预期不一致所引起的不均衡,但它仍然不可能消除由于社会需求心理或资源不可预料的变化而产生的不均衡.以致人们经常发现自己不愿意或不能够购销他们曾经计划购销的商品而不得不另行增加现货交易,或用现货交易抵销合同。另外期货市场也具有某种负效应的调节作用,如对期货价格的投机也许会成为支配价格的真实力量,从而价格就会因投机者操纵而剧烈波动,对经济产生危害。

(三)贷款交易市场

贷款交易是通过信贷关系所进行的商品交易,它反映了银货交割在时间上的异步性,即市场主体之间成交后,或者是以现在的商品交付来换取将来收款的约定;或者是以现在的货币交付来换取将来取货的约定。前者称为延期付款交易,后者称为预先付款交易。

延期付款交易有助于刺激有效需求,适宜于商品供大于求状况;预先付款交易有助于刺激有效供给,适宜于商品供不应求状况。这两种交易方式都是一笔货币贷款加上一宗商品交换,所不同的是:前者是卖方贷款给买方所进行的现货交易,属于抵押贷款,以卖方保留商品所有权为基础;后者是买方贷款给卖方所进行的期货交易,属于信用贷款,以卖方的信用为基础。

可见,贷款交易无非是在现货和期货交易基础上又增加了借贷关系的交易方式。这是一种更为复杂的交易方式,它具有以下基本特性:①在商品交换关系中渗透着借贷的债权债务关系,现期交付货物或货款的一方是债权人,远期交付货款或货物的一方则是债务人。他们在商品交换中也就实现了资金融通。②贷款交易在完成一般商品交换的同时提供了信贷,从而使受贷者在商品交换中获得提前实现商品使用价值或价值的优惠,即买方受贷者能提前实现商品使用价值的消费,卖方受贷者能提前实现商品的价值。③贷款交易虽然是成交后其中一方的货物或货款当即交付,但另一方的货款或货物交付总是要延续到以后某一日期才完成。

贷款交易市场是建立在再生产过程中直接信用基础上的,其最大的特点是信用关系连锁性。在该市场的商品交换中,借贷关系随着商品生产序列和流通序列不断发生,从而会使彼此有关的部门和行业连接起来。贷款交易市场的这一特点,使它对经济运行具有较大的弹性调节作用。

1. 有利于调节供给与需求在时间上的分离

当供求关系在时间序列上表现为不平衡时,或者采取商品的出售条件按照商品的生产条件来调节的办法,使需求提前实现;或者采取商品的生产条件按照商品的出售条件来调节的办法,使生产按需进行。这样就可以使再生产避免因供求在时间上的分离所造成的停顿。

2. 有利于调节短期的资金融通

贷款交易利用商品交换关系实现买方与卖方之间的信贷,提供短期的资金融通,使大量分散的短期闲置资金得以充分利用。

3. 有利于搞活流通

贷款交易市场用短期信贷关系弥补货物或货币缺口,使商品交换关系得以建立,这不仅扩大了商品销售,活跃了流通,而且也加强了交易双方的经济责任,从而有力地促进了消费和投资。

4. 有利于促进银行信用的发展

贷款交易市场上的商业信用是与现实再生产过程直接相联系的,它是整个信用制度的基础。贷款交易市场的扩大,必然推动银行间接信用的发展,这是因为:一方面商业信用为了保证其连续性,需要银行做后盾;另一方面商业票据作为信用货币要到银行去贴现。

当然,贷款交易市场中的信用关系仅限于买卖双方,其活动范围是有限的,而且它在经济系统的不确定因素冲击下往往显得很脆弱,容易产生连锁性的信用危机,直接影响再生产过程的顺利进行。

第五章　经济管理创新的微观视角

第一节　消费者、生产者与市场

一、消费者理论

(一)消费者行为理论模型

1. 彼得模型

彼得模型俗称轮状模型图,是在消费者行为概念的基础上提出来的。它认为消费者行为和感知与认知,行为和环境与营销策略之间是互动和互相作用的。彼得模型可以在一定程度感知与认知上解释消费者行为,帮助企业制定营销策略。消费者行为分析轮状模型图,包括感知与认知、行为、环境、营销策略四部分内容,如下所示。

第一,感知与认知是指消费者对于外部环境的事物与行为刺激可能产生的人心理上的两种反应,感知是人对直接作用于感觉器官(如眼睛、耳朵、鼻子、嘴、手指等)的客观事物的个别属性的反映。认知是人脑对外部环境做出反应的各种思想和知识结构。

第二,行为,即消费者在做什么。

第三,环境是指消费者的外部世界中各种自然的、社会的刺激因素的综合体。例如,政治环境、法律环境、文化环境、自然环境、人口环境等。

第四,营销策略指的是企业进行的一系列的营销活动,包括战略和营销组合的使用,消费者会采取一种什么样的购买行为,与企业的营销策略有密切的关系。感知与认知、行为、营销策略和环境四个因素有着本质的联系。

感知与认知是消费者的心理活动,心理活动在一定程度上会决定消费者的行为。通常来讲,有什么样的心理就会有什么样的行为。相对应的,消费者行为对感知也会产生重要影响。营销刺激和外在环境也是相互作用的。营销刺激会直接地形成外在环境的一部分,而外面的大环境也会对营销策略产生影响。感知与认知、行为与环境、营销策略是随着时间的推移不断地产生交互作用的。消费者的感知与认知对环境的把握是营销成功的基础,而企业的营销活动又可以改变消费者行为、消费者的感知与认知等。但不可否认,营销策略也会被其他因素所改变。

2.霍金斯模型

霍金斯模型是由美国心理与行为学家D·I·霍金斯提出的,是一个关于消费者心理与行为和营销策略的模型,此模型是将心理学与营销策略整合的最佳典范。

霍金斯模型,即消费者决策过程的模型,是关于消费者心理与行为的模型,该模型被称为将心理学与营销策略整合的最佳典范。

霍金斯认为,消费者在内外因素影响下形成自我概念(形象)和生活方式,然后消费者的自我概念和生活方式导致一致的需要与欲望产生,这些需要与欲望大部分要求以消费行为获得满足与体验。同时这些也会影响今后的消费心理与行为,特别是对自我概念和生活方式起调节作用。

自我概念是一个人对自身一切的知觉、了解和感受的总和。生活方式是指人如何生活。一般而言,消费者在外部因素和内部因素的作用下首先形成自我概念和自我意识,自我概念再进一步折射为人的生活方式。人的自我概念与生活方式对消费者的消费行为和选择会产生双向的影响:人们的选择对其自身的生活方式会产生莫大的影响,同时人们的自我概念与现在的生活方式或追求的生活方式也决定了人的消费方式、消费决策与消费行为。

另外,自我概念与生活方式固然重要,但如果消费者处处根据其生活方式而思考,这也未免过于主观,消费者有时在做一些与生活方式相一致的消费决策时,自身却浑然不觉,这与参与程度有一定的关系。

3.刺激—反应模型

(1)刺激—中介—反应模型

这一模型是人的行为在一定的刺激下通过活动,最后产生反应。它是人类行为的一般模式,简称SOR模型。SOR模型早在1974年由梅拉比安和拉塞尔提出,最初用来解释、分析环境对人类行为的影响,后作为环境心理学理论被引入零售环境中。

任何一位消费者的购买行为,均是来自消费者自身内部的生理、心理因素或是在外部环境的影响下而产生的刺激带来的行为活动。消费者的购买行为,其过程可归结为消费者在各种因素刺激下,产生购买动机,在动机的驱使下,做出购买某商品的决策,实施购买行为,再形成购后评价。消费者购买行为的一般模式是营销部门计划扩大商品销售的依据。营销部门要认真研究和把握购买者的内心世界。

消费者购买行为模式是对消费者实际购买过程进行形象说明的模式。所谓模式，是指某种事物的标准形式。消费者购买行为模式是指用于表述消费者购买行为过程中的全部或局部变量之间因果关系的图式理论描述。

(2)科特勒的刺激—反应模型

美国著名市场营销学家菲利普·科特勒教授认为，消费者购买行为模式一般由前后相继的三个部分构成，科特勒的刺激—反应模式清晰地说明了消费者购买行为的一般模式：刺激作用于消费者，经消费者本人内部过程的加工和中介作用，最后使消费者产生各种外部的与产品购买有关的行为。因此，该模式易于掌握和应用。

(二)消费者购买决策理论

1.习惯建立理论

该理论认为，消费者的购买行为实质上是一种习惯建立的过程。习惯建立理论的主要内容如下。

第一，消费者对商品的反复使用形成兴趣与喜好。

第二，消费者对购买某一种商品的"刺激—反应"的巩固程度。

第三，强化物可以促进习惯性购买行为的形成。任何新行为的建立和形成都必须使用强化物，而且，只有通过强化物的反复作用，才能使一种新的行为产生、发展、完善和巩固。

习惯建立理论提出，消费者的购买行为，与其对某种商品有关信息的了解程度关联不大，消费者在内在需要激发和外在商品的刺激下，购买了该商品并在使用过程中感觉不错(正强化)，那么他可能会再次购买并使用。消费者多次购买某商品，带来的都是正面的反映，购买、使用都是愉快的经历，那么在多种因素的影响下，消费者逐渐形成了一种固定化反应模式，即消费习惯。具有消费习惯的消费者在每次产生消费需要时，首先想到的就是习惯购买的商品，相应的购买行为也就此产生。因此，消费者的购买行为实际上是重复购买并形成习惯的过程，是通过学习逐步建立稳固的条件反射的过程。

以习惯建立理论的角度来看存在于现实生活中的许多消费行为，可以得到消费行为的解释，消费者通过习惯理论来购入商品，不仅可以最大限度地节省选择商品的精力，还可以避免产生一些不必要的风险。当然，习惯建立理论并不能解释所有的消费者购买行为。

2.效用理论

效用概念最早出现于心理学著作中，用来说明人类的行为可由追求快乐、避免痛苦来解释,后来这一概念成为西方经济学中的一个基本概念,偏好和收入的相互作用导致人们做出消费选择,而效用则是人们从这种消费选择中获得的愉快或者需要满足。通俗地说就是一种商品能够给人带来多大的快乐和满足。

效用理论把市场中的消费者描绘成"经济人"或理性的决策者,从而给行为学家很多启示:首先,在商品经济条件下,在有限货币与完全竞争的市场中,"效用"是决定消费者追求心理满足和享受欲望最大化的心理活动过程。其次,将消费者的心理活动公式化、数量化,使人们便于理解。但需要指出的是,作为一个消费者,他有自己的习惯、价值观和知识经验等,受这些因素的限制,他很难按照效用最大的模式去追求最大效益。

3.象征性社会行为理论

象征性社会行为理论认为任何商品都是社会商品,都具有某种特定的社会含义,特别是某些专业性强的商品,其社会含义更明显。消费者选择某一商标的商品,主要依赖于这种商标的商品与自我概念的一致(相似)性,也就是所谓商品的象征意义。商品作为一种象征,表达了消费者本人或别人的想法,有人曾说:"服饰最初只是一个象征性的东西,穿着者试图通过它引起别人的赞誉。"有利于消费者与他人沟通的商品是最可能成为消费者自我象征的商品。

4.认知理论

心理学中认知的概念是指过去感知的事物重现面前的确认过程,认知理论是20世纪90年代以来较为流行的消费行为理论,认知理论把顾客的消费行为看成一个信息处理过程,顾客从接受商品信息开始直到最后做出购买行为,始终与对信息的加工和处理直接相关。这个对商品信息的处理过程就是消费者接受、存储、加工、使用信息的过程,它包括注意、知觉、表象、记忆、思维等一系列认知过程。顾客认知的形成,是由引起刺激的情景和自己内心的思维过程造成的,同样的刺激,同样的情景,对不同的人往往产生不同的效果。认知理论指导企业必须尽最大努力确保其商品和服务在顾客心中形成良好的认知。

(三)消费者行为的影响因素

影响消费者行为的因素主要有两种,分别是个人内在因素与外部环境因素,在此基础上,还可以继续进行细分,将个人内在因素划分为生理因素与心理因素;将外部环境因素划分为自然环境因素和社会环境因素。可以说消费者行为的产生,是消费者个人与环境交互作用的结果。消费者个人内在因素与外部环境因素,直接影响着和制约着消费者行为的行为方式、指向及强度。

(四)消费者购买决策的影响因素

1. 他人态度

他人态度是影响购买决策的重要因素之一。他人态度对消费者购买决策的影响程度,取决于他人反对态度的强度及对他人劝告的可接受程度。

2. 预期环境因素

消费者购买决策要受到产品价格、产品的预期收益、本人的收入等因素的影响,这些因素是消费者可以预测到的,被称为预期环境因素。[1]

3. 非预期环境因素

消费者在做出购买决策过程中除了受到以上因素影响外,还要受到营销人员态度、广告促销、购买条件等因素的影响,这些因素难以预测到,被称为非预期环境因素,它往往与企业营销手段有关。因此,在消费者的购买决策阶段,营销人员一方面要向消费者提供更多的、详细的有关产品的信息,便于消费者比较优缺点;另一方面,则应通过各种销售服务,促成方便顾客购买的条件,加深其对企业及商品的良好印象,促使消费者做出购买本企业商品的决策。

二、生产者理论

生产者理论主要研究生产者的行为规律,即在资源稀缺的条件下,生产者如何通过合理的资源配置,实现利润最大化。广义的生产者理论涉及这样三个主要问题:第一,投入要素与产量之间的关系。第二,成本与收益的关系。第三,垄断与竞争的关系。以下重点分析第一个问题,即生产者如何通过生产要素与产品的合理组合实现利润最大化。生产是对各种生产要素进行组合以制成产品的行为。在生产中要投入各种生产要素并生产出产品,所以,生产也就是把投入变为产出的过程。

(一)生产者

生产是厂商对各种生产要素进行合理组合,以最大限度地生产出产品产量的行为过程。生产要素的数量、组合与产量之间的关系可以用生产函数来表现。因此,在具体分析生产者行为规律之前,有必要先介绍厂商生产要素、生产函数等相关概念。厂商在西方经济学中,乃生产者,即企业,是指能够独立做出生产决策的经济单位。在市场经济条件下,厂商作为理性的"经济人"所追求的生产目标一般是利润最大化。厂商可以采取个人性质、合伙性质和公司性质的经营组织形式。在生产者行为的分析中,经济学家经常假设厂商总是试图谋求

---

[1] 龚榆桐,李超建.农村O2O模式再创新——基于"生产者—市场—消费者"的分析框架[J].商业经济研究,2019(6):125-127.

最大的利润(或最小的亏损)。基于这种假设,就可以对厂商所要生产的数量和为其产品制定的价格做出预测。当然,经济学家实际上并不认为追求利润最大化是人们从事生产和交易活动的唯一动机。企业家还有其他的目标,比如,企业的生存、安逸的生活,以及优厚的薪水等况且要计算出正确的最大利润化也缺乏资料。尽管如此,从长期来看,厂商的活动看起来很接近于追求最大利润。特别是,如果要建立一个简化的模型,就更有理由认为厂商在制定产量时的支配性动机是追求最大利润。即使在实际生活中企业没有追求或不愿追求利润最大化,利润最大化至少可以作为一个参考指标去衡量其他目标的实现情况。

(二)生产函数

厂商是通过生产活动来实现最大利润的目标的。生产是将投入的生产要素转换成有效产品和服务的活动。以数学语言来说,生产某种商品时所使用的投入数量与产出数量之间的关系,即为生产函数。厂商根据生产函数具体规定的技术约束,把投入要素转变为产出。在某一时刻,生产函数是代表给定的投入量所能产出的最大产量,反过来也可以说,它表示支持一定水平的产出量所需要的最小投入量。因此,在经济分析中,严格地说,生产函数是表示生产要素的数量及其某种数量组合与它所能生产出来的最大产量之间的依存关系,其理论本质在于刻画厂商所面对的技术约束。

在形式化分析的许多方面,厂商是与消费者相似的。消费者购买商品,用以"生产"满足;企业家购买投入要素,用以生产商品。消费者有一种效用函数,厂商有一种生产函数。但实际上,消费者和厂商的分析之间存在着某些实质性的差异。效用函数是主观的,效用并没有一种明确的基数计量方法;生产函数却是客观的,投入和产出是很容易计量的。理性的消费者在既定的收入条件下使效用最大化;企业家类似的行为是在既定的投入下使产出数量最大化,但产出最大化并非其目标。要实现利润最大化,厂商还必须考虑到成本随产量变化而发生的变动,即必须考虑到成本函数。也就是说,厂商的利润最大化问题既涉及生产的技术方面,也涉及生产的经济方面。生产函数只说明:投入要素的各种组合情况都具有技术效率。这就是说,如果减少任何一种要素的投入量就要增加另一种要素的投入量,没有其他生产方式能够得到同样的产量。而技术上无效率的要素组合脱离了生产函数,因为这类组合至少多用了一种投入要素,其他要素投入量则同以前一样,其所生产出的产量却同其他方式一样多。

(三)生产要素

生产要素是指生产活动中所使用的各种经济资源。这些经济资源在物质形态上千差万别,但它们可以归类为四种基本形式:劳动、资本、土地和企业家才能。劳动是指劳动者所提供的服务,可以分为脑力劳动和体力劳动。

资本是指用来生产产品的产品。它有多种表现形式,其基本表现形式为物质资本如厂房、设备、原材料和库存等。此外,它还包括货币资本(流动资金、票据和有价证券)、无形资本(商标、专利和专有技术)和人力资本(经教育、培育和保健获得的体力智力、能力和文化)。

土地是指生产中所使用的,以土地为主要代表的各种自然资源,它是自然界中本来就存在的。例如,土地、水、原始森林、各类矿藏等。

企业家才能是指企业所有者或经营者所具有的管理、组织和协调生产活动的能力。劳动、资本和土地的配置需要企业家进行组织。企业家的基本职责是:组织生产、销售产品和承担风险。生产任何一种产品或劳务,都必须利用各种生产要素。

三、市场理论

(一)市场

市场是商品经济的范畴。哪里有商品,哪里就有市场。但对于什么是市场,却有多种理解,开始,人们把市场看作商品交换的场所,如农贸市场、小商品市场等。它是指买方和卖方聚集在一起进行交换商品和劳务的地点。但随着商品经济的发展,市场范围的扩大,人们认识到,市场不一定是商品交换的场所,哪里存在商品交换关系哪里就存在市场。可见,市场的含义,不单指商品和劳务集散的场所,而且指由商品交换联结起来的人与人之间的各种经济关系的总和。

作为市场,它由三个要素构成:一是市场主体,即自主经营、自负盈亏的独立的经济法人。它包括从事商品和劳务交易的企业、集团和个人。二是市场客体,指通过市场进行交换的有形或无形的产品、现实存在的产品或未来才存在的产品。三是市场中介,指联结市场各主体之间的有形或无形的媒介与桥梁。市场中介包括联系生产者之间、消费者之间、生产者与消费者、同类生产者和不同类生产者、同类消费者与不同类消费者之间的媒介体系模式。在市场经济中,价格、竞争、市场信息、交易中介人、交易裁判和仲裁机关等都是市场中介。市场的规模和发育程度集中反映了市场经济的发展水平和发育程度。因此,在发展市场经济过程中,必须积极培育市场。

(二)市场经济

1.市场经济概述

简而言之,市场经济就是通过市场机制来配置资源的经济运行方式。它不是社会制度。众所周知,在任何社会制度下,人们都必须从事以产品和劳务为核心的经济活动。而当人们进行经济活动时,首先要解决以何种方式配置资源的问题。这种资源配置方式,就是通常所说的经济运行方式。由于运用调节的主要手段不同,人们把经济运行方式分为计划与市场两种形式。前者指采用计划方式来配置资源,被称为计划经济;后者指以市场方式来配置资源,被称为市场经济。可见,市场经济作为经济活动的资源配置方式,不论资本主义还是社会主义都可以使用。它与社会制度没有必然的联系。虽然,市场经济是随着现代化大生产和资本主义生产方式的产生而产生的,但它并不是由资本主义制度所决定的。因为市场经济的形成与发展直接决定于商品经济的发达程度。迄今为止,商品经济发展经历了简单商品经济、扩大的商品经济和发达的商品经济三个阶段。只有当商品经济进入扩大发展阶段以后,市场经济的形成与发展才具备条件。因为在这个阶段不仅大部分产品已经实现了商品化,而且这种商品化还扩大到生产要素领域。这时,市场机制成为社会资源配置的主要手段。也就是说,这个阶段经济活动中四个基本问题,即生产什么?如何生产?为谁生产和由谁决策等,都是依靠市场的力量来解决的。由此可见,市场经济是一种区别于社会制度的资源配置方式,即经济运行方式。

2.市场经济的运转条件

第一,要有一定数量的产权明晰的、组织结构完整的企业。

第二,要有完备的市场体系,成为社会经济活动和交往的枢纽。

第三,要有完整的价格信号体系,能够迅速、准确、明晰地反映市场供求的变化。

第四,要有完善的规章制度,既要有规范各种基本经济关系的法规,又要有确定市场运作规则的法规,还要有规范特定方面经济行为的单行法规。

第五,要有发达的市场中介服务组织,如信息咨询服务机构行业协会、同业公会、会计师事务所、律师事务所等市场经济作为经济运行方式。

3.市场经济的特征

市场经济的特征可以归结为以下几个方面。

第一,市场对资源配置起基础性作用。这里的资源包括人力、物力、财力等经济资源。

第二,市场体系得到充分发展,不仅有众多的买者和卖者,还有一个完整的市场体系,并形成全国统一开放的市场。

第三,从事经营活动的企业,是独立自主、自负盈亏的经济实体,是市场主体。

第四,社会经济运行主要利用市场所提供的各种经济信号和市场信息调节资源的流动和社会生产的比例。

第五,在统一的市场规则下,形成一定的市场秩序,社会生产、流通、分配和消费在市场中枢的联系和调节下,形成有序的社会再生产网络。

第六,政府依据市场经济运行规律,对经济实行必要的宏观调控,运用经济政策、经济法规、计划指导和必要的行政手段引导市场经济的发展。

第二节 市场需求分析

一、需求的含义

需求与供给这两个词汇不仅是经济学最常用的两个词,还是经济领域最常见的两个术语。需求与供给作为市场经济运行的力量,直接影响着每种物品的产量及出售的价格。市场价格在资源配置的过程中发挥着重要作用,既决定着商品的分配,又引导着资源的流向。如果你想知道,任何一种事件或政策将如何影响经济并且产生什么样的效应,就应该先考虑它将如何影响需求和供给。[1]

需求是指买方在某一特定时期内,在"每一价格"水平时,愿意而且能够购买的商品量。消费者购买愿望和支付能力,共同构成了需求,缺少任何一个条件都不能成为有效需求。这也就是说,需求是买方根据其欲望和购买能力所决定想要购买的数量。

二、需求表与需求曲线

对需求的最基本表示是需求表和需求曲线,直接表示价格与需求量之间的基本关系。

(一)需求表

需求表是表示在不影响购买的情况下,一种物品在每一价格水平下与之相对应的需求量之间关系的表格。需求表是以数字表格的形式来说明需求这个概念的,它反映出在不同价格水平下购买者对该商品或货物的需求量。

(二)需求曲线

需求曲线是表示一种商品价格和需求数量之间关系的图形,它的横坐标表示的是数量,纵坐标表示的是价格。通常,需求曲线是向右下方倾斜的,即需求

---

[1]向红梅.市场调研与需求分析一体化项目教程[M].北京:北京邮电大学出版社,2019.

曲线的斜率为负,这反映出商品的价格和需求之间是负相关关系。

三、需求函数与需求定理

(一)需求函数

需求函数是以代数表达式表示商品价格和需求量之间关系的函数。最简单意义上的需求函数,是将价格(P)作为自变量,需求量(Q_d)作为因变量,函数关系式,如下所示。

$$Q_d = a - bP$$

其中a、b为常数,a为最大需求量,b为关系系数。

通过价格前面的负号,上式表示出了需求量和价格之间反方向变化的规律。

需求函数表示的经济学含义是,如下所示:①在给定的价格水平下,需求者能够购买的最大商品数量。②对于具体给定的商品数量,需求者愿意支付的最高价格。

(二)需求定理

从需求表和需求曲线中得出,价格与需求量之间,商品的需求量与其价格是呈反方向变动的,这种关系对经济生活中大部分物品都是适用的,而且,这种关系非常普遍,因此,经济学家称之为需求定理。

需求定理的基本内容是:在其他条件不变的情况下,购买者对某种商品的需求量与价格呈反方向变动,即需求量随着商品本身价格的,上升而减少,随着商品本身价格的下降而增加。

四、影响需求的因素

除了价格因素以外,还有许多因素会影响需求使之发生变化。其中,以下几方面是比较重要的影响因素。

(一)收入

假如经济危机出现了,公司为了应对危机,会相应地减少员工收入。当收入减少时,个人或家庭的需求一般会相应地减少。就是说,当收入减少时,消费支出的数额会相应地减少,因此,个人或家庭不得不在大多数物品上相应减少消费。在经济学中,当收入减少时,对一种物品的需求也相应减少,这种物品就是正常物品。一般把正常物品定义为:在其他条件相同时,收入增加会引起需求量相应增加的物品。

在人们的日常生活中,消费者购买的物品,并不都是正常物品,随着人们收入水平的提高,人们会对某种物品的需求减少,这种物品就是所谓的低档物品。从经济学的角度看低档物品,将其定义为:在其他条件相同时,随着收入的增加,引起需求量相应减少的物品。

(二)相关商品的价格

相关商品是指与所讨论的商品具有替代或者互补关系的商品。在其他条件不变时,当一种商品价格下降时,减少了另一种商品的需求量,这两种物品被称为替代品。两种替代商品之间的关系是:价格与需求呈现出同方向变动,即一种商品价格上升,将引起另一种商品需求增加。

在其他条件不变时,当一种商品价格下降时,增加了另一种商品的需求量,这两种物品被称为互补品。两种互补商品之间的关系是:价格与需求呈反方向变动,即一种商品的价格上升,将引起另一种商品需求减少。

(三)偏好

决定需求的另一明显因素是消费者偏好。人们一般更乐于购买具有个人偏好的商品。人们的偏好,受很多因素的影响,如广告,从众心理等。当人们的消费偏好发生变动时,相应地对不同商品的需求也会发生变化。

(四)预期

人们对未来的预期也会影响人们现期对物品与劳务的需求。对于某一产品来说,人们通过预期认为该产品的价格会发生变化,若预期结果是涨价,人们会增加购入数量;若预期结果是降价,那么人们会减少当前的购入数量。

(五)购买者的数量

购买者数量的多少是影响需求的因素之一,如人口增加将会使商品需求数量增加,反之,购买者数量的减少会使商品需求数量减少。

(六)其他因素

在影响需求变动的因素中,如民族、风俗习惯、地理区域、社会制度及一国政府采取的不同政策等,都会对需求产生影响。

在之前的需求函数中,自变量只有价格,把各种影响因素考虑进来以后,可以写出一个多变量的需求函数,即把上述因素都包括进函数式中,如下所示。

$$Q = f(M, P_R, E, J, T)$$

式中:M——收入。

P_R——相关商品价格。

E——预期。

J——偏好。

T——其他因素。

五、需求量变动与需求变动

(一)需求量的变动

需求量的变动是指其他条件不变的情况下,商品本身价格变动所引起的商品需求量的变动。需求量的变动表现为同一条需求曲线上点的移动。在影响消费者购买决策的许多其他因素不变的情况下,价格的变化直接影响着消费者的消费需求,在经济学中,这就是"需求量的变动"。

(二)需求的变动

在经济分析中,除了要明确"需求量的变动",还要注意区分"需求的变动"。需求的变动是指商品本身价格不变的情况下,其他因素变动所引起的商品需求的变动。需求的变动表现为需求曲线的左右平行移动。

在需求曲线中,当出现影响消费者的商品需求因素,也就是需求的变动,在某种既定价格时,当人们对商品需求减少时,表现在需求曲线中就是曲线向左移;当人们对商品需求增加时,在需求曲线中就表现为需求曲线向右移。总而言之,需求曲线向右移动被称为需求的增加,需求曲线向左移动被称为需求的减少。

引起需求量变动和需求变动的原因不同,其不仅受到商品价格、收入、相关商品价格的影响,还受到偏好、预期、购买者数量的影响。

第三节 市场供给分析

一、供给的含义

供给是指卖方在某一特定时期内,在每一价格水平时,生产者愿意而且能够提供的商品量。供给是生产愿望和生产能力的统一,缺少任何一个条件都不能成为有效供给。这也就是说,供给是卖方根据其生产愿望和生产能力决定想要提供的商品数量。通常用供给表、供给曲线和供给函数三种形式来表述供给。

二、供给表

供给表是表示在影响卖方提供某种商品供给的所有条件中,仅有价格因素变动的情况下,商品价格与供给量之间关系的表格。

三、供给曲线

如果供给表用图形表示,根据供给表描出的曲线就是供给曲线。供给曲线是表示一种商品价格和供给数量之间关系的图形。横坐标轴表示的是供给数量,纵坐标轴表示的是价格。若是供给曲线是向右上方倾斜的,这反映出商品的价格和供给量之间是正相关的关系。

四、供给函数

供给函数是以代数表达式表示商品价格和供给量之间关系的函数。最简单意义上的供给函数,是将价格(P)作为自变量,需求量(Q_s)作为因变量,供给函数关系如下。

$$Q_s = c + dP$$

其中c、d为常数,c为最大需求量,d为关系系数。

通过价格前面的正号,供给函数表示出供给量和价格之间同方向变化的规律。

供给曲线上的点表示的经济含义是,如下所示:①在给定的价格水平上,供给者愿意提供的最大商品数量。②对于给定的具体商品数量,生产者愿意索取的最低价格。[1]

五、供给定理

从供给表和供给曲线中可以得出,某种商品的供给量与其价格是呈现出相同方向变动的。价格与供给量之间的这种关系对经济中大部分物品都是适用的,而且,实际上这种关系非常普遍,因此,经济学家称之为供给定理。

供给定理的基本内容是:在其他条件相同时,某种商品的供给量与价格呈现出同方向变动,即供给量随着商品本身价格的上升而增加,随着商品本身价格的下降而减少。

六、影响供给的因素

有许多变量会影响供给,使供给曲线发生移动,以下因素尤为重要。

(一)生产要素价格

为了生产某种商品,生产者要购买和使用各种生产要素:工人、设备、厂房、原材料、管理人员等。当这些投入要素中的一种或几种价格上升时,生产某种商品的成本就会上升,厂商利用原有投入的资金,将会提供相对减少的商品。如若要素价格大幅度上涨,厂商则会停止生产,不再生产和供给该商品。由此

---

[1]滕泰,范必.供给侧改革[M].北京:东方出版社,2016.

可见,一种商品的供给量与生产该商品的投入要素价格呈负相关。

(二)技术

在资源既定的条件下,生产技术的提高会使资源得到更充分的利用,从而引起供给增加。生产加工过程的机械化、自动化将减少生产原有商品所必需的劳动量,进而减少厂商的生产成本,增加商品的供给量。

(三)相关商品的价格

两种互补商品中,一种商品价格上升,对另一种商品的需求减少,供给将随之减少。互补商品中一种商品的价格和另一种商品的供给呈负相关。两种替代商品中,一种商品价格上升,对另一种商品的需求增加,供给将随之增加。替代商品中一种商品的价格和另一种商品的供给呈正相关。

(四)预期

企业现在的商品供给量还取决于对未来的预期。若是预期未来某种商品的价格会上升,企业就将把现在生产的商品储存起来,而减少当前的市场供给。

(五)生产者的数量

生产者的数量一般和商品的供给呈正相关关系,即如果新的生产者进入该种商品市场,那么,市场上同类产品的供给就会增加。

七、供给量的变动与供给的变动

(一)供给量的变动

供给量的变动是指其他条件不变的情况下,商品本身价格变动所引起的商品供给量的变动。供给量的变动表现为沿着同一条供给曲线上的点移动。

影响生产者生产决策的许多其他因素不变的情况下,在任何一种既定的价格水平时,生产者提供相对应的商品数量。价格变化会直接导致商品供给数量的变化,在经济学中被称为"供给量的变动"。

(二)供给的变动

与需求相同,在经济分析中,除了要明确"供给量的变动",还要注意区分"供给的变动"。供给的变动是指商品本身价格不变的情况下其他因素变动所引起的商品供给的变动。供给的变动表现为供给曲线左右平行移动。

供给的变动,在某种既定价格时,当某种商品价格上涨时,厂商对该商品的供给减少,此时供给曲线向左移;在某种既定价格时,通过科技手段来使该商品的生产能力变强时,此时供给曲线向右移。供给曲线向右移动被称为供给的增加,供给曲线向左移动被称为供给的减少。

第四节 市场均衡与政府政策

一、市场与均衡

(一)均衡价格

1.均衡定义

经济学分析市场的一个基本工具是均衡。均衡分析有一百多年的历史,至今仍然是一个强有力的分析工具。均衡分析最初是经济学家从物理学中借用过来的,它是一种分析不同力量相互作用的方法。在宇宙空间中存在着各种各样的力量,各种力量相互作用,达到一种稳定的状态,即均衡状态。在均衡状态下,没有任何事物会发生新的变化。市场上,供给和需求是两种基本的力量。经济学中的市场均衡,就是指供给和需求的平衡状态。

2.市场均衡核心

关于市场均衡的概念述说起来就是,供给和需求的平衡状态。价格是市场均衡的核心,需求和供给都受价格影响,都是价格的函数。但需求和供给对价格做出反应的方向不同:需求量随着价格的下跌而上升,供给量随着价格的上升而上升。因此,需求量和供给量不可能在任何价格下都相等。但需求和供给的反向变化也意味着,使得需求量和供给量相等的价格是存在的。

在经济学上,我们把使得需求量和供给量相等的价格称为"均衡价格",对应的需求量(供给量)称为"均衡产量"。也就是说,在均衡价格下,所有的需求量都能得到满足,所有愿意在这个价格下出售的产品都可以卖出去。

3.均衡价格与边际成本

均衡价格是指,当需求量等于供给量的状况下,由需求曲线和供给曲线的交点决定的。

(1)供给曲线与边际成本曲线重合

供给曲线与边际成本曲线重合,需求曲线与消费者的边际效用曲线也是重合的。需求曲线上的价格代表了消费者的最高支付意愿,也就是厂商要把某一固定产量的商品全部销售出去,可以卖出的最高价格。为什么随着产量的增加,消费者愿意付的钱越来越少?因为边际效用是递减的。也就是说,每个人一开始总是满足最迫切地需要,他愿意为最迫切地需要付出的代价最大;迫切地需要满足之后,对于不那么迫切地需要,愿意付出的代价相对较小。

(2)供给曲线与生产者的边际成本曲线重合

它可以理解为厂商愿意接受的最低价格。只有消费者愿意付出的价格高于或至少不低于生产者愿意接受的价格时,交易才会给双方带来好处,产品才有可能成交。假设一件商品买家最高只愿意出10元钱,但卖家最低只能接受12元钱,那么交易就不会出现。因此,有效率的交易只会出现在均衡点的左侧,即需求曲线高于供给曲线的部分。

4.均衡价格与边际效用

根据前面的论述,均衡价格也可以看作消费者的边际效用等于生产者的边际成本时对应的价格水平。这是因为消费者的最优选择意味着他愿意接受的市场价格等于其边际效用,生产者的最优选择意味着他愿意接受的市场价格等于其边际成本。这样一来,价格就把生产者和消费者联系在一起,均衡实现了双方最优。这个原理可以表示为。

边际效用=均衡价格=边际成本

可见价格是一个杠杆,它在消费者和生产者分离的情况下实现了"鲁滨孙经济"中消费者和生产者一体化情况下的最优选择条件,如下所示。

边际效用=边际成本

5.均衡状态下的总剩余

交换带来的社会福利增加总额,即总剩余。总剩余包括两部分:一部分是消费者剩余,另一部分是生产者剩余。消费者剩余就是消费者支付的价格和他实际支付的价格之间的差额。总收入和总成本之间的差值即生产者获得的生产者剩余,也就是利润,其计算公式如下所示。

总剩余=消费者剩余+生产者剩余

均衡不是现实,而是现实发生变化背后的引力。只有在均衡条件下,总剩余才能达到最大,此时的市场效率是最大的。如果市场处于均衡状态的左侧,有一部分价值没有办法实现;如果市场处在均衡状态的右侧,消费者愿意支付的价格小于生产者愿意接受的最低价格,由此会出现亏损,造成社会福利的损失。所以均衡本身对应的是经济学上讲的"最大效率",偏离均衡就会带来效率损失。当然,现实生活中我们不可能总是达到最大效率这种状态。更准确地说,均衡不是现实,而是现实发生变化背后的引力。下面我们分析一下非均衡状态如何向均衡状态调整。

(二)均衡的移动和调整

不管是供给曲线,还是需求曲线,均会受到很多因素的影响,并且这些影响因素是随时间变化的。影响需求曲线移动的因素有:消费者偏好、收入、替代品和互补品的价格,或者其他制度性的、文化的因素的变化。影响供给曲线移动的因素有:生产技术、要素价格和原材料价格、要素供给量的变化。

因此,均衡点就随时间变化而变化,价格和供求的调整过程是动态的,就像追踪一个移动的靶子,而不是追逐着一个固定的目标。

从动态角度看,市场总是处于调整当中,现实经济总是处于非均衡状态。现实中的价格总是和理论上的均衡价格不完全一样,但市场价格总是围绕随时间变化的均衡点不断调整。这就是均衡分析的意义所在。

最后需要指出的一点是,前面我们把均衡点的变化和调整过程当作一个非人格化的过程。事实上,在现实市场中,均衡点的变化和调整主要是通过企业家活动实现的。企业家是善于判断未来、发现不均衡并组织生产、从事创新活动的人。尽管企业家也会犯错误,但正是他们的存在,使得市场经济不仅有序,而且在不断发展。

(三)非均衡状态及其调整

非均衡状态可以划分为两类,分别是:实际价格低于均衡价格,或实际价格高于均衡价格。通常情况下,当价格低于均衡价格时,消费者愿意购买的数量大于生产者愿意出售的数量,这就出现了供不应求的现象;当价格高于均衡价格时,消费者愿意购买的数量小于生产者愿意出售的数量,这就出现了供大于求的现象。无论哪种情况,都有一方的意愿不能实现,从而导致效率损失。

1. 非均衡状态概述

为什么非均衡状态会出现?最基本的原因是在现实市场中,信息是不完全的。在传统的教科书中,通常假定信息是完全的,每个人都知道供求曲线和交点的位置。在这个假设下,不会有非均衡,这与现实是有出入的。市场通常由若干买家和卖家组成,他们当中每一个个体的决策都会影响整个市场,但没人知道市场的需求曲线和供给曲线具体是什么形状,消费者甚至连自己的需求曲线都画不出来,生产者也画不出自己的供给曲线,更没有人能准确知道其他人的需求和供给,因此,没有人确知均衡点究竟在哪里。但实际交易就是在这种情况下发生的。尽管出于自身利益的考虑,消费者会寻找合适的卖方,生产者也会寻找合适的买方,并希望获得对自己最有利的交易条件,但这又会带来交易成本和等待的成本。因此,交易不可能从均衡价格开始。

不均衡状态还可以理解为一种后悔的状态:当消费者按照商家的标价购买一件商品后,过一段时间发现该商品价格下降了,那当初消费者实际支付的价格就是非均衡价格,这就表现出消费者的"后悔"。同样,当生产者把产品卖出后如果发现价格上涨了,也会感到"后悔"。

2.现实交易向均衡状态的调整

尽管现实不可能处于均衡状态,但现实交易总是有向均衡状态调整的趋势。这种调整是买者和卖者竞争的结果,买者之间和卖者之间的竞争使价格从不均衡趋向均衡。现在我们就来分析一下可能的调整过程。首先考虑价格低于均衡价格的情况。设想由于某种原因,企业预期的价格低于均衡价格。

此时,市场上供给的产品数量将少于消费者愿意购买的数量。当一部分消费者发现自己的购买意愿难以实现时,他们就愿意支付更高的价格;企业看到奇货可居,也会提高价格。随着价格的上升,一方面,消费者会减少需求,有些消费者甚至会完全退出市场;另一方面,企业会修正自己的预期,看到价格上升就会增加供给。如此这般,只要供给小于需求,价格就会向上调整,需求量随之减少,供给量随之增加,直到均衡为止。

现在考虑价格高于均衡价格的情况。如果市场价格高于均衡价格水平,企业会选择较高的产量,但在市场上,需求量低于产出量,造成部分商品生产出来后卖不出去。此时,由于销售困难,部分厂商会选择降价销售,以便清理库存,结果市场价格逐渐下降。随着价格的下降,企业相应地减少产量,部分原来的生产者退出了市场,导致市场供给量下降;同时,随着价格的走低,部分潜在消费者进入了市场,需求量增加。如此这般,只要供给大于需求,价格就会向下调整,需求量随之增加,供给量随之减少,直至均衡为止。

(四)亚当·斯密论的价格调整

市场上任何一个商品的供售量,如果不够满足对这种商品的有效需求,那些愿支付这种商品出售前所必须支付的地租、劳动工资和利润的全部价值的人,就不能得到他们所需要的数量的供给。他们当中有些人,不愿得不到这种商品,宁愿接受较高的价格。于是竞争便在需求者中间发生。而市场价格便或多或少地上升到自然价格以上。价格上升程度的大小,要看货品的缺乏程度及竞争者富有程度和浪费程度所引起的竞争热烈程度的大小。

反之,如果市场上这种商品的供售量超过了它的有效需求,这种商品就不可能全部卖给那些愿意支付这种商品出售前所必须支付的地租、劳动工资和利润的全部价值的人,其中一部分必须售给出价较低的人。这一部分商品价格的低落,必使全体商品价格随着低落。这样,它的市场价格,便或多或少降到自然价格(类似长期均衡价格)以下。下降程度的大小,要看超过额是怎样加剧卖方的竞争,或者说,要看卖方是怎样急于要把商品卖出的。

如果市场上这种商品量不多不少,恰好够供给它的有效需求,市场价格便和自然价格完全相同,或大致相同。所以,这种商品全部都能以自然价格售出,而不能以更高价格售出。各厂商之间的竞争使他们都得接受这个价格,但不能接受更低的价格。

当然,无论供不应求还是供过于求,现实中的调整都比我们上面描述的要复杂一些。比如,在供不应求的情况下,市场价格也许会短期内冲到消费者可接受的最高点,然后再随着供给量的增加逐步回落,经过一段时间的震荡后,逐步趋于均衡;在供过于求的情况下,市场价格也许会短期内跌落到消费者愿意支付的最低点,然后随着供给量的减少逐步回升,经过一段时间的震荡后,逐步趋于均衡。

调整过程需要多长时间,不同产品,市场是不同的。特别是,由于需求很容易及时调整,调整的快慢主要取决于产品的生产周期。生产周期越长的产品,调整的速度越慢。例如,农作物的生产周期是以年计算的,调整至少需要一年的时间;而服装的生产周期很短,调整相对快一些。

容易设想,如果需求曲线和供给曲线不随时间而变化,则不论调整的时间多长,市场价格最终一定会收敛于均衡水平。现实中,尽管绝大部分产品市场达不到经济学意义上的均衡,但仍然可以达到日常生活意义上的均衡,即:在现行的价格下,消费者的意愿需求总可以得到满足,生产者也可以售出自己计划生产的产品。实际价格的相对稳定性就证明了这一点。现实市场之所以达不到经济学意义上的均衡,是因为需求曲线和供给曲线都随时间变化而变化。[①]

二、政府干预的效率损失

(一)价格管制及其后果

在市场经济国家,政府有时会对价格和工资实行限制。与计划经济的政府定价不同的是,市场经济国家的价格管制一般只规定最高限价或最低限价,而不是直接定价。最高限价,即规定交易价格不能高于某个特定的水平,也就是卖出商品的标价不能超过规定的最高价格。最高价格一定低于均衡价格,否则是没有意义的。

最高限价会带来什么后果呢?从效率上来看,本来一些不是非常需要这个商品的人也进入了市场,该商品对这些消费者的效用并不高,但他们也很可能获得该商品,这对于社会资源是一种浪费。而该商品对另外一些人的价值较大,但在限价后他们可能买不到这种商品,这又是一种损失。政府会有什么对策呢?既然需求大于供给,政府可以选择的一个办法是强制企业生产市场需要的产量。这就是为什么价格管制经常会伴随计划性生产的主要原因。强制生

[①] 张可青.政府政策影响市场均衡的数理分析[J].大众投资指南,2017(8):275-276.

产的结果是什么？假如政府的生产计划确实能够实现,此时生产的边际成本远远大于商品给消费者带来的边际价值,这是一种资源的浪费。

有时候政府制定了最高限价并强制企业生产,如果企业亏损则给予财政补贴。但这会弱化企业降低成本的积极性,甚至诱导企业故意增加成本、制造亏损,因为亏损越多,得到的补贴越多,不亏损就没有补贴。这又是一种效率损失。

如果政府没有办法强制企业生产,那就只能配额消费,在1200单位的需求量里面分配400单位的产量。配额会引起什么问题呢？如果政府通过抓阄的方式随机分配配额,将导致前面讲的效率损失,因为能得到该商品的并不一定是需求最迫切的消费者。

现在我们转向讨论最低限价政策。最低限价的直接目的是使得交易价格高于市场均衡价格。与最高限价的情况相反,如果政府为了保护某个产业,出台政策规定相关产品的交易价格不能低于某个最低价格,这将导致供过于求。

为了解决供过于求的问题,政府就不得不实行配额生产。即便政府能够保证把配额分配给成本最低的企业,但由于与需求量对应的产量小于均衡价格下的产量,也存在效率损失。当然,政府也可以强制消费者购买过剩的产量,但这样做不仅损害了效率,而且限制了消费者的选择自由。如果政府既不能成功地实行生产配额,也不能成功地强制消费,最低限价也就没有办法维持。解决问题的办法是把生产者价格和消费者价格分开,这就需要对生产者给予价格补贴,每单位产品的补贴额等于生产者价格和消费者价格的差额。对生产者来说,这种补贴是一种收益,但对整个社会来讲,则是总剩余的减少。

(二)税收如何影响价格

政府干预市场的另一个方式是征税。政府需要征税获得财政收入,税收的结构和额度将会改变市场的均衡状态。政府征税类似在供求之间加入一个楔子,对价格和交易量都会产生影响。税负最终是由谁来承担？这依赖于需求曲线和供给曲线的特征。但是无论如何,税负通常会降低交易效率。

1. 从量税

现在我们引入政府征税。税收中有一种税叫做从量税,是对生产者销售的每一单位产品进行征税。征收这种从量税以后,成交价格上涨了,均衡数量下降了。

下面我们来分析税收是由谁来承担的。表面上看消费者没有直接交税,但并非如此,实际上消费者与生产者共同承担起了税收。政府征走的税收可以作为转移支付,不会降低总剩余。但是征税后交易量的下降却降低了总剩余。可见,从量税会导致一定的效率损失。另外一种从量税是对消费者征税,与政府对生产者征税时相同。

现在我们来看一种特殊的情况。假如供给曲线价格没有关系,而需求曲线向下倾斜,垂直的供给曲线并不发生变化,均衡价格、量产也不变化,在这种情况下,税收全部由生产者承担。如果从量税是对消费者征收的,消费量没变,实际支出与没有税收时是一样的。税收仍然全部由生产者承担。再看另外一种情况,假如供给是有弹性的,而需求是无弹性的,也就是我们通常所说的"刚需"。生产者没有承担税收,此时税负全部由消费者承担。假设供求曲线不变,税负这时仍全部由消费者承担。只要需求和供给都有一定的弹性,税收就会造成生产效率的下降。

由此我们可以得出这样的结论:如果供给是无限弹性的,需求是有弹性的,税收将全部由生产者承担;如果需求是无限弹性的,供给是有弹性的,税收将全部由消费者承担。

一般情况下,无论向哪一方征税,供给弹性和需求弹性的比值直接决定着税负的分担比例,简单来讲,就是供给与需求哪一方弹性小,相应的负担的税收就大,一方面,需求弹性相对小,则消费者承担的税负比重高;另一方面,供给弹性相对小,则生产者承担的税负比重高。政府的税收政策一般会带来效率损失。只有在需求或供给无弹性的时候,税收才不造成效率损失此时税负全部由消费者或生产者承担,没有导致交易数量的变化。只要需求和供给都有一定的弹性,税收就会造成生产效率下降。

生活必需品的需求弹性是比较小的,比如粮食价格上涨50%,人们的消费量不会减少50%。所以对生活必需品的征税大部分转嫁给消费者。奢侈品通常需求弹性比较大,承担税负的主要是生产者。

2. 从价税

从量税是根据销售数量定额征收,从价税是根据销售价格按一定比例征收。无论哪种情况,只要供给和需求都是有弹性的,税收就会产生效率损失。

3. 所得税

除了对交易征税,政府还会对个人和企业的收入征税,称为所得税。它是以所得额为课税对象的税收的总称。很多地方征收公司所得税,同时还有个人所得税。所得税收影响生产者的积极性,因而会影响产品价格。

总体来讲,税负不可能最终只由纳税人来承担,也会有效率损失。因为税负影响生产者的积极性,所以生产者会提高价格:假如所得税税率过高,没人愿意生产了,行业的供给量将会减少,导致市场价格上升,因此消费者就要承担部分税收。设想一个极端的情况,假如我们征收100%的利润税,企业赚的钱都纳税了,没人愿意办企业了,最后损害的将是我们社会上的每一个人。

第六章 企业管理创新与企业经济发展

第一节 企业经济管理中存在的问题

一、企业经济管理概念

企业在工作上有切实可行和长远规划战略目标的前提下,引入各项经济管理体系的做法被称为企业经济管理。其中,经济管理体系的项目都包含了经济管理体系文件和评审、组织机构设置和职能、内部审核、资源管理、数据分析、不符合控制和材料采购过程的经济控制、遵循法律和法规等项目。在解决管理企业问题与各种人事和经济的问题方面,都要通过系统的管理方法进行发现和解决,并通过加强工作上的严谨性、优化企业的内部编制来切实地推动企业的发展,提高其外部竞争力,使企业利润的实现保持稳定,从而更好地提升自身的核心竞争力,以便在竞争中长期处于不败之地。[①]

二、企业经济管理中存在的问题及对策

(一)存在的问题

企业在进行生产经营活动时,是同时受到内部条件和外部条件制约的。如今的企业在经济管理方面,无论在哪个环节都无法做到完美,且总会有各种问题出现。

企业发展状况的好坏直接体现在经济管理水平和质量上,企业健康发展的重要标志是优秀的经济管理模式,企业的经济效益直接由它决定,同时还对企业要实现的目标和决策部署有着深刻影响。到目前为止,依旧有非常多的问题在我国现代企业的经济管理中出现,如果得不到合理解决就会使企业建设得不到健康发展。因此,企业的决策者在解决问题时先要知道经济管理的问题都有哪些,按照出现的问题依次采取有效措施加以改进。

我国的改革开放是朝纵深发展的,市场经济体系也逐渐变得健全与完善,

---

① 刘长存.创新思维与技法[M].大连:辽宁师范大学出版社,2015.

各类企业都已经走出国门、走向世界,在世界市场经济的竞争中抢占一席之地,同时各企业的经济管理理念和管理方式也慢慢与世界接轨。这无疑是为了给我国的企业发展提供更为广阔的环境与空间,但也要注意,这不仅仅是机遇,也是一项巨大的挑战。我国改革开放的时间并不算长,因此在现代企业的经营管理中,能够借鉴的经验不太多,特别是跨国公司之类的大企业在逐步走向世界时,就明显可以看出它的管理模式和经验,与那些快速扩张的企业规模是不匹配的。因此我国现代企业需要解决的问题就是,企业在做大做强中遇到困难该如何解决,以保证企业的发展健康有序。

1. 缺少有效的经济管理控制

尽管在经济管理过程中,企业已经制定好相应的管理制度,但这些制度在实际实现的过程中并没有得到好的应用,基本都流于形式,执行力度不足,最终知识经济管理并未将其价值得到充分发挥。在现代的经济发展中,企业的管理制度和实际经济水平并不均衡,经济管理制度在发展过程中很多问题都没有得到及时解决。

2. 企业经济管理观念滞后

这一观念对开展企业的经济工作有着直接的影响,企业在传统的经济管理中重视的是怎样将利益实现最大化,从而使以人为本的管理理念受到了忽视;但在新的经济管理中,前提为实现可持续发展的目标,要求企业同时注重企业利益和以人为本的管理理念,使企业的经营效益做到最大化。目前企业经营管理者还没有注意到这一点,于是便出现了企业管理和发展较粗犷的现象。

企业的经济管理创新和管理制度创新都需要人们足够重视,制度是在约束经济管理中很重要的一点。经济管理制度的创新不仅可以采用约束性的条款,在市场经营中使企业成为高效经济团体,并在企业内部构建出经济团体框架,让企业自己承担盈亏风险,以便在产品开发时体现出创新与活力;还可以在企业内部实行激励体制,让企业在发展中尽量不受到阻碍和限制,也不会因为企业过多开放产生各种风险。此外,企业经济管理中制度创新的控制、协调和规划的依据是企业的日常生产经营,并在企业的生产经营中合理规划并组织好制度创新,形成全面的企业经济管理制度格局,也让企业经济管理制度的控制与约束能力得以提高。

3. 企业经济管理组织结构存在的问题

如今我国的很多企业因为计划经济存在惯性,于是在内部的组织结构中,国有企业和私有企业的计划经济特点都非常明显,其普遍存在的特征就是等级森严,且组织结构紧密。很多的国有企业中的大型企业,为了方便管理和一些其他原因,会专门设置很多职能部门,但这种组织结构通常会为一线职工增加不必要的工作量,从而导致职工的工作积极性明显降低,并对企业的主要生产流程产生阻碍。

4.经济管理人员落后

很多企业在经营过程中已经差不多构建出了基本人员队伍,方便完成经济管理的相关工作,也使得工作能更有规范地进行。但在对很多企业进行研究时发现,其经济管理人员的素质并没有那么高,这些人也没有受到过专业培训,只是简单了解了经济管理的相关内容。结果就是他们过早地投入了经济管理相关的工作中去,在方法和理论还没有掌握充分的情况下,很容易出现各类问题。

(二)相关对策

1.控制与审核

信息化管理在现代化企业管理中的重要性逐渐提升,要建设企业网络化的管理信息系统,并在公司内部实行控制制度建设的技术基础就是建立统一的管理信息系统。企业管理一旦实行一体化,即从开始就可减少管理中出现的错误和偏差,对企业可能出现的经营风险进行有效规避;同时要注重内部文件的时效性,让最新的公司决策能在第一时间让员工知晓;对外方面还要对信息进行全面的收集,时刻注意建立和客户的联系,对政府最新的政策和法律法规有充分的了解,让政府、公司与客户之间建立平台便于三方联系,在最终传递给公司决策层时要确保准确及时。企业在审核内部经济管理体系文件时要按照计划进行,其中形成文件的有经济管理手册、经济方针和目标,以确保过程的有效策划、控制和运行。企业还要对审核人员的组成、审核方法、资格和范围等进行策划,使其记录能符合要求并且能得到有效实施。要注意,内审记录的保留要保证清晰,方便人们的检查和识别。

2.改善企业生产过程

企业生产中,无论是前期采购还是真正投入生产,在这之中或多或少都会有无法预知的因素存在,并且会对整个生产目标的实现有影响。因此,为了保证企业在较长时期内能有好的收益,还能持续不断发展,其采取的经济管理模式一定要稳定。

(1)采购

企业在明确经济管理要求时,要保证其采购活动和质量是符合标准的,能够实现利益的最大化。进行采购时要实行招标制度和企业资质审核,其中包含了供方的经济实力、信用状况、运输手段和经济管理状况等,并且要评价采购的程序、方式和供方的履约能力。等到了事物的交货阶段,要定期检查国家规定的计量器具,如秤砣,要有准确性和交易的公平性,以此来确保买卖双方的利益。如今信息化管理已经被很多企业所使用,计算机软件在实际应用中也要反复进行确认才可以。

(2)生产

企业在刚开始投入生产时都会对生产计划和目标进行制定,因此也难以避免地会有意想不到的情况阻碍其实现生产目标,因此企业要积极采取措施对存在原因予以消除,并且还要组织评审、确定原因和需要实施的措施。在经济管理体系的实施过程中,企业也要采取适当的方法进行测量与监视,以此证明策划结果得以实现的能力,并对纠正措施的结果进行详细的记录和评审,对经济目标实现的多少有充分了解。

为了让不符合标准的情况不再发生,在评审措施后要采取适当的预防措施。企业则在确定措施后,测量、监视和内部审核其过程与结果,防止还残留潜在的不符合因素。一旦发现不符合应该立即采取措施,首先要消除已经发现不符合的;其次要相关方与顾客进行协商,接受不符合;最后是防止不符合继续蔓延而采取相应措施,不符合的性质和之后所能采取的措施记录要继续保持。企业应该对不合格的原因找到解决方案并消除,以免再次发生类似情况,按照评审结果和有关记录要对程序进行重新制定,将不合格因素去除,使不符合的情况不再继续蔓延,再对这一情况继续予以保持,分析不符合的原因。

3.改善观念加强创新

观念是行为的前提,所以企业在管理观念上应该及时地更新,企业的管理者还要结合企业和行业的发展特征与趋势,用新的管理理念替代旧的。要实现现代企业管理经济学的思想基础就是管理观念,同时它也是指导思想,即用来指导具体的管理工作。经济管理理念中的先进科学可以在一定程度上加快公司的发展进程,而落后的观念则会让企业的经济发展停滞不前,因此,加强管理理念的宣传力度是必不可少的,不仅能够使员工时刻保持危机意识,还可以使企业内部经济管理的利益得到积极稳固提升。并且,为了充分激发员工潜力,企业还可以适当营造出竞争的氛围,让其环绕在员工左右产生竞争意识,使员工除了完成本职工作之外还能发挥出自身潜力,为企业发展献出自己的一份力量。

此外,一方面,可以创新经济管理的方式,从组织结构上下功夫,使其变成扁平化结构,这样一来不仅减少了管理的层次,还使企业的管理幅度得到增加,便于一些与经济相关的信息和反馈更加及时;另一种方式就是让组织结构柔性化,企业必须解除原来的机构组织对其自身的强大束缚,建立柔性化的组织结构就可以让企业在面对外部环境时更加灵活。

4.构建高素质队伍

在企业中,经济管理工作的主要执行者是人员队伍,为了能够有效地开展经济管理工作,就要构建一个人员有较高综合素质的经济管理队伍。在建立队伍开始,企业要对管理人员进行选择并制定较高的标准,即为了应聘人员能在日常实际的工作中冷静处理各类问题,就应要求其熟练掌握专业经济管理技能,此外还要有较好的思想道德品质,认真负责自己的每项工作。

第二节 企业经济管理的创新策略

一个企业的精髓是其经济效益的好坏,这不仅是作为关键标准来判断企业是否在正常运行,还是作为依据来观察企业间的相互竞争,而提高企业经济收益的前提条件则是要先提高资金的使用效率。所以在企业经营过程中,占主要核心地位的是要加强企业的经济管理,提高资金的使用效率,这同样也是现代企业中需要反复强调的重点。随着经济全球化与一体化进程的不断加快,市场竞争日益激烈,在此时代背景下,企业要想在竞争中脱颖而出,必须不断更新设备设施,提高经济管理水平,不断创新让企业的经济管理更好地服务于生产经营,认识到企业要想发展就离不开经济管理的创新。但实际上,我国企业的经济管理过程还有很多没能解决的问题。下面将立足我国现代企业的经济管理现状,按照企业经济管理的特点,对创新经济管理在企业中的重要作用进行较为详细的阐述,最后为了企业能更好更快发展,从多个角度提出经济管理的创新策略。

一、现代企业经济管理创新的重要性

(一)经济改革的要求

企业的经济管理是作为重要手段来对企业资源进行优化整合的,在一定意义上也是生产力的一种表现形式。如今,市场经济正处在高速发展的时期,科学技术的更新换代也是突飞猛进,当今社会中,互联网经济和知识经济的优势不断显露出来,新经济时代下的企业要想赶超其他企业,就要加强对经济管理的创新。如果不能适应市场经济和时代的发展,企业就将在这场竞争中处于不利地位。

(二)企业发展的需求

不同的企业,它们的管理体系和经营模式也各不相同,但相同的基本上是

企业的管理体系和经营环境,首先这两点都是受经济全球化趋势逐渐加强的影响,除此之外,在知识经济是主体的情况下,经济发展新形势的影响和互联网技术发展的影响也占很重要一点。受外部环境影响,企业面临着逐渐开放的态势,其在国际市场中的竞争压力也日趋增大。在如今这个新经济形势和环境中,企业将同时面临着机遇和挑战,同时要对创新经济管理进行不断创新,才能加强企业的综合竞争实力,企业才会不停地进步与发展。

二、现代企业经济管理的职能

如今企业的各项制度已经日益完善,其组织结构也在不停地健全发展之中。经济管理是企业管理的核心内容之一,它的具体职能和管理的内容同样发生着改变。企业经济管理职能的含义,即企业的经济管理是通过企业再生产的环节,体现出来所具备的功能的。具体来说就是,决定经济管理职能的,有来自管理理论和实践发展的影响,以及财务工作本质的影响。而经济管理的主要职能体现在财务计划职能、财务控制职能、财务协调职能和财务组织职能。

三、现代企业经济管理中的创新策略

(一)企业经济管理理念创新

企业中经济管理理念创新的先导有思想观念的转变与创新,要切实贯彻理念的创新,对经济管理理念的创新概念给予正确的理解。纵观我国企业的现状,我国企业的经济管理发展仍然会受到陈旧经济管理观念的影响,从而阻碍企业的发展,很多的企业管理者思想更新的意识薄弱,观念也落后,危机和竞争意识更是少之又少。因此企业首先就要努力倡导理念的创新,只有创新了理念才能更好地对经济管理进行创新。经济管理理念的创新是通过独特的思维方式,管理机制与视角,纠正和摒弃过时、陈旧的思维模式,在企业内部真正做到创新管理,树立创新观念,使企业经营有长足的发展与进步。不仅如此,以后的其他管理创新机制都要将理念创新放在重要位置上。[①]

(二)加强对企业经济管理制度的创新

实现好的企业管理自然缺少不了制度的支持,企业管理的制度也是制约经济管理创新的重要一环。所以,企业要创新,就要将经济管理和经济管理制度都进行创新。企业应当首先将人性化的管理机制放在第一位,以此为员工创设好的发展条件;此外,还要重视和加强人力资源的管理,完善管理制度、让所有员工都参与进去,建立决策与监督机制,将员工的工作积极性充分调动起来。

---

①王丹竹,管恒善,陈琦.企业经济发展与管理创新研究[M].长春:吉林人民出版社,2017.

(三)加强对企业经济管理组织模式的创新

经济管理组织同样也在企业经营发展中起着重要作用,为提升企业经济管理的效益,可以选择实施贯彻有效的经济管理组织。由此,企业需要对经济管理组织模式的重要性有深刻的认识,对其创新也要有所加强。首先,可以实施柔性化的管理方式建设管理组织,使其更加多样化;其次,实现扁平化的企业经济管理模式,让企业的组织层次有所简化,提高经济管理效益;最后,加快建立虚拟化的管理机制,通过先进的计算机技术合理规划经济管理组织,实现整合,为加强企业经济发展而建立无形的经济管理机制。

随着经济全球化进程的加快和市场经济改革的完善,企业也面临着巨大的竞争压力。创新作为企业发展的基本动力,在当前经济发展的背景下,也是企业提高竞争实力的基本途径。企业要想在当下获得更好的发展,提高企业在市场中的竞争实力,就必须对经济管理引起重视,针对企业当前存在的问题,制定出有效的经济管理创新对策,不断提高企业经济管理水平。

第三节 企业经济管理创新与发展

一、当前企业发展的环境概况

随着我国社会主义市场经济体制日趋完善,市场经济体制下的企业依靠制度创新等来赢得市场大份额和竞争力的要求越来越急切。我们常说的经济管理其实就是企业以自身的战略目标和长远规划为依托,通过系统理论发现不足并提出有效的解决措施,从而提升其经营利润和核心竞争力,加强可持续发展。当前企业发展环境的典型特点是知识经济。同样在这样的知识经济时代,各种信息化手段的运用是最不能缺少的,抓住信息化变革的脉搏,加强构建现代化的决策系统,合理运用先进的信息技术,这样才能在实质意义上对企业的作业流程进行变革。此外就是使企业的管理层次得到精简,实现三重提升,即信息反馈、信息传递和管理效率的提升。

能够收集整理是适应知识经济时代的关键性因素,企业在对经济管理制度进行变革时,一定要对自身的知识结构主动进行更新,也一定要重视企业管理人员的管理理念和思维模式现代化,为企业的经济管理创新提供智力支持。

(一)企业进行经济管理创新的必要性

1.经济管理创新是更新企业管理理念的必然要求

虽然我国企业在参与国际市场竞争和适应市场经济体制方面有很大的进

步,但与有几百年市场经验的国外企业相比,我们仍然需要加强变革和学习。我国企业中出现最多的问题就是管理理念的落后,其实很多企业已经意识到了这一点,也想要对企业进行革新,但总是会因为各种方面的原因,导致有良好时机表现的企业只占少数。管理理念的落后使很多企业的经济管理革新只局限在表面,而本质性的转变则很少或是根本没有。

2.经济全球化是更新企业管理理念的外在动力

如今我们都知道,世界经济的联系已经逐渐密切起来,在国际市场中会直接体现出其他国家的经济波动,且会产生不利于本国经济的影响。我国的企业在这个日益激烈的国际市场竞争环境中,要想只依靠低成本就能占领国际市场的想法已经不适用了。因此,企业想要长久实现可持续发展,就必须要对经济管理进行创新,通过提升产品质量、加强创新能力和突出企业特色等来实现。与此同时,国外企业都已经开始慢慢地进行自我变革,突出自身特色优势,这一点也给我国的企业发展提供了启示。

3.制度落后是更新企业管理理念的内部原因

我国的自身建设方面若是和国外企业对比,不管在重视程度,还是制度的现状方面有着很大的差距。随着市场竞争的日趋激烈,企业的生存空间逐渐加大,于是一定要将企业经济管理的变革不断向前推进。很多的企业经营实践都说明了,管理制度的落后导致企业管理制度的先进性并不能体现出来,在内部控制中也无法落实。如今已经有不少企业脱离了实际,且内部控制目标的定位偏低,而且这些目标常常趋于形式化,所以无法确保控制企业内部运作的规范性和高效性,使企业没办法让协调机制做统一化处理,最终降低企业的经营效益。

(二)新历史形势下进行经济管理创新的途径和方法

1.以先进理念为指导思想

以先进的理念为指导是在新历史形势下,企业创新是经济管理创新的新方法、新路径。只有依靠先进理念的指导,才能保证经济管理制度原则的正确性和创新方向,企业才能制定出科学合理的执行方法和管理策略,才能确保企业的根本发展战略与创新规划是能相适应的。企业在贯彻先进理念的过程中要做到以下两点。

首先,要坚持贯彻上下结合的理念。作为一个发展企业的领头人物,领导和管理层都应该掌握先进的经营理念,因为它与企业的发展状况息息相关。企业中人数最多的就是企业内的职工,并且他们还是作为一线人员来执行先进理念的,而这种理念的执行会影响企业的各项经营方针和管理制度的执行效果。

所以,只有通过企业基层和高层的共同努力,才能真正实现先进理念的执行,让企业的所有人都能感受到先进理念带来的创新,以此实现各种相关政策的执行。

其次,应该抛弃旧理念。这一做法是相当有难度的,需要有卓越的精神和强大的勇气,企业领导在纠正旧理念时要加强引导,循序渐进,不能没有计划和目的地盲目展开,一定要等已经将旧理念的一部分进行消除之后,再接着将新理念逐步推进并落实。

2.强化企业的内部控制管理

企业的各部门首先要加强调控,在经济管理中最重要的组成部分就是企业的内部控制,无法适应市场经济发展要求的一般是以财务为依靠的企业,因此就需要财务部门相应地做出改变,以便让财务管理的发展更加全面化。其次是要将企业的监督体系予以完善,市场经济是在不断发展变化的,对财务内部监控工作的完善在竞争激烈的市场经济体制中有不可预估的效果。具体要培养财务各部门认真负责的态度,建立以控制财会为核心的体系,实施内控机制,防止出现违反规章制度的情况发生。

3.提高企业的信息化技术实力

实现经济全球化与一体化的基本保证是信息化技术,它也是作为首要条件之一来进行发展社会化生产的。建设能够加快技术创新和降低成本的革新,帮助企业推行现代的企业制度,并且转换经营机制,使企业的产品不断增强市场竞争力。对信息的快速反应能力是当前企业信息化实现的标志之一,也是企业检验工作效率和竞争力的重要标质。企业实现信息化能从一定程度上适应市场发展的需要,还能满足社会改革的需求。就目前来说,我国企业的信息化技术正处于发展阶段,企业内部改革也随着发展不断深入,很多企业已经开始朝着创新管理的方向推进了。

新的历史形势要求企业经济管理制度应当与客观环境的变化相适应,与时俱进,不断满足企业新环境的发展要求。因此,创新企业经济管理制度,其发展宗旨一定要与企业的高度契合,并保证在管理措施和经营目标上能清晰明确,保证获取企业发展目标所需的资源。

二、企业经济管理创新存在的主要问题

没有创新就没有发展,一个企业内外部环境的转换要让创新能与其相适应,就需要打破原有的平衡,实现新的平衡状态,以此实现企业新目标。

(一)企业经济管理创新重形式轻落实

企业已经对创新的作用有了普遍的认可,但很多企业还是会出现重形式轻落实的问题。其分别体现在三个方面:第一,管理层关于经济管理创新的认识不全面。现如今,管理者常常在培养人力资源和升级设备上投入大量的精力,但在经济管理创新上却没有很全面的认识,最终导致创新没有什么效果。第二,工作人员对待经济管理创新的积极性不高。经济管理人员对创新的认识不到位,还是会依照传统的管理经验和模式进行管理。第三,企业缺乏进行经济管理创新的良好氛围。这种情况多会出现在以合伙式和家庭式为主的中小企业,在这些企业中很多都没有将创新作为核心动力进行落实。

(二)企业经济管理创新缺乏人才支撑

企业经济管理实施的关键就是人才。企业经济管理的工作人员由于有各种问题的存在,从而无法形成创新。首先就是拥有不正确的观念,有很多企业内的人员并没有将创新作为自己的本职任务,而将其归为管理层的行为,致使其对怎样提高工作质量没有基本的认识;其次就是企业监管力度不大,企业内部的管理不够规范会导致在进行经济管理时没有科学的评估,结果会造成企业管理的效益不足;最后就是员工动力不足,企业在对员工创新时的鼓励不够,员工的积极性没有被充分调动起来,在以后发挥作用时也会受到影响。

(三)企业经济管理创新缺乏必要保障

企业经济的管理活动是一项系统工程,涉及了企业的方方面面,所以其实现创新时需要有一定的条件为保证。很多企业在实际工作中创新会很难实现,大部分因素是由于缺少必要的保障。其主要体现在三方面,分别是:不合理的经济管理组织、不科学的经济管理评价和缺少必需的奖励机制,这些都多多少少影响着经济管理活动的展开,使工作的质量和效果受到很大影响。

三、企业经济管理创新应把握的重点环节

企业的核心工作之一就有企业经济管理,在企业的发展中,它的创新价值有着非常重要的作用,所以更要紧抓重要的环节不放,由小及大加快企业经济管理质量的发展。

(一)经济管理的观念创新是基础

进行经济管理的过程中一定不能继续使用传统的模式,而是要学会结合企业实际和市场的发展变化,首先要做的就是树立与时俱进的观念。管理层应时刻牢记创新就是企业管理的核心,是重点,还要在对员工进行工作质量考评时,将创新作为重要依据,以此保证有良好的外部环境。另外还要让员工将创新作为义务来对待,鼓励普通员工在企业经济管理的创新活动中贡献自己的一分力

量,真正提升企业经济管理质量。①

(二)经济管理的技术创新是保障

发挥科技进步的优势,在经济管理活动中加入先进设备,如网络、自动化和电脑等,还要建立完善的管理数据库和亲民的管理平台。建立完善的管理数据库可以提高企业方方面面的管理质量及效益,并提供精确的数据给管理人员;建立亲民的互动平台则让员工在提出建议、反对问题时能有一条通畅的渠道,具体可以建立聊天群和论坛等。

(三)经济管理的组织创新是关键

组织模式也是对资源的一种配置方式,包含了对人、财、物等资源结构有着稳定性的安排。在如今这种市场变化明显和信息量巨大的环境中,企业经济管理创新的关键就变成了要建立一个适应市场需求和满足企业发展的管理组织模式。所以应当首先建立一支精干的管理团队,通过结合先进科技手段和职能细化分工的方法,解决传统机构会发生的各种问题;其次是构建高效的组织形式,在加强企业管理模式的改变上,要善于运用责任追究和分工合作等方法,将管理组织变得高效且务实;最后是要培养核心的团队精神,通过改变企业文化的管理结构等方式,提高管理人员的凝聚力,为落实创新提供可靠保证。

(四)经济管理的人才培养是核心

应当先加强对现有人员的培养,通过对经济管理人员的在职、脱岗培训等,提升他们的综合素养,在其观念中牢固树立创新意识,以此来提高管理质量;另外,还要对新进人员的素质加以提高,可以在招录新人时,对其标准有相应的提高,不完全按照学历进行人才选拔,而是在多方面,如综合素质和创新能力等方面考核。

四、网络经济下企业财务管理的创新

网络通信和多媒体技术的发展非常迅速,由此也出现一系列新的企业系统应运而生,如网上企业和虚拟企业等,也就慢慢形成了网络经济。网络经济的快速发展为企业参与市场竞争迎来了全新的机遇和挑战,改变了财务管理的环境,改变了人们传统的财富、资本与价值观念,也为推动企业经营的全面管理创新发挥着重要作用。

(一)网络经济下企业财务管理的缺陷

1.信息化程度不够高

在一个国家中,任何一个单位或企业的信息化程度都会在很大程度上决定

---

① 王丹竹,管恒善,陈琦.企业经济发展与管理创新研究[M].长春:吉林人民出版社,2017.

国家行业在未来的走向与发展。我们现在虽然生活在互联网时代,但依然有很多实际表明了我国的信息化程度较低,在计算时仍然不能很好地使用国内外的数据,并通过信息化工具进行分析和对照,还仍是运用之前单纯的会计核算。这就要求我们要将传统财务管理的粗放型逐步转变为数据对比精细化,通过信息收集,科学地对企业的未来走向与趋势进行预判,并先做好风险规避。

2.财务管理体系落后

网络经济时代的到来,使得很多企业发现其财务管理体系只能起到非常单一的作用,不能通过多角度、全方位的监督对企业各财务间的往来有充分的掌握,也无法及时地进行分析、查处,这就导致了无法进一步落实财务活动,在管理财务方面也会出现问题。在互联网背景下的企业创新财务管理模式和传统企业不同,但二者的共同目的都是让企业能够提升利润和利益。这就告诉我们在企业的长久发展中,不能单纯地只走一条发展模式道路,而是要在发展过程中,努力吸取教训经验,发现互联网时代中创新的企业财务管理的形式和走向,从而按照不同企业的经营特征和实际发展,将更多具有针对性的、不同的战略规则展现出来,使企业财务管理的利益最大化,也能更好地展开今后的工作。

3.管理人才缺乏专业化

我国的经济水平一直在不断地发展与提高,我们都知道,经济基础决定上层建筑,在这里为我们带来的是一个国家企业、人才的进步与发展。现今,专业化的管理人才是我国企业迫切需要的,在已有职员中,很少有能够对一个行业的金融经济水平发展有一定熟悉度的人,在对经济发展走向的预判也不是足够准确,这些问题都会阻碍财务的管理。

(二)财务管理目标的创新方式

人类的生产经营活动和社会活动的网络化是网络经济的重要标志之一。因此,财务管理一定要对网络资源进行充分利用,顺应潮流趋势,并从三个方面进行创新,即管理内容、管理目标和管理模式。

1.融资与投资创新

企业的融资在网络经济下,其财务管理的重心是知识和人力资本。于是,企业的投资和融资重心都开始逐渐转向知识和人力资本。并且就现在来说,网络经济下的企业竞争同样也是知识与人力资本之间的竞争,想要拥有发展和生产的主动权,就要首先拥有知识与人力资本。因此,网络经济下财务管理的重要环节也就变成了储备人力资本和筹集知识资本。

2.资本结构优化创新

企业的发展战略和财务状况的基础是资本结构,而网络财务中资本结构优化创新包括以下三个层面：①确立传统金融资本内部的比例关系、层次和形式；②确立传统金融资本和知识资本的比例关系；③确立知识资产证券化的期限与种类，以及非证券化知识资产的债务、权益形式和知识资本中人力资本产权形式等。企业资本结构的创新在一般情况下来说，实现的过程是通过对融资和投资的管理。

3.收益分配模式创新

在互联网的环境背景下，财务管理模式的创新可以将任何的物理距离变成鼠标的距离，使管理能力能够在网上延伸到全球的任一节点上。财务管理模式为了避免速度运营而产生巨大风险，它将过去的局部分散管理转变为远程集中处理式管理，并对财务状况实施监控。企业集团在进行远距离财务监控中，可以利用互联网对所有的分支机构，实行数据的远程报账、处理和审计等，还可以将销售点经营和监控远程库存等情况进行把握。在这样的创新管理模式下，企业集团可以轻松地通过网页登录，从而实现集中式管理，还能进行集中的资金调配，提高企业竞争力。

五、电子商务企业管理创新

电子商务浪潮席卷全球。电子商务将现有的作业方式和手段进行了彻底改变，也能实现缩短商业循环周期、提高服务质量、提升运营效率和降低成本，这代表企业未来的发展已经离不开电子商务了。它将对厂商生产行为、市场营销、企业组织、国内外贸易的方式和手段等产生巨大的冲击，还将引起经营管理思想、行为模式，以及管理理论、方法的深刻变革。

（一）电子商务对企业管理的重要影响

1.对企业组织管理的重要影响

随着电子商务的发展日益加快，企业如果还是坚持已有的组织管理体系，而不与电子商务的变化相适应，那最终的结果只能是给自身的发展造成困扰与阻碍，并将与社会脱节。组织结构不分明，层次多又复杂是传统企业组织结构管理的最大特点，再这样发展下去将会大大降低企业获取信息的速度，并且员工的创造性与积极性也不容易发挥出来，阻碍企业的发展。这时电子商务的出现，突破了企业内部间在地域和时间上的限制，使企业的发展迎来了全新的机遇。

2.对企业生产管理的重要影响

在企业实施电子商务后，各生产阶段的联系都能通过网络进行，传统的直线生产也可逐渐改变为在网络经济背景下进行开行生产，这主要是能节约很多等待时产生的时间,这样不仅可以提高生产效率,还能使企业在现场管理和全面质量管理方面能又好又快地完成。影响电子商务业务顺利开展的前提条件,可以概括为生产过程中低库存、现代化的生产,以及数字化的定制生产等,使得企业的生产、供应、配送与设计各环节更加有条不紊地进行。

3.对企业财务管理的重要影响

对现代企业来说,电子商务的出现将时间和地域的局限逐渐打破,并扩大了企业贸易的范围,同时也在企业中迎来了较高的经济收益。企业想要求得进一步的发展,就一定要学会随着时代的发展而进行改变,最新态势的发展要求已经不能单纯依靠传统意义上的财务管理模式了。财务管理在电子商务发展后,要逐步实现从静态事后的核算转变为参与企业经营过程的动态性方向;从单机性和封闭式的财务数据处理手段发展到集成化互联网的方式;从具有内部性及独立职能的管理模式发展为信息流、资金流和物流的集成性管理模式。企业的财务管理在电子商务的发展下,要求应具有的特点是:智能性、战略性、实时性和预测性,并在此基础上加快财务管理工作的不断进步。

4.对企业人力资源管理的重要影响

如今,人力资源的竞争已经慢慢替代了市场的竞争,企业想要加快其竞争力的步伐,最重要的就是人力资源管理方面的工作要做好。电子商务是依靠技能型人才来控制的,是一种新型的生产力,它的发展使企业在人力资源上的工作,如引入、培训、测试和录用等方面进行得更加容易和顺利,且所需费用也得到了有效降低,并成功引进了大批人才。与此同时,越来越多的企业已经开始接纳了通过电子商务进行招聘的形式,并且还带动了人才测评和流通手段等的发展,企业和员工也有了较之前相比更为自由的沟通,使企业在人力资源管理上的发展越来越快,不仅很好地跟上了时代步伐,还使企业间的其他工作有了良好的革新与发展。

(二)电子商务背景下企业管理创新的良好策略

1.重视企业人力资源管理的改革与创新

如今已是知识经济的时代,社会中的各个行业都少不了人力资源,特别是以电子商务为背景,人力资源管理的创新在企业中占有非常重要的地位。也就是说,企业应当自觉主动地按照发展的实际情况,利用现有的便利条件,利用电子商务发挥人力资源的各方面优势,如在引进、录用和培训等方面的加强,保证这些人才培养的模式是完全适应企业发展的。还可以通过多种方式,如带有主题性的拓展训练活动、电子商务专题会议和邀请外界专家等,在人力资源管理中,使所有工作人员都能认识到电子商务模式的重要性;此外,在员工日常工作和生活中,企业领导要经常与其交流和沟通,尤其是在电子商务方面,要及时询问员工的意见和建议,集思广益,这样不仅可以拉近相互间的距离,还能促使电子商务的运用能更加合理化,在之后企业开展人力资源管理工作时也能更有针对性。

2.加强企业财务管理的创新

企业的财务管理在受到电子商务、知识经济和经济全球化等浪潮的冲击下,唯一能做的就是加强创新和完善自身建设。有效做法就是进行创新,首先应在财务管理理论上创新,企业的财务目标和无形资产等方面的变化,是企业投资决策的重点,人力资本的所有者都被规定参与企业税后的利润分配,以保证财务实践在理论的指导下能进行顺利;其次应在财务管理手段上创新,并要求企业要在电子商务的背景下,与自身财务实际相结合,使财务管理信息化系统更加完善,使其从传统的数据,如电算化初步磁盘数据和纸质数据,逐步转变为网页数据。并应帮助企业实现财务和业务在审计、协同和远程报表等方面的管理,提高财务管理效率,降低成本;最后,是对安全建设信息系统的重视,除去工作中必要的常规性检查、规定用户权限和防火墙设置等,还要对电子商务背景下的财务管理走向,指派专业人员定期或不定期地完善和补充其信息系统,使企业的财务工作更加科学合理。

3.加强信息化建设的创新

在电子商务背景下,企业要将财务管理和信息技术进行结合,重新建立组织架构和流程,以便能及时有效地实施财务管理措施。虽然很多企业对财务管理进行了信息化建设,但还是有很多问题存在。

第一,财务管理的系统相对落后。虽然我们身处的时代是信息发展的时代,但大部分中小企业会为了节约成本不去更新财务管理系统,因此就影响了企业生产经营的决策,也使得财务信息在处理速度方面有所下降,这就要求企业应加强信息化建设。以企业的需求为主,对财务管理信息系统进行及时更新与完善,并寻找新方向参与多方合作。

第二,财务管理的效率较低。财务人员经常会忽视对生产和运营成本的控制,只关注产品销售的好坏,致使有不完整的财务信息出现。并且,各部门之间还存在竞争,有虚假汇报、财务信息迟缓等问题出现,没有发挥信息化优势。

第七章　经济管理体系下的现代企业观念创新

第一节　企业管理观念创新分析

企业管理理念是一个企业的灵魂。随着市场经济的发展,企业管理要求新的管理理念与之相适应,中国企业在发展过程中,紧紧抓住国际管理理论与实践发展的新趋势,更新观念,结合本企业的特点,勇于创新,取得了极大的收益与进步。新经济时代激烈的竞争,呼唤企业要不断进行管理变革和创新,才能适应时代发展的要求。所以现代企业应该对不断创新企业管理理念,促进我国企业更快更好地向前发展。

一、现代企业管理理念创新的必要性

(一)适应时代发展的客观要求

当今世界已经进入了知识经济时代,知识经济时代要求现代企业必须不断创新管理理念。管理创新即要把创新渗透于管理的整个过程之中,不断进行观念创新,制度创新、市场创新,进而实现组织价值和管理效能的最大化。创新是组织生命活力的源泉。传统的管理理念过多地强调组织内部环境的控制,忽视了组织与环境之间的互动,结果是制约了组织的应变力和竞争力的提高。所以,管理组织必须创新。创新是未来现代企业管理理念的主旋律。时代呼唤围绕着知识管理进行的创新,管理理念创新可以适应当代企业的发展要求,也是适应知识经济时代发展的客观需要。

(二)企业管理理念创新提高企业文化水平的要求

知识经济时代的管理是科学的管理,体现着先进文化及价值导向。现代企业管理理念必须提高人的科学知识水平。提高管理中的文化含量,实现两种价值的融合,就成为未来管理中面临的一项紧迫课题。现代企业管理理念可以促进人的全面自由发展。传统的管理理念忽视了组织成员的个体价值和个人目标,忽视了人的个性的激励和潜能的开发,最终导致管理效能的下降。这就客

观上要求新的管理理念与之相适应。企业的生存和发展需要新的管理理念去提高人的素质,充分发挥人的潜能,使人与自然的关系得以和谐,人的个性得以充分发挥,人的需求不断地得到满足。

(三)企业管理理念的创新是企业提高经济效益的重要手段

知识经济时代的现代企业管理理念必须把知识改变组织命运的理念渗透于管理的全过程。"以知识开发知识"是时代发展的必然。知识经济时代的现代企业管理理念必须把知识最大限度地转化为生产力。其核心理念就是要求把组织系统的信息与信息、信息与活动、信息与人有机连接起来,实现知识共享,运用集体智慧和创新能力,以赢得组织的核心竞争力。知识经济时代的现代企业管理理念必须发挥人的创造力。在知识经济时代,无论是营利组织还是非营利组织,最宝贵的资源不是它的固定资产,而是它的知识工作者。现代企业管理理念所做的一切,就是提高知识工作者的生产率,从而提高企业的竞争力,使企业在激烈的市场竞争中站稳脚跟。

二、现代管理理念的创新

(一)人本管理理念

人才是直接影响企业整体发展的关键因素,新时期企业发展中要将企业"以人为本"的管理理念深化到企业管理的突出位置,强化人的主体地位,在发展中尊重人的主观能动性,使企业各级员工充分意识到自我价值,从而在企业发展过程中,更愿意以主人翁的身份投入到工作中去。人本管理理念是企业吸引人才的有效管理理念,对于大多数员工而言,自我价值的最大化是其在工作中追寻的最终目标。因而,企业要在尊重员工的基础上,根据每位员工的自身特点制定出详细的培养措施,使其意识到自己受重视程度,从而更愿意将企业作为施展自己才华的平台。人本管理理念不应仅仅局限于对员工的物质奖励,更应该有针对性地对表现积极、努力的员工进行精神上的鼓励,以激发其工作的热情。

企业人本管理理念的创新过程中,可以根据员工的日常表现,设置最大进步奖、团结协作奖等各种奖项,更深层的激发员工的工作热情。企业只有做到真正的尊重员工并根据员工个人的表现与能力对其进行有针对性的培养,员工才会逐渐生成"以企业为家"的责任感与奉献精神,其才会成为企业未来发展的主力军。

(二)知识管理理念

企业的知识管理是充分将各种与企业发展相关的企业内部信息与外部信

息进行充分的整合,将信息与企业的内部活动、企业的长远发展有机地结合在一起,通过信息技术的作用形成一个系统的知识资源共享体系。企业的各级领导通过定期地对其下辖的员工进行知识的引导,使企业员工的整体素质与知识储备迅速提升,以促使各级干部员工在自己的岗位上发挥自身的价值,运用聪敏智慧为企业的发展建言献策,为企业在市场经济竞争中提供坚强的后盾保障。

新时期企业在进行知识管理理念的创新时,首先要建立知识共享机制与知识共享平台,为员工的以主人翁的身份投入到企业的发展建设中去提供平台,其中知识共享机制需要企业通过总结企业各阶段的发展情况,并指出发展中存在的不足,借鉴国内外同行业发展中的成功经验,为企业的发展提供借鉴,以促使企业的正常发展。在知识共享机制中,企业的各级领导与员工会及时了解国内外的先进知识与技术,对其学习与发展有极大的助益;而知识共享平台为基层干部员工提供了分享自己的理解与建议的平台,在平台上员工可以阐述自己对某些知识的理解及对企业发展的建议,在为基层员工提供施展自己的才华的同时,也有利于激发员工思想中潜在的创新精神,是企业长远发展的有效保障。"一千个读者有一千个哈姆雷特"这句话的意义就是强调思想交流的重要性,知识共享机制与知识共享平台为企业的员工提供了知识学习与思想交流的平台,通过企业内部的知识与信息的交流,企业的应变能力与预知能力均会有很大的提升,有助于企业的长远发展。[①]

(三)创新管理理念

创新是一个民族发展的不竭动力之源,对于企业的发展也同样重要,企业在发展过程中要根据整个市场的变化而不断进行创新活动,以积极调整企业的发展战略,使企业沿着更科学的发展轨迹发展。企业要在明确自身发展性质的前提下强化市场危机意识,从而详细引导企业具体环节的创新管理,以解决企业发展中存在的不足,树立正确的创新管理理念并使其深入贯彻到企业经济管理活动的全过程中去。企业完善创新管理意识可以激发各级员工的创新意识,使企业在发展中可以精确对其自身进行市场定位,以推进企业的全面的发展。企业的创新管理理念可以具体地从对企业的长远期目标规划、企业员工的培养方式、企业的运营方式、企业的奖励机制、企业的组织结构、企业文化构建等多个方面进行。企业可以根据自身的发展情况进行市场的实时定位,从而促使企业领导可以根据实时的市场经济发展信息及时改变企业的发展目标,创新人才培养方式、奖励机制,同时企业也可以适当进行企业内部组织结构的调整,以优

---

① 王晓平,尚猛,李瑶.企业管理的创新模式[M].北京:煤炭工业出版社,2018.

化资源配置,促使企业资源管理体制的创新;企业根据市场竞争情况强化市场竞争观念,推进思想观念的创新等。在市场发展过程中企业只有不断根据自身发展的实际情况进行适当的创新与改革,企业才能更稳定的走下去。

(四)危机管理理念

《生于忧患,死于安乐》是《孟子》中极具代表性的一篇文章,而"生于忧患,死于安乐"这句话在商场发展中亦是不变的真理,企业发展中要将危机意识贯穿到企业发展的始终,使员工企业各级员工在居安思危的环境下积极为企业的长远发展建言献策。企业将危机管理理念渗透到工作的各个环节,使领导干部及员工能及时地提出有可能对企业的发展带来不利影响的问题或挑战因素,使其可以有充足的准备时间去有针对性的思考与应对,从而在危机真正发生时可以从容不迫的应对,最大限度地降低企业的损失。决策团就企业的危机管理意识,企业可以建立危机探究机制,企业以各个部门为具体单位,定期开设危机探究会议,部门领导与员工可以各抒己见,针对发展中遇到的或是预见到的问题进行探究,由于基层员工从事最基础的工作,其危机意识更能代表基层发展情况,对企业的发展更有切实的帮助。

(五)激励管理理念

充足的动力是员工在各自的工作岗位上积极建言献策、努力从事生产活动的重要影响因子,因而企业在发展过程中应积极强化激励管理理念的发展与深化,通过一定的物质或精神奖励使员工更愿意将自己的更多精力投入到企业的经济运行中去。在激励管理理念下企业可以通过制定完善的奖惩制度,对工作积极努力的员工提供奖励,而对工作消极的或做出有损企业发展事情的员工进行惩罚,企业制定严格的职业纪律规范,员工才能感知这个企业的公平、公正,才更愿意参与到企业活动中去。

三、创新企业管理理念的思考

(一)企业要树立"以人为本"的管理理念

企业的各项活动都离不开人的要素,21世纪,经济全球化、技术进步和消费者地位的提升等使得企业的外部经营环境变化越来越快。企业如何应付这一不确定性的环境挑战,许多企业管理的研究者与实践者都把目光投向人。人是企业能对自身进行变革以适应环境变化的唯一动力,因而,必须加强"以人为本"的管理理念。"以人为本"的企业文化价值观成为管理理念的核心是管理革命的鲜明特征。只有坚持"以人为本",企业管理才会成为企业发展的永恒主题。企业管理者必须十分重视职工在企业中的地位,真正做到尊重人、理解人、信任人,实行民主参与管理。提倡善于用人,认真对待人力资源开发的观念,要从效益观、道德观转到核心观。在人力资源管理过程中,企业家要有创新精神,要不断地超越自我、勇于进取、不断学习,永远保持创新的观念和活力。企业要像经营产品一样去"经营"人才,努力培养高素质的员工和创新的企业家,促进企业综合实力的提升。

(二)企业的管理理念要更加重视信息资源的开发利用

信息化是全球经济发展的必然趋势。信息化不仅从全方位给企业创新发展带来深刻影响,而且是企业创新发展的源泉,可以降低企业创新发展的风险,克服企业创新发展中的障碍。在新经济时代,信息化的网络已经成为连接企业与政府、企业与市场、企业与社会的主要桥梁,是不可替代的经济增长之源。企业离不开信息,其创造潜力的释放离不开信息技术的应用和自身的信息化程度。同时,我国企业经过几十年的苦心经营所积累下来的巨大资产存量,能否通过信息化改造在不断增值中谋求创新发展,也是我们面临的现实问题。这就要求企业必须致力于信息资源的开发和管理。才能找到不断创新的可持续发展的源动力。

(三)企业的管理理念更加重视知识管理

实施知识管理的目的是加快知识创新的速度和提高知识创新力度。以形成和提升企业的核心竞争能力,保持企业旺盛的生命力。我们已经进入知识经济时代,体现出知识和技术在经济增长中的作用。因此,现代企业必须加强知识管理,知识管理为实现知识的显性化和共享寻找新途径。因此,能否发掘企业中隐含的知识,充分发挥这些知识的作用,是企业成功与否的关键。知识管理让企业从学习中获得竞争优势。企业要保持竞争力就必须拥有新知识和创造力的员工,知识管理注重激发员工的学习精神。通过培养弥漫于整个组织的学习气氛,充分发挥员工创造性思维能力,促进企业的发展。

(四)现代企业管理理念更加注重企业的创新思维

创新是企业发展的核心力量,企业所有的竞争力都来自创新。企业要不断发展,就要拥有一流的创新理念。创新变成了组织的生命源泉,企业要有强烈的"危机意识",这样才能不断激发企业的技术创新。企业要重视创新机制和创新精神,要重新构建创新的组织架构,建立学习型组织。要重视企业文化创新,管理的活力来源于企业文化。企业文化是企业生存的基础、发展的动力、行为的准则、成功的核心。在新经济时代这一特定的环境下,企业要不断对原有文化注入新的活力和赋予特定内涵,使之不断丰富、完善和发展。要强调企业的社会责任。以增强员工的集体荣誉感,提高企业自身的凝聚力。要有不断超越的精神。唯有超越创新思维,树立全新的管理与技术创新理念,才能适应新经济时代的要求。激活企业、激活市场,推进企业高速、健康、高效的发展。

(五)企业更加重视企业组织结构的速度和效率

随着产品更新换代的加速。速度将取代成本和价格,成为企业争夺市场的重要手段。时间是世界上最稀缺的资源,整个互联网的竞争思路就是追求速度和效率。一个公司的成败取决于它适应环境变化的能力。这就意味着"速度就是一切"。新经济时代,速度是一个非常重要的概念。不但要比创新,还要比速度,速度最快的企业就可以迅速地占领市场。尤其是高新技术产业,新技术的第一个拥有者,也往往是该市场的成功者和领导者。传统的企业运作模式已不能适应时代的要求,必须创建面对持续变化环境的企业运作模式。在新经济时代,重要的是营造出充分发挥知识和智能效率的组织氛围,在快速变动的竞争环境中为员工提供最快的反应机制,让员工充分发挥潜力,企业才能在激烈的市场竞争中站稳脚跟。

(六)现代企业管理理念创新必须与时俱进

知识经济时代的到来迫使企业要与时俱进。管理工作涵盖了企业生产、经营的所有环节,现代企业管理理念创新必须与时俱进。企业只有不断更新自己的管理、完善自己的制度、不断调整市场战略,才能够最终完成企业价值的最大化实现以及管理工作的最优化实施。

企业内部生命力要求管理不断创新。企业的内部组织建设是一个向外扩散的、不断发展的,需要和外界进行信息的交流、物质的交流以及精神的交流,才能够实时保证组织的应变能力和环境适应性,从而保证企业内部蓬勃的生命力。

传统企业的管理理念将企业管理工作的重点放在企业内部组织建设以及内部环境的控制方面,很大程度上忽视了内部组织与外界之间的互动,在很大程度上丧失了提高企业综合竞争力的机会。从这个角度出发,我们就必须对管理组织进行创新。

创新是当前时代的要求。开展管理工作的目的就是在于将企业工作按照知识体系管理的体制和方法进行安排,为企业员工个人才智的发挥以及创造力的施展提供充分有利的平台。在当前知识经济时代的大背景下,企业的管理工作人员要将对人才的管理作为管理工作的核心,要充分尊重人才的工作方式方法以及其他在工作方面的诉求,并形成关心人才、尊重人才以及信任人才的良好氛围,帮助他们进行新产品的研发,以助推企业的发展。

(七)企业管理理念创新体现先进文化

正确的价值导向。在知识经济时代的大背景下,企业的管理工作要充分体现出管理的科学性,要在价值导向上做好文章。价值导向是企业文化建设的关键所在,体现了企业的灵魂,要搞清楚企业管理工作存在的意义,制定好企业价值导向的标准,并确定好实现的方式。一个企业没有自己的价值导向,企业的管理生活和生产生活就失去了灵魂,员工缺少对企业的忠诚度和归属感,消极怠工,从侧面打击了工作的积极性,创新工作更是难以开展。要把每个员工的作为企业不可缺少的细胞,寻求所有员工在认知方面、情感方面、信仰方面以及价值取向方面高度认同的价值取向,帮助所有员工实现个人的成长,从而推动整个企业的发展。

充分提高员工的科学知识水平。要协调好成员价值和企业价值之间的关系,通过各种关怀手段来充分调动起企业职工的积极性以及创造性,让他们意识到自己的企业的一个重要部分,只有所有和自己一样的员工积极进取,开拓创新,科学合理应对各种外在环境对企业带来的影响。

随着信息化时代的到来,知识已经成为一个企业核心竞争力的重要组成部分,要将管理理念的转变落实到对知识的储备和管理工作中来,要充分激励研发工作人员的创造性,要尽最大可能解决好成员价值和企业价值之间的关系。

促进员工的全面发展。以往的管理理念重在整体目标的实现、商业利润的获取以及眼前既得利益的最大化实现,却忽视了员工的成长,在员工个人价值实现方面往往处于空白,企业的可持续发展性较差,不能够及时发挥员工的特长,及时创造价值。

企业管理理念创新工作中必须为员工的成长提供相应的平台,而重点则是帮助员工树立正确的、与企业价值观相互契合的员工价值观,帮助员工克服不健康情绪,推动他们综合素质的提高。如此,员工就可以充分发挥个人才智,全身心投入到工作中去,帮助企业迅速发展,并且实现个人价值,从而达到企业与员工共同发展的目的。此外,全面促进人的发展也能够帮助企业实现资源的优化配置,合理规避企业各项资源内耗。

第二节 核心竞争力理论观念对企业管理观念的影响

核心竞争力理论是企业战略管理研究和实践的重要内容,不仅为战略观的理论研究开拓了新的领域,而且对当代企业管理观念产生了重大影响,引导不少企业在日益激烈的竞争中取得了成功。

一、企业核心竞争力理论的内核

企业核心竞争力的思想可以追溯到亚当·斯密、阿尔弗雷德·马歇尔（Alfred Marshall）等的微观经济理论。1776年，亚当·斯密在《国富论》中提出企业内部劳动分工决定企业的劳动生产率，进而影响到企业的成长，而企业核心竞争力理论强调企业之间的能力分工，企业内部的能力分工决定企业的成长。1925年，马歇尔提出了企业内部各职能部门之间、企业之间、产业之间的"差异分工"，并指出这种分工直接和各自的技能与知识相关。1959年，伊迪丝·彭罗斯（Edith Penrose）发表了《企业成长论》一文，她从分析单个企业的成长过程入手，对企业拥有的能够拓展其生产机会的知识积累倾向给予高度重视，特别强调了企业成长过程依赖于企业内部的能力资源。此外，乔治·理查德森（George Richardson）在1960年发表的《信息与投资》和1972年发表的《产业组织》、理查德·尼尔森（Richard Nelson）等在1982年出版的《经济变革成长论》、盖瑞·哈默（Gary Hamel）等在1990年发表的《公司核心竞争力》和1994年发表的《企业能力基础竞争论》等，都极大地推动了企业核心竞争力理论的发展。尽管企业核心竞争力理论目前尚无统一而严密的理论体系，不过在一些主要问题上已经达成了初步共识。

（一）企业本质上是一个能力集合体

从表面看来，企业的基本构成要素包括：①有形的物质资源。如企业占用的生产场地、企业拥有的建筑物、企业生产经营活动使用的设备与各种工具器具、企业的存货、企业的库存货币资金与有价证券、企业对外投资形成的资产、企业的在途商品、企业雇佣的各类人员等。②无形的规则资源。这些规则既包括有关法律、法规，企业内部成文的规章制度，也包括参与企业行为活动的各当事人之间达成的约定俗成的默契，还包括企业的伦理、道德、文化等。有形的物质资源和无形的规则资源，对企业来说都只是表面的和载体性质的构成要素，唯有蕴藏在这些要素之后的能力，才是企业发展的根本动力。企业的能力是企业长期积累和学习的结果，和企业的初始要素投入、追加要素投入、企业的经历等密切相关具有突出的路径依赖性。企业能力存在于员工的素质、战略规划、组织规则、文化氛围之中，由于路径依赖的作用和"能力"对企业整体的依托，企业的任何一个组成部分脱离企业之后，都不再具有完全意义上的原有"能力"，企业是一个特殊综合能力体。

（二）能力是对企业进行分析的基本单元

首先，对企业进行分析的最小单元，既不是单个的"人"，也不是"组织单元"

(或称"团队"),而是反映企业本质的能力。能力的区分虽然具有一定的抽象性,不过并不妨碍对企业的深入分析,企业拥有的能力总是可以区分为不同的类别,如可以区分为一般能力和特殊能力,组织能力和社会能力、技术能力,市场开拓能力和管理能力,且每一种能力还可以细分。其次,企业的核心竞争力是企业拥有的最主要的资源或资产,企业能力可以从本质上把企业能够承担和进行内部处理的各种活动界定清楚,企业核心竞争力的储备状况决定企业的经营范围,特别是决定企业多角化经营的广度和深度。再次,企业核心竞争力的差异决定企业的效率差异,效率差异决定企业的收益差别。各企业的员工组成与能力、组织结构、经历、内部各组成要素的相互作用方式等各不相同,由此各企业在从事相同或不同的生产经营活动时具有了不同的能力,显示出不同的效率,表现在企业的技术水平、生产成本、产品特色、服务质量、市场位势等方面,并最终体现在获利的多寡上。企业获取"租金"的量由其拥有的核心竞争力的状况决定,企业获取"租金"的长期性由企业拥有的核心竞争力和积累的新的核心竞争力的维持时间决定。

(三)企业拥有的核心竞争力是企业长期竞争优势的源泉

一种特殊的看不见摸不着的"知识和能力"在企业的成长过程中发挥着关键性作用,在产品生命周期日渐缩短和企业经营日益国际化的今天,竞争的成功不再被看作是转瞬即逝的产品开发或市场战略的结果,而是企业具有不断开发新产品和开拓市场的特殊能力的体现。企业的长期竞争优势,源于单个企业拥有的、比竞争对手能够更加卓有成效地从事生产经营活动和解决各种难题的能力,现实的经营战略、组织结构、技术水平优势只不过是企业发挥智力资本潜能的产物。

(四)积累、保持、运用核心竞争力是企业的长期根本性战略

企业的战略可以分为市场战略、产品战略、技术战略等,这些职能战略是企业外在的和显性化的战略。在信息经济时代,任何企业单是依靠某一项或某几项职能战略,最多只能获得一时的优势,唯有追求核心竞争力才是使企业永久立于不败之地的根本战略。具有活的动态性质的核心竞争力是企业追求的长期战略目标,核心竞争力积累的关键在于创建学习型组织,在不断修炼过程中增加企业的专用性资产、隐性的不可模仿性知识等。

二、核心竞争力理论的缺陷

毫无疑问,企业核心竞争力理论力求追寻企业生存和发展最为本质的东西,但是,这个理论还存在缺陷和不足。

核心竞争力的论述的共同之处是：第一，强调核心竞争力的唯一性和不可模仿性；第二，企业核心竞争力的构建需要公司的重要资源和优势资源的支撑，且应具有战略持久性和价值创造性；第三，企业核心竞争力具有的可延展性几乎涉及企业的方方面面；第四，局限于企业内部，很少或几乎没有将目光投向企业外部去寻求企业核心竞争力和竞争优势。

核心竞争力理论的不足，首先表现在，这一理论至今尚未形成统一的企业核心竞争力概念，反映了这一概念的难以把握和人们对这一概念在认识上的模糊性，这无疑会给理论研究和企业实践带来困难。二是这一理论目前还不成体系。其代表人物尼古拉·福斯（Nicolai Foss）承认，企业核心竞争力理论缺少像现代企业理论中科斯那样的代表人物，缺少一组严密的概念、基本命题和定理，有关研究人员对一些基本问题的认识尚不统一，与其说是一种"理论"，还不如说是一种"流派"或"思潮"更准确。三是核心竞争力理论在强调企业内在成长，强调企业立足内部能力的积累和运用以形成和创造战略优势的同时，关于企业对外部环境的适应的分析有些单一。在经济全球化的大趋势下，消费者需求的变化成为企业关注的中心。过分追求核心竞争力，会忽视需求和竞争的变化，错失商机。特别是在这样一个急剧变动的时代，稳定的经营环境、规律性的连续变化已鲜有出现，而不确定性和突发性事件不断出现在企业经营环境乃至社会环境中，企业不可能坐视不理。四是企业核心竞争力理论从根本上讲是一种企业成长理论、企业竞争理论，对企业战略管理之外的管理现象分析不够。五是核心竞争力理论在解释企业长期竞争优势的源泉的时候，没有给出可行的、用以识别核心竞争力的方法，也没有针对核心竞争力的积累和运用提出可操作性的途径。由于核心竞争力的理论大多建立在对成功企业分析的基础之上，且对企业的发展阶段、规模类型等论及太少，导致实践中缺乏可操作性。[①]

三、企业核心竞争力理论对当代企业管理理念的影响

企业核心竞争力作为一个带有里程碑意义的全新概念的提出，标志着企业战略管理理论发展第三阶段的到来。自1990年普拉哈拉德和哈默在《哈佛商业评论》一书中提出核心竞争力理论以来，核心竞争力观念对企业管理，尤其是企业战略管理理论与实践产生了极其深刻的影响。21世纪的企业管理理念将因此发生六个方面的重大转变。

（一）从争夺最终产品市场占有率转向争夺核心性中间产品市场份额

核心竞争力理论认为企业之间的竞争虽然直观表现为企业最终产品之间

---

①王文菁.核心竞争力观念对当代企业管理理念的影响[J].商场现代化，2021(18)：90-92.

的竞争，但从深层次分析，却是企业素质间的竞争。普拉哈拉德和哈默在《竞争大未来》一书中指出，企业间的竞争表现在四个层次上，并构成一个竞争层级。一是开发构成核心竞争力要素的竞争，二是对这些战略要素整合的竞争，三是核心性中间产品的竞争，四是核心性最终产品的竞争。这里的核心性产品就是指企业所拥有的，以产品形式出现的核心竞争力。显然，前两个层次是企业核心竞争力的形成和培育阶段，而中间产品和最终产品则是核心竞争力的载体和表现形式。企业之间的竞争直接表现为中间产品和最终产品之间的竞争。核心性中间产品的竞争是企业竞争层级中最关键的竞争环节，把握了核心性中间产品的竞争主动权，就把握了整个市场的主动权，并将获得最终产品的竞争主动权。

传统的企业管理观念要求，企业应将体现其特长的最优秀的关键性产品牢牢掌握住，仅仅用于生产自己的最终产品。但是，企业的生产能力不一定是最优秀的，企业本身的生产能力有限，限制了其产品的市场占有率。其他企业为了竞争的需要，也被迫开发自己的产品，企业本身有优势的中间产品随时面临挑战。核心竞争力的观念则认为，只有企业的中间产品具有核心竞争力的典型特征（难以模仿或模仿的代价极大），企业就应该鼓励竞争对手采用本企业的关键性中间产品作为它们的生产部件，并使它们逐步形成对本企业所提供的关键性中间产品的依赖。如佳能掌握着激光打印机的驱动机核心技术，它不断把打印机的驱动机卖给苹果、惠普等其他激光打印机生产厂家。结果是，佳能打印机的驱动机市场份额远远超过了它的最终产品——激光打印机的市场份额。这样，企业不但控制了其他企业的最终产品市场，而且还阻止了竞争对手开发自己关键性中间产品的技术的尝试。

（二）从重视企业对环境的适应性转向强化企业自身素质

对于企业的寿命和盈利能力为什么有持续的、较大的差距这一问题，传统管理观念所给出的答案不尽人意。战略管理第一阶段安索夫的ESO（环境—战略—组织相适应）模型，第二阶段波特的五种竞争力量（同业者、替代业者、潜在业者、供应者和购买者）行业模型等，都侧重从企业所处的行业环境切入，将竞争分析的注意力重点放在企业的外部环境上，认为行业性质是企业盈利水平的决定性因素，即市场结构是决定行业内部和行业间的绩效差异的主导力量。因此，市场结构分析成为企业制定竞争战略的主要依据。这些理论都强调企业战略对环境的适应性，战略要跟随环境而变化。

但目前的研究结果否定了这一解释。Rumelt的实证分析表明，产业内部长期利润率的分散程度比产业之间长期利润率的分散程度大得多（统计资料显示,产业内企业之间的利润分散程度是产业之间的3~5倍)。根据这一统计结果,Rumelt强调,企业超额利润的来源最主要的不是外在的市场结构特征,而是企业内部资源禀赋的差异。实际上,战略跟着环境走,在环境变化日益剧烈的情况下,极容易导致企业决策的易变性和战略的非连贯性,这正是企业制定战略时所要避免的。

核心竞争力理论认为决定企业长盛不衰的根本性要素是企业自身的素质。换言之,对于企业的竞争优势来说,企业内部条件比其所面对的外部条件更具决定性影响,企业获取超额利润和保持长期竞争优势的关键就在于企业能力、资源和知识的积累。与传统管理理论不同,核心竞争力观念强调将竞争分析的注意力集中到企业自身上来,以培育企业核心性的竞争能力为主攻方向,以创造企业可持续性的竞争优势为战略目标,不断提高企业自身素质,以确保企业在激烈的竞争环境中长盛不衰。

当然,毋庸置疑的一点是,具有核心竞争力的企业无一例外地表现出对环境的强适应性。但这不在于他们的战略制定得多么好,而在于其自身的高素质决定了其能对环境的变化做出迅速的反应。可以断言,不具有核心竞争力的企业即使发现了环境中的机会和威胁,也难以抓住机会或避开威胁。

(三)从注重做好全面管理转向注重集中做好关键环节的管理

企业经营环境的复杂性和企业规模的扩大,使企业管理变得越来越复杂。传统的企业管理注重管理的全面性,要求企业做好经营管理的方方面面的工作,诸如全面质量管理、全面营销管理、全面财务核算管理等,希望企业全员都来重视管理、参与管理,把所有的事情都做得很好。实际上,由于资源的有限性,这是很难做到的。稀缺资源的平均用力,只会导致事事都管,但事事都管不好的结果。

企业经济学的本质是研究如何优化配置稀缺战略资源,以有限的投入得到最大产出。核心竞争力理论提倡集中的原则,它强调企业要把自己的物力、人力、财力投向企业经营管理的关键环节上去,而对非关键的环节仅要求做到合格,达到正常运转状态即可。只要关键环节得到强化,就能带动其他环节的提升。而要做到这一点,就必须集中使用资源、精力和时间,创造关键环节上的绝对优势,形成企业核心能力。从竞争角度考虑,一个企业方方面面的工作不错,只能保证企业的一般性竞争力较强,仅能具备一般性的竞争优势。只有企业某一关键性竞争力比竞争对手优越时,才能使企业具备独特的竞争优势,才能确保企业获得长期的竞争主动权。

(四)从横向多元化扩张转向业务归核化发展

横向多元化与上下游一体化发展不同,它是向其他非相关的事业域延伸的另一种发展战略。企业横向多元化发展是传统管理观念的必然产物,也是企业发展的一种内在本能,其诱因可能是:企业所面临的环境不断出现各种商机,对企业产生强烈的诱惑;或主业经营不顺,需寻求其他行业机会;或追求发展规模等等,致使20世纪八九十年代多元化经营战略流行成风,并成为不少企业主导性的或重要的发展战略。然而,许多研究与现实证明,企业横向多元化经营战略是风险性最大的一种发展战略。当企业迈进一个自己不熟悉的事业域时,尤其是当新事业域要求企业所应具备的关键性能力与企业现有能力不相吻合时,企业就会失去自身优势,变得十分被动,难免招致失败。即使情况没有如此糟糕,也因此分散了管理层的时间与精力,摊薄了资源,弱化了主业,使企业根基动摇,最终可能导致全盘被动。

核心竞争力观念提倡企业经营业务归核化,有两层含义:一是回归主业,二是回归以核心竞争力为"轴心"的同心多元化。20世纪90年代国际上出现企业回归主业的发展趋势是对七八十年代企业多元化热的一种反思和逆动。企业从伸展递延的多种事业领域里,纷纷向自己原有的或者认为有优势的领域收缩。回归主业者认为,强大的主业是企业生存的基础,强调要集中精力将主业做好做强。值得指出的是,归核化并不是简单地反对多元化,而是反对没有根基的多元化。同心多元化比无关多元化成功率高,这一点早已成为人们的共识。但这"圆心"是技术,是市场,还是别的什么,并没有定论。核心竞争力概念明确指出:企业成功所依赖的同心多元化的"圆心"就是企业所具备的核心竞争力。凡是企业核心竞争力优势能得到较好发挥的事业领域,就是企业多元化战略有把握成功的新领域;凡是企业核心竞争力优势无所作为或不能很好发挥作用的地方,企业多元化战略往往要失败。因此,企业在考虑选择多元化战略的新事业领域时,必须准确判断该领域(行业)所要求的关键性能力是否能与企业核心竞争力相匹配。

(五)从争取分散企业风险转向努力增强企业实力

传统管理理念强调,"不要将鸡蛋装在一个篮子里",或者是"东方不亮西方亮",这也是企业横向多元化经营的重要理由与动机。这种以保守方式被动应对风险的经营思想,是一种消极的经营理念,很难使企业有大的作为。一旦每一个事业领域都遭遇到困难,企业就会完全陷入被动。为回避风险而分散力量的做法,将可能导致每一部分都被削弱的结局。

核心竞争力理论强调应对风险要从消极被动转向积极主动,只有强化企业自身的素质,才能增强抵抗风险的能力。这样,即使在行业大起大落的情况下,企业也能取得超过行业平均水平的市场回报。企业要努力把核心业务做大、做强,通过对核心业务领域内资源与能力的整合与升华,加快对核心产品、核心技术和核心能力的培育,形成自己的核心竞争力。以不变应万变,才是应对风险的根本性对策。核心竞争力战略要求企业对其所在行业内外环境的未来变化有深刻的洞察预见力,及时提升未来所需的核心竞争力;要求企业对现有的核心竞争力不断地进行调整、补充和完善,以确保其在行业中的领先地位,使企业具备更强的预防和应对风险的能力。

(六)从追求规模经济效益转向培育持续性竞争优势

在比较中国企业与国外企业,尤其是全球"500强"的差距时,绝大多数人都持这样的观点:中国企业规模太小,为此,要应对加入WTO后的严峻形势,就必须建造中国自己的"航空母舰",企业必须做大。这一思路背后的经济学理论基础就是传统管理学的规模经济理论。随着企业规模的增大,产品的固定成本分摊降低,有条件采用更先进的生产工艺和拥有自己的部门,与经销商谈判能力增强,能获得规模市场和营销的好处等等。也就是说,规模大的企业具备单位产品成本低的优势,能够获得规模经济效益。然而,在很多情况下要把企业做大是很困难的。建造大规模企业需要大投入,即使资源没问题也要受到市场的制约,能否在激烈的市场竞争中获得足够大的市场份额来支持这样大的规模,能否避免"大企业病"等等,都是难以预料的问题。核心竞争力理论认为,企业首先要"做强",而不应该是"做大"。波特认为:"竞争战略考虑的是,企业如何在各个行业中创造竞争优势。公司战略的目的是,让整个企业的力量大于旗下各事业单位力量的总和。"企业只有做强了,才有条件做大。即便是受条件限制,无力做大,中小企业仍然可以通过培育自己的核心竞争力,来取得独特的竞争优势,保持长期性的竞争主动权,获取高于行业平均水平的利润回报,这是一种"核心竞争力经济效益"。因此,核心竞争力理论不但对大企业,而且对中小企业同样具有十分积极的意义。

以上企业经营管理观念上的变化可归纳为两个根本性的要点:一是从资源优化配置角度出发,企业将从原先分散配置战略资源转向集中配置战略资源。二是从培育竞争优势出发,企业将从原先的培育全面性竞争优势转向培育差异化竞争优势。作为迅速兴起的一种新型的企业理论和企业战略管理理论,企业核心竞争力理论显示出独特的生命力。这一理论打破了传统的"企业黑箱论",并对数十年居于主导地位的现代企业理论提出了挑战,把经济学和管理学有机地结合起来,既从本质上认识和分析企业,又植根于企业经营管理的内部事项,对于我国企业理论的深入研究,对于企业的成长,都有特别重要的意义。

第三节 新形势下企业管理理念的发展与创新

科学的管理理念是引导企业快速发展、稳定成长的灵魂思想,对企业的发展至关重要,企业可以运用科学的管理理念,对企业内部各种活动进行积极引导,使企业在日益激烈的市场竞争中保持不败的优势地位。通过科学的管理理念的引导,使企业的管理者可以充分利用现实竞争环境中的各种机会,适当调整企业的发展战略,从优化企业内部结构、制定企业发展的长短期目标、企业市场竞争对策等方面对企业发展提供具体的指导,以推进企业的长远发展。而我国现代企业管理理念的发展中仍存在一些不科学的成分,对企业的发展形成一定的阻碍,因而新时期为了促使现代企业管理理念能够更好地作用于企业的长远发展,企业要根据自己所处的行业、市场竞争水平等多个方面影响因素强化管理理念的创新。

一、现代企业管理理念的发展

企业管理理念是随着企业的发展而产生并逐步完善的,西方发达国家的企业管理理念的发展,为世界范围内管理理念的形成与发展做出了巨大的贡献。在总结世界范围内科学的企业管理理念的基础上,我国也正在逐渐深化现代企业管理理念的发展与创新,但其中仍存在一定的发展阻碍。发展过程中只有不断发现并及时解决阻碍现代管理理念发展的影响因素,并结合我国企业发展的特点创新管理理念,才能为企业的发展提供正确的指导,促进企业的长远发展。

(一)现代企业管理理念的发展

古典管理理论阶段。19世纪末20世纪初,亚当·斯密与大卫·李嘉图的分工发展思想为后期弗雷德里克·泰勒的《科学管理原理》的提出与发展提供了一定的启示,而亨利·法约尔作为现代经营管理之父提出的《工业管理与一般管理》的提出为现代企业管理理念奠定了理论基础。

现代管理理论阶段。随着二战后经济理论由亚当·斯密的重商主义逐渐向凯恩斯的自由主义过渡,企业管理理论也随之出现了较大的变化,其中心理学家马斯洛的需求层次论与梅奥的人际关系理论成为重要体系,对现代企业管理的发展有极大的影响。

当代管理理论阶段。当代管理理论阶段是以电子技术与信息技术的迅速兴起为代表的,其充分融合了古典与现代管理理论中的优秀部分,根据企业发展的需求形成了具有时代意义的理论。

(二)我国现代企业管理的发展状况

随着各领域企业的快速发展,我国也逐渐形成了具有中国特色的管理理念,其对整个企业的我国企业发展的指导作用巨大。然而随着经济全球化的不断发展,其仍面临较大的挑战。

1. 企业整体管理较为薄弱

我国很多企业发展过程中没有形成完整的管理体系,导致企业的竞争力与实际经济效益不高。从某种程度上讲企业管理水平已经成为我国企业发展的重要阻碍,企业管理的不完善不但影响企业内部发展的积极性,还不利于企业的外部竞争。

2. 在日益激烈的竞争中处于落后局面

随着经济全球化,我国企业在发展中面临越来越多的竞争挑战,企业在经营、生产及管理方式上均与各国企业有很大差异,在新经济格局下,为改变这种局面,我国企业在发展过程中必须结合我国国情与企业自身发展的特点,创新符合我国企业发展的管理理念,以推进企业的长远发展。

二、企业管理理念创新及运用

当今时代已进入科技、信息和知识经济高速发展的时代。市场竞争全球化与经营战略创新化,使得管理对象、管理目标和管理方式出现了新情况、新问题。不少企业管理者感到,一些多年被视为行之有效的管理方法与管理思维已不再能很好地发挥作用。这就迫切要求我们的企业家加快更新观念,以全新的管理理念推动企业更快发展。

(一)从管理就是控制转向管理是指导和激励

研究在市场经济中出色运作的企业的管理,不难发现,走出传统的"控制管理",实施有效的"指导与激励管理",是企业管理观念的变革与创新,更能充分挖掘出人的潜能。我国海尔集团从一个只有几百人的亏损小厂,一跃成为全国最大的家电企业和世界知名企业,一个重要原因就在于管理思维与实践的不断创新。其中充分体现指导与激励管理的"日清日高"管理方式,为企业全员提供了公平竞争和指导创新发展的企业环境。海尔集团公司总裁张瑞敏认为,管理的首要目标是出人才,海尔的"第一产品"是人才,然后才是销往市场的商品。通过指导与激励管理,发挥企业全员的创造性,这是海尔集团管理的根本所在。

传统的管理科学认为,管理就是控制,企业经理的主要工作就是控制员工的行为,确保圆满地完成公司与经理为员工制定的工作任务。目前,这一管理理论已经不能满足企业市场化运作对管理的要求。实践证明,管理已不再是传统意义上的控制,而是指导和激励。这是因为现代信息和科技网络覆盖企业生产与流通全过程,生产周期缩短,专业分工从金字塔组织逐步转向扁平团队组织,每个员工在本职岗位上即可了解全局,人们的知识、思维更新更具活跃性。因此,管理者应从控制转为指导与激励,注重提供服务、规划总体、确定战略和创造员工必要的工作条件与环境。经理的工作转为组织企业员工的激励活动,更能开创管理的新局面,带来更佳的管理效率与效益。

推行指导与激励型管理,需要企业家们从市场竞争的高度,更新管理观念与思路,认真研究企业员工的精神、物质需求变化,研究管理环境变化,制定相应的管理激励措施,并从组织上加以保证,以增强管理层的管理力度和灵活性,把指导与激励管理融于控制、监督管理之中,激励企业员工上下一心、克服困难,形成强大的创造力和凝聚力,不断去开拓市场。

(二)从管理就是步调一致转向管理是着力建立企业内部市场

传统的泰勒管理模式中最显著的特点,是把企业看作一个大机器,而企业的员工则是这一机器中的具体零部件,强调管理步调一致和工作的标准化,实施严格的程序管理,规范职工行为。时下,先进企业的管理者和发达国家经济学家普遍认为,泰勒管理模式已经过时。美、日和欧共体等国家的学者和企业家曾在法国里昂召开了一次管理问题研讨会,与会学者与企业家提出,传统的以"统一步调""组织者想,被组织者干"为特征的泰勒管理模式基础已发生了极大的动摇。过去稳是常规,变是例外;现在这些变是常规,稳则成了例外。世界变化快,企业管理模式也应跟上。在传统体制下,是上级设计出一套办法和产品,下级安安稳稳地执行,现在这些已经行不通了。管理的新观念是分散管理权限,下放权力,而不是把员工当成"统一步调"下的驯服工具。由此,不少中外企业家的实践是尽快从统一步调式管理转为建立企业内部市场,使管理更为有效。

企业内部市场管理方式,是一种企业非集中化或分散经营管理方式。这一管理把企业分立成能够各自对经营结果负责的自我管理单位,具有对迅速变化的外部市场环境较强的适应能力,具有极大的竞争灵活性。同时,分散经营的各单位又组成一个强大的企业整体。集团化,分散经营,相互利用与取舍,成为企业活力的源泉。我国红豆集团是较早提出并实践企业内部市场管理的企业,他们把集团分成若干个对外经营实体,既保持集团的整体性,又有各部门、各单位的分散经营性,从而增强了企业内部适应市场竞争的能力,推进了集团高效快速发展。这一管理观念的变化具有很强的现实指导意义。

（三）从管理就是在竞争中击败对手转向管理是组织产销联盟共同体

当今市场是竞争日益加剧的市场,企业要生存与发展,必须强化竞争管理。过去,企业市场竞争管理的一个重要观念,就是采用各种有效的方法,力求做到在竞争中击败对手,以赢得更为广阔的市场。研究企业管理观念的创新与发展,可非常清楚地看到,管理就是击败竞争对手的理念已被管理是组织产销联盟共同体的新观念所取代,市场竞争管理更倾向于联手合作,共同分享市场,各得其所。[1]

专门从事全球商业与经济伙伴研究的英国剑桥战略咨询公司董事长兼总裁詹姆斯·穆尔提出了建立与发展商业生态系统的最新竞争管理理论。这一新的理论认为,当今的企业领导者,都不应再把自己的企业视为等级分明的组织结构,而应视为在市场复杂系统中的一个参与者,企业无论是要扩大市场占有能力,还是要开发新的市场,都必须与其他公司携手,培育以发展为导向的协作经济群体,其共同目标就是集中有效资源,创造出消费者可以实际使用的新价值。企业之间开展市场竞争,采取击败对方之策,会导致产品价格失常,企业竞争成本上升,外部竞争环境不断恶化。而组织协作经济群体,可以使企业改善市场环境,获得新的发展生机。现在,我们有不少企业仍存在"击败竞争对手"的陈旧管理观念,其结果往往导致两败俱伤,因此,迫切需要更新竞争管理观念,尽快跟上管理发展潮流。

（四）从管理就是企业生产过程的关系协调转向管理是强化顾客关系管理协调

传统的管理理论认为,协调好企业生产全过程的诸多矛盾与问题,强化企业生产、营销等各方面管是顾客,因此,强化顾客关系管理协调已成为企业管理观念更新的又一重要课题。

笔者曾到德国、法国等欧共体国家考察工业企业。在谈到企业管理变革时,德国一位企业家认为,近年来,人们比较重视通过重建企业内部机制强化管理,而忽略了顾客关系管理协调,这是有失偏颇的。时下,"企业的命运在顾客手中""顾客是企业利润的最终决定者",顾客关系管理协调已上升为现代企业管理的核心。实行顾客关系管理协调是企业管理理论的创新,其管理内涵突出表现为以顾客满意为企业最高目标,顾客是企业经营的主要驱动力,企业管理组织的中心位置是顾客,新品开发、产品生产与服务必须围绕顾客进行并由其

---

[1] 祖雅鑫.新形势下企业经济管理的创新与实践[J].环渤海经济瞭望,2018(5):118.

参与,企业采用顾客关系信息管理系统,对其变化的需求随时进行监测,指导企业提高顾客关系管理水平。其管理对象也不同于一般消费者,"顾客"的含义不仅是产品购买者、服务者等外部顾客,还包括内部员工即内部顾客,以及企业供应商和相关产品生产商,是一个由商品生产者、消费者、流通者为一体组成的"顾客关系管理系统"。现代企业家应当走出传统的管理思维,充分看到顾客关系管理协调的重要作用,强化顾客关系管理协调,适应日趋成熟的市场,加快产品创新及观念更新,培养更多的忠诚客户,营造企业员工满意的工作环境,从而使企业更适应顾客,使顾客更关心企业,推动企业市场化发展。

(五)从管理就是维系与继承转向管理是扬弃吸收和不断创新

将传统的有效的管理方式及具体内容,通过继承与维系的途径,在企业中组织实施,这是人们一贯的管理思路和长期以来的做法。随着改革开放和知识经济的发展,人们经验的吸收以及对实践的不断创新。

研究当代管理新观念可以发现,观念创新带动了管理方法与方式更新,出现了新的管理结合点:一是理性管理与非理性管理相结合。理性管理即以复杂的结构、周密的计划和定量分析等手段进行管理。但这已不适应知识经济时代瞬息万变的市场形势,还必须把依靠直觉与实践指导、灵活把握市场的非理性管理与理性管理结合起来。二是务实管理与务虚管理相结合。企业的务实管理主要是有形管理,注重企业发展与经营战略、企业体制、技术构成、成本效益等硬的方面。但仅注重硬的方面是不够的,还需要有务虚管理,即注重企业价值观、企业精神、企业人才培养等软的方面。三是组织管理与人的管理相结合。传统的严密组织结构,严重抑制了人的创造性。因此,新管理思维提倡以人为中心的管理形式。四是正式管理与非正式管理相结合。在通过企业正式会议、规章制度、有关程序管理的同时,大力开展非正式交流、会面,甚至进行单个拜访、生日庆贺等,这更具疏导与激励作用。五是层次管理与现场管理相结合。传统的分层等级管理已显出管理链长、管理者意图难以及时下达以及限制中间层次的创造性等弊端,应被现场管理所取代。国内外不少知名企业已提出并实施"零管理层",由企业最高管理者直接管理到位。六是集权管理与分权管理相结合。除关键性管理权限相对集中外,更倾向于下放更多的权限,以利分散组织结构,更灵活地运作市场。在知识经济起主导地位的市场经济中,企业家唯有继承传统,加快吸收,不断创新,才能使管理思维与理念创新跟上时代要求,才能在竞争中立于不败之地。

第四节 企业人本管理理念创新分析

以人为本是实现可持续发展、是实现经济的快速发展的前提。企业实行以人为本对企业的人力资源的管理和企业的发展有着重要的指导意义。人本管理就是指以人为本的管理,这种管理模式需要从不同的角度将人作为中心点,万事以人为基础,只有这样才能让企业有更长远更好的发展。

一、人本管理及其主要内容

(一)人本管理的内涵

近年来,西方许多国家走出精密管理科学的殿堂,响亮地喊出以人为管理核心的口号,高举起人本管理的旗帜,在世界范围内掀起了企业管理的新思潮。那么,什么是人本管理呢?人本管理是以人为本的管理,它把人视作管理的主要对象和企业最重要的资源,新生个人价值,全面开发人力资源,通过企业文化建设,培养全体员工共同的价值观,运用各种激励手段,充分调动和发挥人的积极性和创造性,引导全体员工去实现企业的经营目标,依靠全体员工的共同努力促进企业的不断发展。它最核心的任务之一,就是充分调动员工的积极性和创造性以达到个人的自我价值的实现和企业的经营目标的实现。

(二)人本管理的主要内容

以人为中心的管理思想,即以人的管理为核心,以激励人的行为、调动人的积极性为根本,组织员工主动、积极、创造性地完成自己的任务,实现组织的高效益。人本管理的内容主要有。

1.员工是组织的主体

传统管理理论把劳动者视为生产过程中一个不可缺少的要素和管理的客体,而不注意发挥人的主观能动性。随着社会经济的发展,员工在企业生产经营中的重要作用逐渐被认识,形成了以人为本的管理思想。既然员工是组织的主体,那么管理就离不开员工的参与。在管理的权力分配方面,一般有两种模式:一种是高度集权,依靠严格的管理和铁的纪律,重奖重罚,达到组织目标统一、行动一致,实现工作的高效率;另一种是适度分权,依靠科学管理和员工参与,使个人利益与组织利益相结合,促使员工为了共同的目标而努力工作,达到组织的高效率。当今社会条件下,员工的基本生活已有保证,就业和流动较为容易,政治和社会环境比较宽松,采用适度分权、员工高度参与的模式无疑会更有效。只有全体员工共同努力,才能使组织的各项资源得到最合理的利用,取得理想的效益。

2.能级原则

为了使管理活动高效有序地进行以及组织目标得以实现,必须在组织系统中建立一定的管理层次,设置与各管理层次相适应的管理职责、规范与标准,规定相应的工作任务和权力,构成相对稳定的组织管理结构系统。然后,按照组织管理结构中各成员的个人能力情况,把他们安排在合适的管理层次和管理岗位上,按照能级对应的原则,充分发挥每个人的能力。管理者要善于发现员工的长处,根据实际工作的需要,做到用人所长。管理者还要注意加强对员工的培训,不断提高员工的个人素质和工作能力,使员工能够承担更具有难度和挑战性的工作,激发其工作积极性。

3.动力原则

组织管理的效益来源于组织的运行效率,而组织效率的提高从根本上说要依靠人的积极性。人的积极性的产生与维持需要某些动力,正确运用这些动力调动员工的积极性是管理者的责任。在管理活动中,管理的动力来源主要三个种:一是物质动力,指能够满足人的物质需要,并能由此激发人的积极性的因素。由于对物质利益的需要是人的基本需要,物质动力是员工工作的根本动力,也是企业经营管理的重要手段。不过,在使用物质动力时,应注意物质动力对不同人的激励作用的差异,对不同需要的人运用不同类型的物质动力,以获得最佳的激励效果;二是精神动力,指能够激发人的动机的精神方面的因素。与物质动力相比,精神动力具有强烈和持久的特点。由于精神性需要与人们的人生观、价值观相联系,所以一旦产生和确定,就能够成为强烈和持久的精神动力;三是信息动力,指外部社会与经济发展的信息中对人们起激励作用的因素。信息动力实则是一种竞争的动力。外部环境与组织间的信息交流,使组织能够获得世界发展的情况,了解市场需求,成为组织生存与发展的动力。

在管理实践中,三种动力要综合运用,根据管理的时间、地点、条件的差异,灵活运用管理的动力原则,并且要建立有效的管理动力机制。管理者必须通过有效途径,构造有效而灵敏的机制,控制和协调各种各样动力的方向,促进目标的实现。

二、理念创新的作用

理念是一种追求,一个企业的理念的就是企业全体员工共同的追求,企业的理念可用来指导员工的行为和作为,企业的理念能增加企业向前发展的动力,企业的理念的坚定性程度,对企业的经营活动有着重要的影响,可能会直接影响到企业的成败。对理念的创新是一个企业长远发展的基础,企业只有满足这个条件才能更好地发展,对企业的理念进行创新还有能帮助企业的领导队伍做出正确的决定,甚至还会影响到企业的长远发展或者企业管理的一些行为、企业的积累与员工(股东)分配之间的关系。对企业做出正确的决策正确的发展方向具有决定性作用。管理应当对组织的资源进行有效的整合,从而达到组织制定的目标的目的。理念创新在企业的管理中有着重要的作用。企业要适应时代的变化就必须制定出企业的理念,并且严格遵守企业的理念,企业应当将理念作为企业一切活动的导向,因为理念是决定一个企业成功的重要因素之一。从世界前500强企业的管理演变的历史中可以看出,一个企业要维持很长时间,它们的管理理念就必须随着社会的变化而变化,需要不断地创新,并将目标保持稳定不变。加入一个企业的管理理念没有创新,那么这个企业就失去了进取,也就没有了希望。

三、人本管理理念创新

国家需要富强,前提是经济富强,而经济富强离不开企业,一个企业的发展离不开管理,而决定企业管理能否成功就得依靠文化,由此可以看出企业文化的重要性。那个企业具有文化优势,那个企业也就在竞争中、发展中具有优势。时期不同、经济的背景对企业文化的影响非常大,企业企业家必须清楚认识到文化的重要性,时刻对自己的管理理念进行更新,不能以为自己已经成功了这套管理理念就一直有用,必须将目光放向未来,不断地对管理理念中的激励理念、服务理念、经营理念、人本理念进行创新,只有这样才能体现出企业文化应当体现的价值。

(一)激励理念创新

激励理论的基本思路,就是根据人的需要而采取一些相应的管理措施,用来激发人的动机、鼓励人的行为,让人产生动力。所以,人的工作绩效除了跟个人的能力相关以外还与受激励的程度相关。激励是指通过实现员工的个人需求以提高员工的积极性与创造性,引导他们在企业中的行为与企业的目标一致。对于企业管理方面,外企的员工在进入公司后,从面试到通过培训上岗,都重点强调个人的重要性,告诉每个员工公司非常重视你的存在,只要你努力做好相应的工作就有很好的发展机会,并强调告诉每个新员工,每个人都可能会出人头地。一般在情况下,员工的个人能力发挥会达到80%,个人的作用发挥会达到100%。[1]

---

[1] 王修杭.探析企业人本管理与创业创新[J].大众投资指南,2017(8):162.

(二)经营理念创新

文化管理就是根据本企业的行业特点,制定一套具有本企业特色的文化内涵的经营理念。需要丢弃一些过时的经营管理理念,制定具有本企业文化管理特色的新理念。企业的经营理念的表现方面主要有:以市场为导向,以效益为中心,以创新为主题,以诚信为手段,从不同的方面去提升企业的核心竞争力。

(三)服务理念创新

服务理念决定着企业的长远发展,如果一个企业没有一套好的服务理念注定难走得远。品牌不是一个简单的名字、名词、符号或设计,品牌是它们的总和,每个品牌都有属于自己的服务理念,只有区别与其他企业的服务理念才能使企业具有更高的竞争力。由此可见服务在企业的品牌的塑造中有着举足轻重的作用,同时也是决定企业产品的竞争力的一个重要因素。在企业文化管理中应当具有企业特色的服务理念。奔驰公司是世界上一个汽车行业的大企业。拥有了近百年的历史,奔驰经久不衰的法宝是"保你满意的产前服务""无处不在的售后服务"和"领导潮流的创新服务"的"三服务"理念。奔驰推出这些理念并且为这些理念做出了相应的行动,无论是市场营销还是生产过程以及技术创新等方面都严格实行了其服务理念。

(四)人本理念创新

从"人本管理"的各要素中可以发现,人是管理中的主要对象以及企业的主要资源。人本管理主要包括五个层次:情感管理、民主管理、自主管理、人才管理、文化管理,由此可见文化管理在人本管理中的层次最高,所以要进行"人本管理"就必须垫好前面几个层次的基础,并不断对人本管理理念进行创新才能达到文化管理的层次上来。在企业管理中印证了中国的一句古话,"得人心者得天下",在企业中谁抓住了人,谁也就赢得了荣耀与财富。这也是"人本管理"思想的核心。

四、人本管理方式的选择和运用

实现以人为本的现代管理,在不同社会经济文化环境之中的企业,由于行业特点、产品性质、员工素质和管理水平上的差异,可以选择不同的具体管理方式,有以下几种管理方式可供选择。

(一)受控式管理

是指把对人的管理主要看作是通过行政指令、管理规章制度和标准等来限定和制约员工行为,并通过奖励等控制手段达到提高管理效率和生产经营目标。这种管理方式在生产力水平较低、员工素质不高,特别是那些新企业以及管理基础工作薄弱的企业是较为适应。随着生产力的发展和员工素质的提高，以及企业管理的正规化和制度化，这种管理方式的作用会逐渐减低，处理不当不可能不产生某些消极作用，甚至影响高素质员工创新精神和智慧、才能的发挥。

（二）自控式管理

是指加强员工的思想意识，使员工由被动逐渐转向主动，把企业的行政指令和规章制度转化为广大员工的自觉行动，把自觉地按照管理规范操作看作是自己从事生产劳动的一种自由与安全的保证。这种管理方式即继承了泰勒的科学管理的优点，又发挥了社会主义企业政治优势的作用，从而使员工严格按照管理要求进行自我操作、自我检查、自我控制。

（三）诱导式管理

这种管理方式要注重对员工提供发挥聪明才智的条件以及晋升和参与管理的机会，激励员工向更高的目标努力，以诱导员工努力工作，提高生产和管理效率。但对企业经营管理要求更高，管理基础工作要求更扎实健全。

（四）灵活式管理

这种管理方式在国外叫做弹性管理，是把管理看作既是一门科学，又是一门高超的艺术，针对每个职工的素质、需要和能力的不同，因时、因地、因环境而异，灵活机动，不拘一格运用不同的管理方式和激励模式，以达到企业管理的最佳效能。这种管理方式不仅要求管理者具有较高的灵活机动的管理艺术，而且要求企业多种激励手段运用得当，尤其是企业群体人际关系的协调、企业形象的塑造、企业文化和企业精神的培育等，都有十分紧密的联系。

（五）学习型组织管理

是一种全新的组织管理模式，就是充分发挥每个员工创造性的能力，努力形成一种弥漫于群体与组织的学习气氛，凭借着学习、个体价值得到体现，组织绩效得以大幅度提高。其核心就是如何改变组织成员的思维模式，如何建立组织成员的共同信念。建立学习型组织的关键就是通过组织学习来有效地开发组织的人力资源。这种管理方式有利于整合与共享组织信息和知识，有利于组织学习培育和加强团队精神，是对知识工作者的一种激励方式，而且是对他们自我实现愿景的强化，从而促进了知识工作者创造性的发挥。

对以人为本管理方式的选择与运用，应根据企业的内外环境实际需要出发，管理者可以采取以一种管理方式为主的几种管理方式复核并随机应变的运用。

第八章 经济管理体系下的企业组织创新

第一节 现代企业管理组织的发展与创新

任何组织机构都不是一成不变的,必须随着外部环境和内部条件的变化而不断地进行调整和变革。通过调整和变革组织结构及管理方式,使其能够适应外部环境及组织内部条件的变化,从而提高组织活动效益。

一、组织创新的基本概念

(一)组织创新的含义

组织创新是指形成的共同目的认同体和原组织认同体对其成员责、权、利关系的重构,其目的则在于取得新目标的进一步共识。组织创新理论主要以组织变革和组织成为研究对象,它不是泛指一切有关组织的变化,而是专指能使技术创新得到追求利益的组织的变化。也有研究者却认为,组织创新是指组织受到外在环境的冲击,并配合内在环境的需求,而调整内部的若干状况,以维持本身的均衡从而达到组织生存与发展的调整过程。

(二)组织创新的特点

有学者认为,组织是对资源的一种配置方式,它包括对人力、物力与财力资源及其结构的稳定性安排。它与市场相对称。由此,组织创新意味着资源组合方式的改变。组织创新不论是在内容上、过程上,还是结构上,都表现出一些重要的特点:①组织创新表现为企业功能的完善,即引入许多新的组织因素,进行一些内部结构的调整,以形成较为完整的企业功能。②组织创新是各种社会组织之间的横向联合。③组织创新是企业内部结构的不断优化。④组织创新活动对企业目标和经济技术实力的依赖度很大。

(三)组织创新的类型

按主导形式分,组织创新有三种类型:市场交易型(A型)、行政指令型(B型)和混合型(指市场交易与行政手段相结合)。A型组织创新主要依靠个体利益的诱导,当个体认为参加新的组织能获得大于先前所得的利益时,A型组织就会出现;B型组织创新主要依靠权力的驱动,当权力上层发觉重构认同能实现整体的新目标或使旧目标更好地实现时,B型创新就会发生;混合型创新介于其中,它广泛存在于组织与市场共存的相互作用体系中。

按完成的手段分:组织创新也有三种类型:一是兼并型,二是分割型,三是创建全新组织型。

按组织范围大小和组织成员的多寡分:组织创新可以表现在三个层次上,即:制度创新、产业组织创新和企业组织创新,这三个层次相互贯通,互为前提。

组织创新的内容,还可以划分为:人员、观念和文化的创新;组织结构和职权划分的创新;组织任务和流程的创新。

二、组织创新的驱动因素

所谓组织创新的诱导因素是指那些促使企业进行组织创新或人们对组织创新感兴趣的因素。归纳起来,关于组织创新诱因的研究大致有"三因素"说、"两因素"说、"单因素"说等几种观点。

"三因素"说中:有学者认为,组织创新的诱因有技术推动、市场导向、政府调控三种模式。技术创新过程就是技术从无到有、从思想到实物、从不成熟到成熟、从实验室走上市场的过程。这个过程要求并推动与之相适应的组织形式的变化与创新。市场诱发下的组织创新主要服务于创新性技术成果的商品化,形成以技术市场为依托的各种组织形式。也有学者认为,不同的组织存在形式是组织在技术要求、内部管理的有效性和与外部环境进行交易的费用这三者之间的权衡的结果。首先,一定的技术要求有相适应的组织方式和结构。其次,由于组织所包含的是具有各别利益的主体,因而它的存在是以个别对目标的共识为先决条件的;另外,组织作为目的认同体在实现共同目的的过程中需要合理地配置其成员的责、权、利关系和他们与资源的搭配。因此必然要付出一定的内部管理费用。最后,组织总是存在于一定的环境中,组织的功能总是通过它与外部环境的交易体现出来。有交易就有交易费用,它来自制度对权利的模糊界定,也来自客观存在的物理上的距离和语言、文化心理、民族习惯上的差距,这些交易费用是市场运作的费用。只要存在市场,组织就不能回避。外部交易费用从另一个角度决定了组织的规模及其存在方式。

新制度学派认为,组织创新有三方面的来源:一个是要素相对价格的变化,一个是经营规模的变化,还有是发明的结果。在第一种情形下,企业将面临某一要素相对价格的降低。在给定的时间内,它将会改变生产流程,从而更多地利用那些投入要素相对便宜了的生产流程,较少使用相对价格上升了的生产流程。就第二种情况而言,如果某些流程的资本投入不是无限可分的,那么,市场规模的扩大可能会使企业改变它的要素组合,以使用更多的资本而较少地使用劳动。另外,有些安排创新并不依靠要素价格或企业规模的变化,它们只是发明的产物,完全取决于关于创新安排的知识的扩散以及现存安排的寿命。

三、传统组织结构及其对组织创新的影响

传统的组织结构通过强调理性思维和决策的作用,解决了组织环境和员工人际关系的不确定性。

组织结构的运行必须严格遵从法律和规章制度。因为在组织环境中,个人更关注自己的"任务"和"等级",而不是新观念的产生和问题的解决。当代的市场发展的实践证明,组织的各个组成部分之间经常性的、开放式的交流对于创新性产品的开发是至关重要的,传统的组织结构不但会引起保守的思想,而且会妨碍有效地解决问题和交流信息。

传统组织结构对创新的消极影响的一个后果,就是由于上级对下级所从事的专业领域内的工作并不熟悉,由下级提出的新颖性观念因此可能会遭到否定。因为每个官员的知识仅仅局限于自己的专业领域之中。如果上级缺乏下级任务范围内的专业知识,那么他们就有可能否决有价值的观念。所以,有潜在价值的观念就有可能失去证明其价值的机会,从而个人的创新潜力在组织的管理层就被预先扼杀了。

早在20世纪50年代,默顿的研究发现,如果组织长期任用具有官僚主义倾向的个人就会引起对官僚主义的认可,这样就更加抬高了官僚们在组织中的地位和资历。具有官僚主义倾向的人在组织中长期留用还会使人们过度地受到规则的制约,从而产生反创新的思维模式。盲目遵循熟知的规章制度导致了组织目标的转移,规则成为目的或最终的价值,而不是实现更高的组织目标的方法和手段。所以,在这样的组织中,具有官僚主义倾向的个人经常阻挠创新的产生和发展。[①]

近年来,越来越多的研究者意识到传统组织运作机制以及决策机制的不合理性和对当代社会变化的不适应性。而且越来越多的人意识到,在现代商业社会里,快速变化的组织活动要求组织中的个人能够接受模糊不清的事物,而不是永远小心谨慎地做出结论。因此,组织在处理复杂的综合信息时,个人创新潜力的发挥也就显得更为重要了。

---

① 田跃新.企业生态系统研究 基于组织结构视角[M].北京:企业管理出版社,2017.

四、组织创新与企业的可持续发展

面对竞争,企业只有不断地创新才能生存和发展。无论是企业技术创新还是企业的制度创新,都需要企业组织创新的有效配合。

(一)组织创新要致力于企业的核心能力提高

从根本上说,组织创新要有利于培育、保持和提高企业的核心能力,赢得竞争优势。在短期内,企业的竞争优势来源于其当前产品的价格及性能属性。从长远看,企业竞争优势来源于比对手更低的成本、更快的速度去发展自身的能力,来源于能够生产大量具有强大竞争能力的产品的核心能力。企业的核心竞争能力表现为特殊性、与众不同和难以模仿。无论是知识经济,还是信息经济,人越来越成为核心竞争能力的最重要载体,人力资源是最宝贵的。改变传统的组织模式在新环境下对人的束缚,极大地发挥人的主观能力性成为必要条件。因而,组织创新必须有利于企业核心竞争能力的提升。

(二)组织创新要致力于提高企业的动态能力

动态能力的基本假设是组织的动态能力能够使组织适应环境的变化,从而使组织获得持久的竞争优势。"动态"是指适应不断变化的市场环境,"能力"是指战略管理在更新企业自身能力以满足环境变化的要求方面具有关键作用。我们根据所知道的关于企业组织的理论很容易明白,组织的变革与创新的目的就是使组织不断适应环境变化的。可见企业通过组织创新以达到提升企业的核心竞争能力和动态能力,使企业生存、发展、壮大,实现可持续发展。从这个角度上来看,制度经济学所提出的"制度是第一生产力"是很有道理的,我们在这里可以解读为,组织创新是组织不断发展壮大的最重要的驱动因素。

反之,企业的可持续发展也使企业积累了宝贵的创新精神和创新经验,积累了组织创新的必要资本。可见企业组织创新与企业成长是一种互为因果,相互促进的关系。

第二节 团队理论在现代企业管理中的应用

早在1987年,美国学者Gist Locke和Taylor在其关于组织行为的评论中就提道:"现代团队的一个主要挑战已不仅仅是团队内部的合作,而是怎样才能使各个团队之间更好地合作,然而,现在大量关于工作团队的研究都只关注于团队内部的各个环节,而忽略了团队与组织中其他团队的相互依存性。"由此开始,基于多团队的理论研究逐渐兴起。直到2001年,Mathieu Marks和Zaccaro才提出了多团队系统理论(Multi Team System Theory,MTST),该理论超出以往对单个团队的研究,并将其作为组织活动系统一部分的团队研究中独立出来的一种新视角和研究方法,它以多维度、多水平、多目标的结构层次模型来观察企业团队的运作方式,是团队理论的一种创新,为我们解释跨团队组织形式提供了新的理论框架。本书将从四个方面对近年来有关MTS的研究成果进行综述,并在此基础上对其在现代企业管理中的应用进行探究。

一、多团队系统理论

多团队系统理论是一种把多个相互依存的团队所组成的群体进行多维度、多目标分析的新方法,其分析核心便是多团队系统(Multi Team System,MTS)。目前,国内外对于多团队还没有统一的定义,主要有以下几种说法。

Mathieu Marks和Zaccaro在引进多团队系统理论来描述多团队系统运作的主要特征时,将多团队系统定义为,"由两个或更多的在遇到外部不测事件时能够通过直接交流且相互依存的方式完成共同目标的团队所组成的系统"。其主要强调了在遇到突发事件时,多团队的领导效能问题。

Liu和Simaan在研究多团队的决策机制时,从多团队间的博弈角度出发,将MTS定义为,"由多个相互竞争的团队所组成,并且每个团队都有多个决策者,他们为达到自己的团队目标而通力合作"。

Martin和Katharina在研究多团队项目的依存关系管理时,则是将多团队与项目开发团队相结合对MTS进行了界定。笔者认为MTS是指"由多个相互依存的子团队所组成,各子团队负责完成产品的一个部件,并与其他团队相互合作、不断沟通,最终完成整个产品的集成"。并且,作者认为多团队主要分为两个层次,在底层的往往是一些跨职能团队,在上层的是项目管理团队。

相比而言,Humphrey(2007)对多团队的定义更为宽泛。在研究TSP时,作者将多团队定义为"任何拥有一个以上工作单元的团队",其中工作单元是指拥有共同计划、已定目标和一组角色管理者的小组,小组还共享一个共同的工作场所,仅有一名团队领导。

综观上述对多团队定义的不同描述,可以明显看出其不同之处主要源于研究者描述的视角存在差异。基于以上观点,我们认为MTS主要有以下五个基本特征:第一,MTS由两个或两个以上子团队组成。这里的子团队是指传统意义上的团队并且我们可以将之定义为,"由两个或者更多的人所组成,他们相互影响、充满活力、相互依赖、相互适应,为共同的目标而努力,他们生活圈有限,在工作中扮演不同的角色,同时对总体绩效目标的达成也会有不同的影响";第二,组成MTS的各子团队都是独立实体;第三,子团队在输入、过程与输出上至少要与一个以上的MTS子团队有依存关系;第四,MTS是一个开放的系统;第五,各子团队的分目标至少要与MTS总目标的一项指标相联系。

二、多团队系统理论的主要观点

在对国外学术研究的追踪中,我们发现关于MTS的研究主要集中于多团队的领导、多团队与产品研发、多团队与复杂系统三个方面,同时也有多团队的决策机制、多团队过程及子团队与多团队关系方面的研究,但这方面的文献较少,相对于复杂地多团队系统来说,研究尚不深入。

(一)多团队领导关系研究

De Church采用低仿真战斗机飞行模拟任务的方式研究了多团队领导的两个功能——战略开发(strategy development)与协作促进(coordination facilitation)——一对多团队绩效的影响。她招募了384个心理学和商科学生,构建了64个MTS,借助实验室中的相关设备模拟了F-22战斗机作战过程。每个多团队系统包含3个两人团队,其中两个团队是飞行团队(负责驾驶飞机并摧毁目标物),一个是领导团队。第一次研究主要关注于心智模式、团队协作对多团队绩效的影响作用。研究发现,对领导团队进行战略开发方面的培训,能使MTS表现出更好的心智模式、更好的跨团队协作以及更高的MTS绩效;对领导团队进行协作促进方面的培训,能使MTS表现出更好的团队内协作,但团队或多团队的工作绩效水平却不是很高。第二次研究主要考虑功能型领导(functional leadership)的调节与中介作用。研究发现,两种领导培训(战略开发培训与协作促进培训)都能提高功能型领导能力与团队协作,并且功能型领导行为与MTS绩效有正相关性;研究还发现,功能型领导对两种培训与多团队协作的关系有调节作用,而跨团队协作对多团队领导与MTS绩效的关系具有完全中介作用。

DeChurch、Shawn等再次对多团队系统的领导进行了深入研究。本次研究有三大亮点值得一提:其一,作者考察了极端情况下(如应对自然灾害,战后的稳定、支持、过渡和重建工作等)的多团队领导;其二,作者采用历史测量分析(historiometric analysis)对110个大型案例进行了研究;其三,作者研究了功能型领导在子团队内部、多团队内部及跨多团队边界三个层次的战略开发与协作促进功能。该研究颇有发现,作者提出了多团队功能型领导的几个假设(如功能型领导者的战略行为对多团队系统的过程、表现状态和绩效有正向影响,功能型领导者的协作行为对多团队系统的过程、表现状态和绩效有正向影响等),为以后进行实证性多团队领导研究打下了坚实的基础。

(二)复杂系统中的多团队

正是由于现有的团队理论不能够解决跨团队协作问题,才提出了多团队系统理论。可以说,多团队系统是"实现一些太大而不能通过单个团队的独立运作而实现的目标的工具"。在这种情况下,多团队系统要表现出两种特征:规模的庞大性与地域上的分散性。

Mark,Gerard 和 Swee 研究了应对民间急救时多团队系统的交互记忆系统对多团队绩效的影响。研究数据来自英国举行的一次测试救援系统健壮性的演习。演习分三次,研究人员将每次演习的所有参与者看成是一个 MTS,他们来自不同的组织(警局、消防局、医院、政府、私人企业、环境组织、媒体等),共同完成演习任务。每次演习结束后,每个参与者都要完成一份问卷,以测量各变量。研究发现交互记忆系统与 MTS 绩效呈正相关性,且这种相关性要通过沟通的中介作用。DeChurch Shawn 等在研究复杂系统的多团队领导时,将研究环境选定于灾害应对系统、省级重建团。之所以选此作为研究环境,在于这些多团队系统"包含大量来自政府及民间组织的团队,并且任务的紧迫性要求领导者在瞬间做出事关生死的决策"。这两类文献都考虑到了多团队系统的规模,反映了多团队在应对复杂性社会问题时规模庞大性特征。David 和 Michael 以案例分析的形式研究了大规模分布式会议的多团队运行。作者选取了一个名叫"Manager Jam"的大规模会议,它有三个特点,其一,规模庞大,有 30000 名经理人被邀参加会议;其二,持续时间长,会议连续进行长达 48 个小时;其三,分散式,会议背后有一个分布式 MTS 在提供支持。Alan 同样以案例分析的形式研究了一个由 1 个主导企业与 20 个合作组织所组成的虚拟多边开发组织的协作工作。主导企业与合作组织共同为开发一个大型航空航天产品而努力,主导企业拥有总体设计权,合作组织都有自己的工作人员,他们负责开发被承包的子系统。同时,各组织间(除了极少数组织在极少数时间外)处于虚拟沟通状态。这两类文献除了考虑到多团队系统规模庞大的特征外,还考虑了多团队系统在地域上的分散性,同时还涉及了多团队虚拟沟通问题,反映了多团队分散性与虚拟性的特征。

(三)产品研发多团队研究

Mathicu 在提出多团队系统的概念时就说:"跨组织新产品的研发将是多团队系统的应用领域之一,特别是一些大型复杂产品的研发"。以 Martin Hoegl 为代表的国外学者的研究是对多团队系统在产品研发方面应用的实践。虽然在研究中作者并未明确提出"多团队系统"的概念,但其关注维度如"跨团队协作"

"多边组织""任务互依性""多团队研发项目""分布式协作"等已经与多团队的理念不谋而合。Alan(2003)以植入式案例研究的方式,考察了在由多个企业或多个团队所组成的虚拟多边开发组织(virtualmultilateral development organization,VMDO)中各联盟企业是如何开展协作的。这个组织负责联合开发一个复杂的航天产品,各个团队在地理上相互分离,之前没有或很少有相互合作的经验。作者共进行了78个半结构化访谈,访谈对象为29个供应商代表,参加160个会议并阅读了大量的技术和管理文件。研究发现,主导企业制定各供应商团队关于工作内容和时间期限的强制性标准能够有效促进团队协作,并进而促进整合工作模式(integrative work patterns)的出现。[1]

Martin和Katharina对一个由39个团队组成的大规模新产品开发项目进行了长达36个月的研究。他们考察了"项目整合与支持"和"团队间交流管理"两个变量在新产品的概念形成阶段和开发阶段对新产品开发绩效(质量、成本和时间)的影响。"项目整合与支持"是项目层次的变量,指项目的领导团队统筹整个项目的进展,明确每个团队的任务及在整个产品开发过程中的位置。"团队间交流管理"是团队层次的变量,指各个团队内部明确和外部其他团队间的关系,即明确本团队和其他团队在信息、产品和服务上的相互关系。研究发现,"团队间交流管理"在产品"概念阶段"特别重要,显著提高了该阶段的绩效;而"项目整合和支持"在产品"开发阶段"更为重要。同时,作者还检验了跨团队协作、项目承诺(project commitment)、团队界面管理等对产品开发的"概念阶段"和"开发阶段"的影响。

(四)多团队研究的其他方面

多团队决策机制研究。Liu和Simaan认为,在多团队决策系统中,决策者的竞争与合作同时存在。作者引进了一种新的方法——非劣纳什法(Non-inferior Nash Strategy,NNS)来解决多团队决策问题,该方法融合了团队理论中的非劣帕累托合作解决方案和博弈论中的纳什非合作解决方案。

多团队过程研究。Marks DeChurch等仍以低仿真战斗机飞行模拟任务为实验平台,考察了MTS的过渡过程(transition processes)和行动过程(actionprocesses)对多团队绩效的影响,同时还比较了团队内部行动过程和跨团队行动过程对MTS绩效影响的差异。研究发现MTS的过渡过程、行动过程和MTS绩效呈正相关性,跨团队的行动过程比团队内的行动过程更能促进MTS绩效。研究还发现,当跨团队互依性高时,跨团队过程对MTS绩效的预测比在跨团队互依性低时更准确。

---

[1]方永飞.自组织 互联网+企业管理创新[M].广州:广东经济出版社,2016.

多团队与子团队关系研究。John Peter 和 Charles 考察了团队成员的自我管理能力对多团队绩效的影响以及团队凝聚力对两者关系的调节作用。他们调查了一家半导体生产企业的 21 个 MTS，共 97 个自我管理团队，716 个团队成员，平均每个 MTS 包含 4.23 个团队，每个团队有 8.04 人。研究发现多团队中子团队成员的自我管理能力与多团队绩效正相关，如果多团队由凝聚力较高的团队构成，那么两者之间的关系更为积极。

多团队这几方面的研究虽然独立性较强，但却存在着一定程度的交叉与互补。其相同之处在于关注多团队系统作为一个独立的实体，其内部子团队间既独立工作又相互依存，按照一定的多团队过程，共同在多团队内领导团队的指挥下完成某一单个团队所不能完成的任务。以下，我们就多团队系统的现有理论在现代企业管理中的应用进行探讨。

三、MTS 在现代企业管理中的应用

（一）多团队组建工作

多团队系统可以有多种多样的组合，比如可以包括组织、政府部门、教育机构、军队以及运动员团队等实体，但常以两种形式而存在：组织内多团队系统和跨组织多团队系统。前者存在于同一组织框架之下以应对组织所面临的重大事情，后者一般要处理一些跨组织重大问题（如跨组织联盟、多项目团队、跨组织应急小组等）。两种形式的多团队在规模和分布上可能完全不同。对于前者而言，其可以处于同一办公场所以实现面对面的交流与协调，而后者则要以虚拟沟通、分散运行为基础。总之，不同的任务目标要求组建的多团队形式不同，这种差异又导致了多团队的运行方式变化多端。

如在房地产行业中，由于产品的不可移动性，多项目、多区域发展一直是困扰房地产企业做大做强的瓶颈，但是，从单一项目开发向多个项目同时开发转变，从区域性房地产企业向全国性房地产企业发展，仍是当前房地产行业的扩张趋势。与之相应，房地产企业项目团队发展的趋势也从单一项目团队向多项目团队转化。房地产企业多项目团队是建立在单个项目团队基础之上的，是为实现企业战略目标而对各个项目团队进行统一管理的组织形式。大型房地产企业如绿城等往往会同时进行多个项目开发，这种多项目团队的组织形式与传统的项目团队管理相比有着明显的特征。该组织在集团公司（或公司总部）下设多个子公司、分公司或项目公司，分别独立运作各个项目，实现企业多项目运作，跨区域发展。在企业总部设有职能部门，垂直管理各个下属公司的相关职能部门。这些项目公司的职能部门既要接受上级相关部门的业务指导，又要受

项目公司的直接领导,能很好地解决企业多项目运作,跨区域发展的问题,成为目前大型房地产开发企业的普遍管理模式。

多项目团队目前已成为一种发展趋势,更多组织开始尝试这种管理模式,把企业内各个业务划分为不同的项目,由不同的项目团队负责,设定整体的企业目标,向各个项目团队进行分解。多项目团队由IT行业扩散至各行各业,一些企业的营销中心也开始采用这种模式,根据销售市场划分各个项目团队。

(二)多团队协作管理模式

不管多团队系统采取什么样的组织形式,子团队间都需要高度的互依性。这种互依性表现在三个方面:输入的互依性(如信息、机械、原材料等)、过程的互依性(如作业顺序、时间要求等)和输出地互依性(如产品、员工满意度等)。这种高度的互依性要求多团队内部紧密协作、高度协同、有效沟通,并要制定一些特殊的制度以保证系统的有效运行。

在对浙江中国小商品城集团股份有限公司(以下简称小商品城)的考察中,我们发现其独特的管理模式已经运用了多团队运作高度互依性的思想。小商品城总部下设九大职能部门:办公室、人力资源部、财务部、市场部、管理部、安保部、基建工程部、投资部、证券部。各个部门相互依存,紧密协作,共同构成了一个复杂的多团队系统。

通过考察,我们发现小商品城的多团队协作管理模式主要有四大特征:开放性,小商品城致力于实现由市场经营商向综合服务商的转变,投资了房地产、会展、广告等多个产业,初步形成了一条完整的产业链;层次性,小商品城是一个多个子系统构成的多团队系统,如集团市场部、市场分公司、市场信息服务分公司、驻广州办事处构成了一个子系统;多维性,集团安保部和各分公司的安保部根据专业维度构成一个子系统,而小商品城的市场部、市场分公司、市场信息服务分公司和驻广州办事处以业务相似性维度构成了市场部子系统;岗位交叉性,在多团队系统内,一个团队成员可能从属于两个甚至多个子团队,存在一人多岗、少数岗位交叉的情况,如某部门主管兼职副总等。

同时,小商品城基于多团队协作的人力资源管理模式是在引导机制、激励机制和约束机制的共同作用下运行的,主要表现在:通过在招聘中强调新员工的团队精神和沟通协作能力,在各部门间设立专有的沟通渠道,举办相互学习的专项会议及各部门间的友谊赛等方式使协作深入人心;通过设立公正的绩效考评体系与奖惩制度,并严格按照制度依法行事,避免了传统企业重视市场部而轻视工程部的现象;通过探寻适应自己企业的有效团队间协作规则,让这种规则明确化,并在企业、部门、团队中达成一个共识,使每个人、团队、部门在进行协作时都能自然而然地遵循这些规则,从而保证团队之间的协作具有统一的标准,防止"搭便车"现象的发生。

(三)多团队领导方式

在多团队系统中,领导团队主要扮演两个角色:战略开发和协作促进,前者包括行动前确定团队行动的顺序和时间、团队间如何有效沟通等,后者包括行动过程中的监控和信息传达等。以DeChurch为代表的学者对多团队领导者的这两种角色进行了多次由浅入深的研究,得出了许多可喜成绩,这对我们指导现实中的多团队领导行为提供了借鉴。

1.领导者战略开发角色的作用

在多团队中,子团队之间是高度依存的,因此,高协作性的子团队会表现出高绩效水平。而领导团队通过有效地沟通战略计划又会提高跨团队协作水平。所以,作者认为跨团队协作会作为一个中介来调节领导团队战略开发上的沟通与团队绩效之间的关系。但是,事实并非如此,研究发现领导战略的沟通与团队协作正相关,团队协作与团队绩效正相关,而领导战略上的沟通与团队绩效却没有显著的相关关系。

该同时,作者将心智模式应用于多团队系统中,并考虑了领导者行为对团队成员心智模式的影响。

已有研究证明了心智模式是有效团队协作的先决条件,作者通过探究心智模式相似性和准确性来预测多团队协作水平。结果表明,该原理在多团队层面并没有像在团队层面一样清晰。心智模式的精确性与团队协作的BARS等级显著相关,而心智模式的相似性却与协作指数不相关。在团队层面,心智模式的相似性对有效协作有至关重要的作用,因为即使在不断变化的环境中,团队成员仍可以通过他们对共享互动模式的理解来预测对方的行为。当前研究反驳了该逻辑,而认为是心智模式的准确性而非相似性与协作过程有显著关系。

那么,为了高效协作,在多团队中哪些人需要共享信息呢?我们认为:第一,领导需要拥有相似的知识结构以高效引导子团队的工作;第二,子团队的成员需要共享信息以完成相互依存的工作;第三,所有多团队成员都要有相似的知识结构以确保在行动阶段顺利应对各种情况。

2.领导者协作促进的作用

领导团队在多团队中的第二个角色是在工作阶段为团队协作提供便利,先前有关团队领导的研究已经表明,行动阶段的行为比如监督绩效,提供反馈等对团队绩效至关重要。

领导者协作训练的确能提高领导者的协作水平,但只有少量数据表明领导者协作训练与团队协作水平相关。虽然作者预期领导者协作行为将会通过改善团队行为来提高绩效产出,但结果显示,领导行为与团队协作仅仅有助于预测绩效。将这些结合起来,我们可以发现,发生在工作阶段的领导者协作行为与一般的协作行为是不同的,它直接改善绩效水平而不是通过改善协作水平。

由此我们可以发现,两种类型的领导者行为都有利于提高MTS绩效水平,领导者战略开发通过提高心智模式准确性与团队协作,进而改善MTS绩效,领导者协作行为并不影响团队过程,其会直接改善整个系统的绩效水平。

综上,我们可以发现,虽然近年来对于多团队系统进行了一些研究,但是缺乏系统性。第一,对多团队系统的概念众说纷纭,还没有进行清晰界定;第二,基于多团队理论的领导能力研究涉及较多,而多团队背景中有关团队学习和团队协同等重要领域还未有相关性研究成果;第三,借鉴多水平、多因素、多层级、多维度的方法对多团队进行研究还是一个待开发的领域;第四,基于多团队系统的理论缺少说服力的实证支持。

在今天,企业之间的竞争也日趋激烈,特别是现代企业中多数依赖出口,其生存更是面临挑战。因此,压缩成本,提升企业竞争力是当前企业面临的首要难题。而多团队学习与协同不仅是提高企业研发与创新的重要因素,而且是提升企业竞争力的重要方式。所以MTS理论为我们提供了理论依据。近年来MTS理论在现代企业管理中已经得到了一些应用,但是还存在很多问题。第一,企业在快速扩张过程中,为组建多团队,往往会出现人才缺口无法及时弥补的现象;第二,企业目标与项目团队目标会出现矛盾。企业目标高于团队目标,但在具体工作中管理团队为实现项目短期目标,可能会损坏企业的品牌、声誉等长期目标;第三,各项目团队间的协调性差,很难建立起完善的协调机制等。

因此,结合当前企业实际对MTS的运转机制进行系统、综合的理论研究,对当前企业发展有着至关重要的作用,这是今后研究的一个重要方向。

第三节 企业人力资源管理的创新性研究

一、人力资源管理创新在新经济时代企业发展过程中的重要作用

(一)人力资源管理创新是企业深化改革的必然要求

要发展现代化的市场经济,实现全面的社会化大生产,企业必须要完善现代化的管理制度,如果要完善这种现代化的管理制度,企业内部就要加强内部人力资源的管理和开发工作,只有不断地挖掘出适宜企业发展的人才,才能够

建立起适宜事业发展的现代化管理机制,全面实现企业的大规模生产。

(二)人力资源管理创新是可以提高企业的市场竞争力

对人力资源的管理进行创新,其本质就是对企业人才的创新,要发挥出人才工作的积极性,为企业创造出最大的效益,推动企业的技术变革,就必须要大力推进企业内部人力资源的管理创新工作,这样不仅可以帮助人才掌握更多的先进技术,也可以将人才的优势发挥到最大化,帮助企业开发出更多的产品,拓宽企业的发展市场,从根本上提高企业的经营利润。

(三)实施人力资源创新管理可以帮助企业打造一支优质的管理队伍

企业的管理水平高低在根本上影响着企业经营过程中的经济效益,企业管理队伍也是企业的核心因素,管理人员水平的高低,直接决定着企业经营的成败。因此,企业的发展急需要专业能力较强的管理者,从这一方面而言,企业只有不断地加快人力资源管理机制的创新工作,完善激励机制以及人才管理机制,为企业的管理营造出一个良好的环境,保证管理人员能够将全部的精力投入至企业的管理和经营过程中,实现企业效益的最大化。

二、我国企业人力资源管理创新的对策

(一)转变观念,真正树立以人为本的管理理念

在我国的许多企业,对人力资源管理作用的认识仍存在偏颇,其人力资源管理者未充分理解人力资源管理的重要职责是协调和监督,而是视之为权力集中部门,从而造成权限集中、管理脱节、有失公平和激发矛盾等问题,严重影响了企业的战略实施和创新发展的顺利进行。

要树立全体员工皆人才的"大人才"观念,将所有的成员都看作是企业的资源,尊重员工,信任员工,鼓励全体人员参与管理。在现代汉语词典里对"人才"有这样几种解释:①德才兼备的人;②有某种特长的人;③指美丽相貌端庄的人等等,概念的多样性注定了难以对人才与非人才的界定。拿破仑曾经这样说过"世上没有愚蠢的士兵,只有愚蠢的将军"。"尺有所短,寸有所长",每个职工因个人天赋和成长道路不同,其学识、专长、经验也不可能一样,但只要赋予适当的条件,使每个职工把潜在的能量发挥出来,最大限度地发挥个人积极性和创造性,就可能成为"人才",为企业发展增添新的动力,成为企业一笔莫大的财富,从这里说,人才就是生产力。同时重视职业和技术的培训,加大对员工教育方面的投资,不断提高职工人力资本的存量和综合素质,在工作中充分考虑到员工的成长和价值。促使员工发挥自身潜力,为企业实现更大的经济效益。

(二)建立有效的激励约束机制,促进人才的脱颖而出

根据心理学家的需求层次理论,人有生理、安全、社交、自尊和自我实现五个层次的要求,不同的要求需要不同的激励方式,当合理的要求得到满足时,就会激发员工的工作积极性与主动性。首先,要引入竞争机制。竞争带来压力,也带来动力,更激发了活力,企业在竞争中求生存,职工则在竞争中求发展。对一个人来说,越是富有挑战性的工作,越能激发其热情,从而获得工作后的自我满足感。在竞争中,既要坚持德才兼备的原则,又要坚持公开、公平的原则。其次,要建立合理的分配激励机制,以绩效导向为核心,使职工收入与劳动成果、企业效益结合,形成重实绩、重贡献的分配激励机制。第三,建立有效的考核机制。没有考核,将会滋生惰性,一个没有压力感、危机感和紧迫感的人是难以成才的。通过制定科学合理的人才绩效考核体系,考核结果要奖惩兑现,赏罚分明。

(三)对人力资源进行优化配置

企业的最终目的是盈利,只有合理配置人力资源,才能实现企业利润的最大化。人是配置的中心,一切都要围绕人来进行。如何在合适的时间、合适的地点、用合适的人选、最满意地完成工作,并且使从事人员获得最满意的薪酬,企业获取最大的利益,这是一个企业获得成功和持续发展的关键。这就要求企业的人力资源管理部门随企业要求和环境变化而不断实现有效的资源配置,同时将配置过程中遇到的问题进行协调,使之最优化。

(四)构建良好的企业文化,提升企业凝聚力

人的潜能的发挥与企业的人文环境密切相关。实践证明,一个人在领导公正廉明、人际关系和谐的企业环境中,不仅能有效发挥学识、专长,还可以充分展现潜能。构建良好的企业文化,提升企业凝聚力,以企业价值观、企业文化来引导员工。任何企业里,管理制度总有管不到位的地方,而企业文化则无孔不入。良好的企业文化可以说是一个企业的灵魂,一个企业的性格和习惯,它不但可以有效地引导员工工作行为,还能充分激发出员工的工作积极性和创造性,为企业共同目标而努力。可以毫不夸张地讲,企业文化的建设将是能够长期稳定发展的一个重要保证。还有重要的一点就是,企业要真心实意为职工办实事,提高员工的满意度和忠诚度;人力资源管理者也要"诚"字当先,率先垂范,只有这样才能切实提高管理制度的执行力。

三、新时期企业人力资源激励机制的创新性研究

(一)创新性的激励体制的研究

下面分别对上市和未上市企业的人力资源激励机制创新进行研究性概述。

1. 上市企业人力资源激励机制创新性的表现

(1) 业绩股权激励

业绩股权是指企业根据员工的业绩水平情况,以企业的股票或者基金作为激励奖励给工作达到预期目标的员工;业绩股权激励机制,就是公司每年提取一定数额的奖励基金,部分或全部用来购买本公司的股票,以激励的方式分发给达到目标考核的员工。比如广东佛山照明,实施股权激励方案初期,公司的主业利润贡献率已超过100%,盈利能力较好,利用业绩股权激励模式在其他资源不变的情况下,在一定程度上取得了良好的效果,体现了人力资源管理创新后带来的价值变化,被国内作为成功的激励体制案例进行宣讲。不过,在后期发展过程中,佛山照明的每股收益呈下降趋势,被激励者利益和愿望没有更好地得以体现,心理上出现了一定程度的失望情绪。

此创新机制的产生,初期在一定程度上达到了人力资源调动广大员工工作积极性的管理目标,但后期因股票收益率下降,被激励者未能得到较高收益而产生了负激励作用,这是人力资源管理始料未及的。因此,企业的管理一定要与人力资源的激励机制创新相结合,即管理与激励机制创新应同步进行。

(2) 管理层价值提升(MBO)激励

MBO定义:企业管理层收购或企业经理层融资收购。它是以公司的管理者或经理层购买本公司的股份,从而改变公司资产结构和内部控制结构,来对本公司进行重组,从而获得理想的收益状态,这种激励方式是承认管理者作为企业的主要内部资源。比如,河南宇通客车公司,就试行了MBO方案,管理层和相关员工出资认购股份,获得股东身份,将员工与企业捆绑在一起,使其把工作当事业做。此创新激励机制对于资金不足的管理层员工,在一定程度上受到了约束。

(3) 股票增值激励

股票增值权是指企业员工在规定时间内,可以在不拥有股票所有权的情况下,获得一定数量的股票股价上升所带来的收益。在国内上市公司中,中石化采取了股权增值激励这种模式。持有股票增值权的员工通过努力工作提升企业业绩,进一步促进股价的提升,从中获取收益。这种创新机制,存在不确定因素,因股价上升的影响因素较多,对获得股票增值权的员工提出了较高的要求。此激励方式虽然比较简单,但股价涉及的专业问题较多,使其又变得相对复杂。

(4) 员工持股激励

员工持股计划,指企业内部员工通过自己出资购买本企业部分股票,通过企业进行集中管理的产权组织形式。此激励模式体现了持有者具有劳动者和所有者的双重身份,它有两种形式存在,一种是直接购买原股东持有的股票,以企业的名义建立信托基金组织,不定期回购股票,然后企业按照制定的发放计划,定期将股票出售给本企业员工;另外一种是通过信托基金组织回购股票,不定期回购股票,然后企业按照制定的发放计划,定期将股票出售给本企业员工。在国内上市公司中,大众科创实施了员工持股计划,利用此创新激励机制,企业员工流动明显降低。员工持股在一定程度上有利于企业开展监督管理,避免了管理中出现问题带来不利因素的出现,但也需要企业下更大决心,对未来进行符合市场需求的定位。

2.未上市企业人力资源的激励机制创新性的表现

在未上市企业中,人力资源的激励机制初期主要是针对核心员工,即管理层和重要核心技术人员,以薪酬的奖励形式进行激励,对普通员工的激励制度相对较少。下面就该部分企业的人力资源常见激励机制进行解读和分析。

(1)设置晋升通道的激励

通过建立晋升通道体制,员工达到一定的考核要求,提升相应的职位。在实际中,大多数员工能朝设置的目标前进,通过此机制提高员工的工作积极性,达到预期目标,为企业带来较大的效益。但如果机制中有失公平现象出现时,会带来负面影响,不利发挥人力资源作用。

(2)企业文化的宣传培训激励

在现代化企业建设中,企业文化是对员工精神激励的一种模式。通过对员工定期的企业文化培训,使企业的价值观融入员工的思想中,降低人才的流动性。做到企业的文化和员工的价值观一致是一个重要问题。首先要对员工有足够的尊重,其次要结合员工的理想和愿景制定相应的企业文化内容,员工愿意与企业融为一体。每个企业都有自己的企业文化,只有将企业文化融入了员工思想中,才会使员工愿意为企业付出,真正起到激励作用。

(3)目标考核激励

目标考核激励是指在员工工作初期,制定出对应岗位的考核目标,在达成目标后得到预期的薪酬奖励或职位提升,此奖励机制在短期内会使员工工作热情度高,但激励机制是否有效取决于考核目标制定的合理性;目标考核难度较大时,员工看不到希望,工作积极性偏低难度较小时,员工的潜能不能得到最大的发挥。

(二)对于新时期下企业人力资源创新性激励机制的个人建议

通过以上对目前创新性激励机制的分析研究,个人也对此提出一些看法,并提供相应的建议。

1.激励体制要以公平合理为基础,符合企业经营管理的要求

激励体制首先要建立在相对公平的基础上,对于大多数企业员工来说这个平台是以公平为基础的,希望通过公开透明激励制度的考核,获得通过自己努力后得到的相应激励。这样的激励体制会在员工内部逐渐进行正能量的传递,提高工作积极性,发挥工作热情,将个人人生价值与企业绑在一起,呈现正向激励结果。

2.建立多重性激励机制

在当今千变万化的信息时代,企业面对的市场千变万化,内部员工更是多层次的结构呈现("70后""80后""90后"),需要企业建立多重的奖励机制(复合性激励机制)。针对企业内部情况,通过几种激励机制相结合地对员工进行认可和激励,通过努力工作达到预期目标,享受到对应的激励奖励,共同将企业做大做强。

3.激励机制要客观

企业人力资源激励机制的建立要在企业的经济基础上开展,也要在国家的政策支持范围内进行,这是激励机制建立的客观存在条件。

企业的人力资源激励机制只有在变化中不断地健全、完善和创新,才能发挥出作用,使优秀员工愿意在工作中尽心尽力,与企业目标一致,不断向前,使企业在市场竞争中持续前行。

第四节 现代企业管理组织中财务管理创新研究

财务管理是对企业资金、成本、费用、利润及其分配等财务收支活动实行管理和监督的总称,是企业管理的重要组成部分。在现代企业管理中,财务管理是最直接、最有效地影响企业获得最佳经济效益的管理环节,其领域在不断地拓宽,部门的设置已位居各管理机构之首,维持良好的财务状况,实现收益性与流动性统一,成为现代企业管理决策的标准。同时,财务形象已成为企业的主要形象,企业的运营目标已主要反映为财务目标。

一、我国企业财务管理存在的问题

目前我国企业财务管理存在诸多弊端,不适应企业健康发展的要求。具体表现在组织机构不合理、资金管理不完善等方面。

(一)资金管理不完善,资金筹措渠道单一

企业依靠银行的贷款得以发展,尚未形成适应新的形势的融资方式,缺乏

资金,阻碍的企业扩大发展的步伐。资金投向不合理。目前企业缺乏较完善的投资管理体制,不重视投资的战略性规划和科学管理,企业存在严重的乱投资问题,无法实现规模效益;资金运用低效。一是企业内部严格划分势力范围,较难实现资金的集中管理、统一调配,难以发挥大资金的作用;二是企业内部聚集大量沉淀资金,没有有效地运用资金,未能充分发挥大资金增值效应;三是企业没有很好发挥对资金的灵活调配作用,如有些部门出现大量资金闲置与此同时有些部门出现资金严重短缺。

(二)成本管理体制缺乏有效约束机制,成本居高不下

成本管理是企业财务管理的重要组成部分,中国的企业在成本管理制度上还不健全,主要表现在以下几个方面:成本核算体系不规范,成本开支范围不统一;不注重成本控制和管理,成本高,在市场中企业的竞争力受到影响,不利于企业的发展。

(三)利益分配机制不规范,利益分配不合理

当前我国企业还没有形成真正的以股份制为主要形式的规范的利益分配机制,企业利益分配不公平、不合理,主要表现在:苦乐不均;搞利己主义;吃大锅饭,搞平均主义;投而无收,搞形式主义。

二、财务管理观念的更新

知识经济时代的到来,客观上要求企业财务人员必须树立新的财务管理观念。

(一)人本化理财观念

人的发展是人类的最终目标,人是发展的主体和动力,也是发展的最终体验者,从而把人类自我发展提到了经济和社会发展的中心地位。据此可以看出,重视人的发展与管理观是现代管理发展的基本趋势,也是知识经济的客观要求。企业的每一项财务活动均是由人发起、操作和管理的,其成效如何也主要取决于人的知识和智慧以及人的努力程度。企业财务管理人员只有树立"以人为本"的思想,将各项财务活动"人格化",建立责权利相结合的财务运行机制,强化对人的激励和约束,才能充分调动人的积极性、主动性和创造性,这是企业顺利而有效开展财务活动、实现财务管理目标的根本保证。

竞争与合作相统一的财务观念。当代市场经济竞争中出现了一个引人注目的现象,这就是原来是竞争对手的企业之间纷纷掀起了合作的浪潮。在知识经济时代,一方面,信息的传播、处理和反馈的速度以及科学技术发展的速度均越来越快,这就必然加剧市场竞争的激烈程度,哪个企业在信息和知识共享上抢先一步，便会获得竞争的优势。而另一方面，信息的网络化、科学技术的综合化和全球经济一体化，又必然要求各企业之间要相互沟通和协作。这就要求企业财务管理人员在财务决策和日常管理中，要不断增强善于抓住机遇，从容应付挑战的能力，在剧烈的市场竞争中趋利避害，扬长避短，同时也要正确处理和协调企业与其他企业之间的财务关系，使各方的经济利益达到和谐统一。

(二)风险理财观念

在现代市场经济中，市场机制的作用，使任何一个市场主体的利益都具有不确定性，客观上存在着蒙受经济损失的机会与可能，即不可避免地要承担一定的风险，而这种风险，在知识经济时代，由于受各种因素影响，将会更加增大。因此，企业财务管理人员必须树立正确的风险观，善于对环境变化带来的不确定性因素进行科学预测，有预见性地采取各种防范措施，使可能遭受的风险损失尽可能降低到最低限度。

(三)信息理财观念

在现代市场经济中，一切经济活动都必须以快、准、全的信息为导向，信息成为市场经济活动的重要媒介。而且，随着知识经济时代的到来，以数字化技术为先导以信息高速公路为主要内容的新信息技术革命，使信息的传播、处理和反馈的速度大大加快，从而使交易决策可在瞬间完成，经济活动空间变小，出现了所谓"媒体空间"和"网上实体"。这就决定了在知识经济时代里，企业财务管理人员必须牢固地树立信息理财观念，从全面、准确、迅速、有效地搜集、分析和利用信息入手，进行财务决策和资金运筹。

(四)知识化理财观念

知识成为最主要的生产要素和最重要的经济增长源泉，是知识经济的主要特征之一。与此相适应，未来的财务管理将更是一种知识化管理，其知识含量将成为决定财务管理是否创新的关键性因素。因此，企业财务管理人员必须牢固树立知识化理财观念。

三、财务管理目标的创新

目前，中外学术界普遍认为，现代企业财务管理的目标是"股东财富最大化"(它比"利润最大化"这一财务管理目标前进了一大步)。然而，这一管理目标是与物质资本占主导地位的工业经济时代是相适应的，在知识经济时代，企业财务管理目标不仅要追求股东利益，而且也要追求其他相关利益主体的利益和社会利益。

知识经济时代的到来，扩展了资本的范围，改变了资本结构。在新的资本结构中,物质资本与知识资本的地位将发生重大变化,即物质资本的地位将相对下降,而知识资本的地位将相对上升。这一重大变化决定了企业在知识经济时代里不再是仅归属于其股东,而是归属其"相关利益主体",如股东、债权人、员工、顾客等。他们都向企业投入了专用性资本,都对企业剩余做出了贡献,因而也都享有企业的剩余。正是在这样的背景下,新制度学派认为,企业的利益是所有参与签约的各方的共同利益,而不仅仅是股东的利益。从美国《公司法》可以看出,要求公司的经营者不能只为公司股东服务,而必须为公司的相关利益主体服务。美国IBM公司把其目标提炼为"为员工利益、为顾客利益、为股东利益三原则"。可以说,这些变化都代表着时代发展的要求,都是知识经济时代带来的影响。[1]

(一)财务目标多元化

财务目标不仅要考虑财务资本所有者的资本增值最大化、债权者的偿债能力最大化、政府的社会经济贡献最大化、社会公众的社会经济责任和绩效最大化,更要考虑人力资本所有者(经营者与员工)的薪金收入最大化和参与企业税后利润分配的财务要求。

(二)财务责任社会化

从利益相关者的角度出发,企业既要考虑资本投入者的财务要求,又要兼顾企业履行社会责任的财务要求。因为知识资源与物质资源的一个明显差别是知识具有共享性和可转移性,它使得企业与社会的联系更加广泛而深入,而企业对知识的要求和应用将又取决于社会对知识的形成和发展所做出的贡献。因而企业必须履行社会责任,这样既有助于企业实现其经营目标,也有助于其在社会大众中树立良好的形象,更有助于其自身和社会的发展。

企业履行社会责任,如维护社会公众利益、保护生态平衡、防止公害污染、支持社区事业发展等,既有助于实现其经营目标,也有利于在社会大众中树立其良好的形象。知识经济时代不同于工业经济时代,知识资源与物质资源之间的一个明显差别是知识具有可享性和可转移性,它使得企业的社会联系更加广泛而深入,企业对知识的要求和应用将更加取决于社会对知识形成和发展所做的贡献,从而也就要求企业更加重视其社会责任。这就表明,在知识经济时代,企业的社会目标在企业目标结构中的地位必将提高。

四、财务管理内容的创新

在工业经济时代,企业财务管理的对象主要以物质运动为基础的物质资本

---

[1] 王皓.知识逻辑下的企业组织设计与优化[M].北京:中国经济出版社,2018.

运动,其内容主要包括物质资本的筹集、投入、收回与分配,以及实物资产的日常管理等。而在知识经济时代,知识资本将在企业资本结构中占据主导地位,因而它将成为企业财务管理的主要对象,与此相适应,企业财务管理的内容也必将发生较大的变化。

(一)融资管理的创新

企业融资决策的重点是低成本、低风险筹措各种形式的金融资本。知识经济的发展要求企业推进融资管理创新,把融资重点由金融资本转向知识资本,这是由以下趋势决定的:知识资本逐渐取代传统金融资本成为知识经济中企业发展的核心资本,西方股份选择权制度的出现使科技人员和管理人员的知识资本量化为企业产权已成为现实;金融信息高速公路和金融工程的运用,加快了知识资产证券化的步伐,为企业融通知识资本提供具体可操作的工具;企业边界的扩大,拓宽了融通知识资本的空间。无形资产将成为企业投资决策的重点。在新的资产结构中,以知识为基础的专利权、商标权、商誉、计算机软件、人才素质、产品创新等无形资产所占比重将会大大提高。

(二)投资管理的创新

加入WTO后,国内市场国际化和国际市场国内化都在不断发展,企业投资不能只是面对国内市场,还必须面向国际市场。而国际市场上的外汇风险、利率风险、通货膨胀风险以及东道国政治风险和法律政策变动风险等,都会对企业财务管理产生一定的影响。这就要求企业必须进行周密慎重的可行性研究,运用定量和定性的分析方法,计算决策指标,同时聘请有关专家担任顾问,减少投资的盲目性和风险性,注意所面临的各种风险的防范与控制。

风险管理将成为企业财务管理的一项重要内容。在知识经济时代,由于受下列等因素的影响,将使企业面临更大的风险:第一,信息传播、处理和反馈的速度将会大大加快。如果一个企业的内部和外部对信息的披露不充分、不及时或者企业的管理当局对来源于企业内部和外部的各种信息不能及时而有效地加以选择和利用,均会进一步加大企业的决策风险。第二,知识积累、更新的速度将会大大加快。如果一个企业及其职工不能随着社会知识水平及其结构的变化相应地调整其知识结构,就会处于被动地位,就不能适应环境的发展变化,从而会进一步加大企业的风险。第三,产品的寿命周期将会不断缩短。像电子、计算机等高科技产业,其产品的寿命更短,这不仅会加大存货风险,而且也会加大产品设计、开发风险。第四,"媒体空间"的无限扩展性以及"网上银行"的兴起和"电子货币"的出现,使得国际间的资本流通加快,资本决策可在瞬间完成,使得货币的形态发生质的变化,这些均有可能进一步加剧货币风险。第五,无形资产投入速度快,变化大,它不像传统投资那样能清楚地划分出期限与阶段,从而使得投资的风险进一步加大。所以,企业如何在追求不断创新发展与有效防范、抵御各种风险及危机中取得成功,便是财务管理需要不断研究解决的一个重要问题。

(三)财务分析内容的创新

财务分析是评价企业过去的经营业绩、诊断企业现在财务状况、预测企业未来发展趋势的有效手段。随着企业知识资本的增加,企业经营业绩、财务状况和发展趋势越来越受制于知识资本的作用,对知识资本的分析也因此构成财务分析的重要内容:评估知识资本价值,定期编制知识资本报告,披露企业在技术创新、人力资本、顾客忠诚等方面的变化和投资收益,使信息需要者了解企业核心竞争力的发展情况。设立知识资本考核指标体系包括创新指标、效率指标、市价指标、稳定指标、知识资本与物质资本匹配指标和综合指标。

(四)财务成果分配方式的创新

财富分配是由经济增长中各要素的贡献大小决定的。随着知识资本成为经济增长的主要来源,知识资产逐渐转变为财富分配的轴心,财务分配方式的创新需要:①确立知识资本在企业财务成果分配中的地位,使知识职员及利用知识的能力在总体上分享更多的企业财富;②改革以工作量为基础的业绩评估系统,如利用(经济价值树)技术来界定职工、小组所创造的价值;③建立因人付薪、以个人所创造价值的合理比例为基础的分配机制,如股票期权、知识付酬、职工持股、职业投资信托等。

五、财务管理手段的创新

经济全球化,使企业跨地域、跨国家的生产经营活动日益频繁,传统的理财手段不能满足企业财务管理的新要求。所以,运用网络财务管理系统,实现财务信息快速传递和处理已十分必要。网络财务是基于网络技术的发展,为企业提供网络环境下的财务管理模式和财会工作方式,而使企业实现管理信息化的财务系统。网络财务可以实现以下功能:财务与业务的协同化;财务信息无纸化;资金收付电子化;工作方式网络化;数据、报表在线处理,远程传递等。

六、财务报告模式的创新

随着知识经济时代的到来,各方面对会计信息的需求发生了质的变化。信息的使用者不但要了解企业过去的财务信息,更需了解企业未来的以及非财务方面的信息。尤其是对知识和技术给企业创造的未来收益更为关注。为适应知识经济条件下,信息使用者对信息的新需求,传统财务报告模式应进行相应调整。

(一)增设无形资产等重要项目的报表

无形资产是今后财务报告披露的重点,它包括各类无形资产的数量与成本、科技含量、预期收益及使用年限等内容。另外,还需增加非财务信息,包括企业经营业绩及其前瞻性与背景方面的信息。这些项目所提供的信息,均是信息使用者判断企业未来收益多少与承担风险大小的重要依据。

(二)增设人力资源信息表

通过编制人力资源信息表,披露企业人力资源的结构、年龄层次、文化程度、技术创新能力、人力资源的投资、人力资源收益、成本、费用等方面的信息。

(三)披露企业承担社会责任方面的信息

企业要步入可持续发展的轨道,必须承担相应社会责任。在消耗资源、创造财富的同时,保护好环境,把近期利益与长远利益有机结合起来。通过披露企业有关资源消耗、土地利用及环境污染等方面的信息,了解该企业应为其行为负多大的社会责任,让信息使用者更正确地认识企业。

第九章 经济管理体系下的企业文化创新

第一节 企业文化对于企业管理的作用

一、企业文化对于企业管理的重要性

(一)企业文化存在于企业中的意义

企业文化是企业在长期的经营和生产活动中凝聚的,因此,企业文化象征着一个企业的灵魂,在企业进行生产的过程中,企业将会不断受到市场和自身决策的影响,企业文化也可以反映出一个企业内部员工之间是如何相处的,以及员工关系如何,是企业对外界交流的展示,优秀的企业文化对企业的发展会产生非常有效的促进作用,企业员工在长年累月的工作中,会不断受到企业文化的影响后,取得个人思想上的进步,提高对企业文化的理解,最终形成整个企业上下一心的工作氛围,使企业能够取得更大的发展,创造出更大的价值是这些企业能够在生产经营活动中获得的成果。在这种企业文化对外界的展示中,社会上的人才也会被一个拥有好的企业文化的企业吸引,这也就导致了源源不断的人才在企业发展的过程中被企业得到,使企业在发展时更加具有潜力。同时,一个拥有朝气蓬勃、有生命力的企业文化的企业,相较于其他企业有着更强的生命力,这也反映了一个好的企业文化的重要性。[1]

企业管理的方法依托于企业文化,企业管理是非常重要的,尤其是和企业文化之间的关系更是密不可分,企业才能针对企业员工进行更好的管理,需要拥有好的企业文化。企业文化对于企业员工会进行长期的、潜移默化的影响,员工在这种长期的影响中,自身的能力会得到提升,同时对于公司的观念也会逐渐改变,对于企业的归属感会不断提高,这也就造成了企业员工在企业文化的影响下,对于企业的管理会更加配合。企业针对自身不合理的、需要调整的地方进行改善被称作企业管理,那么在改善的过程中,主要进行这些行为的主

---

[1]潘健平.中国传统文化与企业创新[M].厦门:厦门大学出版社,2020.

体是企业的员工，如果没有企业文化对员工进行影响，那么企业管理在进行时就会遇到一些阻力和困难，因为一些员工对企业有着不服气的想法，这是没有企业文化可能会导致的，不利于企业的长远发展。企业对自身进行的管理也能够发展出优秀的企业文化，企业文化就是在企业不断的对自身进行发展的过程中诞生的。同时，不良的企业文化也会对企业管理起到反作用，员工出现懒惰、不热心工作等现象在不良文化对企业员工的影响下产生的，降低了企业的效率，因此企业要针对自身的不良文化进行改变，要通过优秀的文化来影响员工，这样才能发挥企业文化的积极作用，推动企业发展。

（二）在企业管理中，文化是企业战略定位的方针

在企业的管理中，领导阶层不能站在高处空口无凭的下达命令，应重视企业员工的主体地位，将企业员工作为应主要改变的对象。领导层在管理企业的过程中，应制定合理的战略方案，重视员工对企业归属感的培养，让企业对企业员工来说有一种家的感觉，使企业员工愿意为企业发展而奋斗，对于企业的发展应拥有一荣俱荣一损俱损的荣誉观。员工真正成为企业发展的核心动力，需要企业应树立起这样的企业文化。员工的活力需要企业管理者去想办法激发，员工有工作热情才能让企业具有自己的凝聚力，最终在市场竞争中不断向前发展。

在企业的管理中，应注重企业的权威性，确保每个企业决策能够得到具体有效的实施，不能够朝令夕改。企业应重视培养员工对企业利益的保护，使员工重视自身企业的发展。企业应在内部设立明确具体的规则，并通过强制力使员工进行适应，在运用企业文化的影响使企业员工在之后遵守规则的过程中发自内心的尊重规则、守护规则，并培养出企业员工对于企业的自豪感，使其发自内心的完成企业规定的任务，快乐的进行工作，并向着企业指定的目标不断前进。企业要对员工的行为做出合理的引导，是员工在工作中也能得到巨大的成就感和归属感，使员工不只是为了获得报酬而工作，而是为了企业能够取得更好的发展而工作。

企业在管理过程中发展的企业文化，应作为企业名片而存在，对社会各界都产生一定的影响，使社会中人们一提起某个企业就能够想起这个企业所具有的特点。同时，企业文化还能对企业所生产的产品起到附加价值，例如人们提高小米的产品就会想到性价比高，而苹果的产品则代表着高端。因此发展企业文化能够培养出一批忠实的用户群体，使企业拥有稳定的收入来源，保障企业能够稳定的存在于社会中。优秀的企业文化还能够对当地的社会环境起到影响作用，在企业的所在地，企业文化会使周围社会环境向着本企业的优秀文化进行靠拢，最终使当地的社会环境氛围与企业相结合。而企业在树立企业文化时,也要考虑周围人文社会环境,与当地的人文环境相结合,这样才能创造出优秀的、正确的企业文化。

(三)重要作用

企业管理的战略定位直接影响到企业文化,由此可见,不同的企业内部具有不同的企业文化。在各个企业中,独特的企业文化对于该企业的工作员工的工作方式、解决问题的措施以及价值观的形成都会产生直接影响。因此,企业文化对于企业管理具有重要作用,它在为企业管理提供改革动力、增强该企业的凝聚力以及促进企业创新发展等方面都具有积极的作用。

企业文化具有较强的凝聚力,能够使该企业的力量凝聚起来,减少企业矛盾的出现,使整个企业更加和谐团结。企业文化是企业生命力的动力源泉,良好的企业文化能够提高企业内部的凝聚力。首先,企业文化凭借着强大的融合力和独特的统一协调作用,使工作员工能够充分信赖该企业的经营理念,以该企业所拥有的企业文化为出发点,确立正确的人生奋斗目标,优先考虑企业的根本利益,从而全心全意地为企业服务,促进企业的全面发展。其次,当企业文化突出企业凝聚力时,能够使工作员工将企业的发展目标与自我的奋斗目标互相融合,从而明确企业的发展方向,推动企业的发展进程。

二、企业文化创新对于企业管理创新的影响

第一,企业文化创新是企业经营管理创新的基础与先导。

企业的经营管理模式的创新需要借助特殊的管理理念和管理方法表现出来,企业经营管理理念还要和企业文化之间维持统一性。由此可见,企业文化和企业经营管理理念之间的关联性是密切的。对现代企业进行管理的宗旨在于促使企业职员构建一致的价值观念,在全体职员协同努力不懈奋斗下,构建和谐向上的企业内容生产环境,为企业赢得最大的经济效益。而这类共性价值观的产生则是以优质的企业文化创新为重要基础,现代企业可以借助文化的力量汇聚职工力量,最终提升现代企业的凝聚力与竞争力。

在对企业文化概念与特征深度解析的基础上发现,企业文化创新可以协助现代企业在竞争激烈的市场环境中找准位置,解析企业当下所面临的处境与机会,在此基础上编制满足现代企业发展需求的战略计划。当然,企业在创新管理手段与模式的基础上应以现代企业发展实况为基点,对国际上具有前瞻性的管理经验与管理模式进行参考,始终以企业发展现状为基点,强化企业管理的规范性。故此,从某种角度上分析,企业文化创新为企业管理创新工作指引了方向。

第二,企业文化创新有助于强化企业管理创新能力。

企业的管理创新能力的产出需要有形的、经济的、优质的物质基础的辅助,例如足够的资金、高端的设备等。伴随企业经济的发展,企业管理机制与模式就会应时而生。故此,现代企业就应该以无形的文化精神为助力。此外,企业管理创新能力的优化与提升也需有企业文化创新力量的推动,只有这样现代企业的发展才能够紧随社会发展脚步不断前行。企业文化影响着企业生产力发展情况与软实力强弱,还是强化现代企业业务能力以及提升企业整体实力的内驱动力。

第三,企业文化创新对企业战略管理的影响。

企业战略管理需要有特定的管理思想进行引导,所编制的战略思想可以借助企业文化呈现出来。故此,企业文化创新对企业战略管理模式产生的影响是极为显著的。首先,企业战略管理可以把企业文化看作一类特殊化的手段,其作用是管控与制约企业管理策略实施的进程,为现代企业战略目标的实现奠定基础。同时,企业战略管理的改革和企业文化之间存在密切关系。故此,现代企业在编制战略管理变革措施的进程中,需一并对企业文化进行革新,否则,传统的企业文化将会对目前企业战略措施实施起到制约作用。比如,企业战略管理措施和企业的规范体制之间存在矛盾,或者和现代企业价值观念背道而驰等。正因如此,为了确保企业战略管理措施编制与实施的有效性,强化两者之间的协调性是基础,相互借鉴、相互促进,探寻一个最佳的平衡点,使现代企业在发展中富有生机与活力以及理性,借助企业文化创新的方式提升企业战略管理创新高度。

第四,企业的文化创新能促进企业的管理模式创新。

从传统意义的角度分析,现代企业通常会借助优化薪资待遇水平的方式去吸纳优质人才。但是在现代企业文化创新发展的进程中,"以人为本"的文化思想是一类更加柔性与人性的管理方法衍生出来。这和传统意义上较为死板的管理模式相比较,更易获得职员的肯定,这样职工更情愿遵照企业现有的规章体制。

第二节 企业文化与企业核心竞争力

一、企业文化与核心竞争力的关系

作为一种新的管理理念企业文化越来越显示出对企业发展的巨大作用,而具备核心竞争力则是现代企业应对激烈市场竞争的基本保障。企业核心竞争力的培育取决于多种因素,但优良的企业文化对于培育企业核心竞争力有着特定的价值。

企业文化是指企业在建设和发展中所形成的物质文明和精神文明的总和,是企业全体员工在长期的生产经营活动中培育形成并共同遵循的最高目标、价值标准、基本信念及行为规范。企业文化大致可分为三个层次,即物质层、制度层和精神层。其中,物质层是企业文化的表层部分,是形成制度层和精神层的基础。制度层是企业文化的中间层,主要是指对企业员工和企业组织行为产生规范性、约束性影响的部分,它集中体现了企业文化的物质层及精神层对员工和企业行为的要求。精神层是指企业的领导和员工共同信守的基本信念、价值标准、职业道德及精神风貌,它是企业文化的核心和灵魂,是形成企业文化物质层和精神层的重要基础。[1]

核心竞争力是指企业在研究开发、设计、制造、营销、服务等一两个环节上具备明显优势并且不易被竞争对手模仿的能够满足客户价值需要的独特能力。首先,它具有扩散性。企业的核心竞争力应该能够为企业带来多方面的竞争优势。其次,还重视用户价值。核心竞争力必须以实现用户看中的价值为最终目标,只有那些能够真正满足用户需求的技能才能称得上是核心竞争力。再次,还具有独特性。如果某种能力为整个行业普遍掌握,就不能成为核心竞争力除非这家企业的竞争能力水平远远高出其他企业。企业若想保持核心竞争力的领先优势和持久性,就必须以动态的观点看待核心竞争力,随时对自身的能力与竞争对手进行评价和比较,要持续不断地进行创新、发展和培育,以维护或扩大核心竞争力与竞争对手之间的领先距离,以保持持久的核心竞争力。

结合中外企业的实际情况,可以把企业文化与核心竞争力的关系大致归纳为以下四种情形:

第一,企业文化与核心竞争力没有什么关系。这在企业界虽不是常态,但也并非个别,尤其在一些刚成立不久的中小企业里比较多一些。具体又有三种表现形态:一是该企业没有企业文化而有核心竞争力。这种情况在创业时间不长的企业里比较常见。由于成立时间短,企业往往并没有形成自己的企业文化,但在创业时可能带有某种关键能力从而形成核心竞争力。二是该企业有企业文化但与核心竞争力没什么关系。核心竞争力除了企业自身长期积累形成以外,也可能有其他一些来源,比如说并购来的或划拨来的,它往往与该企业的文化没有什么直接的关系。三是现阶段的核心竞争力与企业文化没什么关系。

---

[1] 赵青.传承与创新 企业文化建设路径研究[M].北京:科学技术文献出版社,2018.

有些企业认为核心竞争力来自技术,但是任何先进的技术都会过时,技术创新能力才是这些企业面向未来的真正的核心竞争力。而一个企业的创新能力显然与该企业的文化有很密切的关系。

第二,企业文化只是核心竞争力的一个组成部分,而不是主要内容。企业文化到底能不能成为一个企业核心竞争力的主要内容,取决于很多因素。不仅有大的社会环境、市场条件和行业状况,还牵涉到各个企业具体的实际情况,包括企业已经形成的文化。因此,企业文化作为核心竞争力的一个组成部分发挥着积极的作用。

第三,企业文化作为辅助力量推动核心竞争力的形成。对一些企业来说,企业文化并不是它们的核心竞争力,但却为推动企业核心竞争力的形成和提升发挥重要作用。这种情况相当普遍,对企业来说,关键是要找到企业文化发挥作用的机制。企业文化有三个作用点,即怎么说、怎么做和怎么想。现实中很多企业的文化建设是在做最表层的一块,即"怎么说"。有些企业将自己说得天花乱坠,不落到实处,无助于企业核心竞争力的形成;还有一部分企业在做中间一块,即"怎么做"。一些企业花了很大的精力去制订制度,规范员工的行为模式,但是往往费力不讨好,得不到员工的认可,企业文化也落不到实处。其实,企业文化要想与培育核心竞争力联系起来,最根本的还应该是解决"怎么想"的问题,这个问题解决好了,其他方面的问题便可迎刃而解。

第四,企业文化对形成核心竞争力的能动作用。企业都希望自己的文化建设能对企业的发展起到正面的促进作用,但由于一些企业文化本身发展的客观性以及企业实际文化建设的不到位,导致企业文化的发展可能和我们的主观愿望背道而驰,因而也就出现了企业文化对培育和提升核心竞争力起反作用的情况。

二、创新企业文化提升企业核心竞争力的方法

企业文化之于企业核心竞争力起着重要的作用,从企业文化与核心竞争力的关系可以得知,提升企业的核心竞争力,培养企业的竞争优势,从文化入手,不失为明智之举。

(一)提炼优秀的核心价值观

核心价值观是被全体员工所共同认同的基本价值判断,它影响着员工对知识的获取,直接决定着员工的行为方式,提升企业文化,必须以企业核心价值观的提升为本。提炼企业的核心价值观需要做到以下几点:首先,企业价值观,不能用生硬的概念和术语来表达,应该能够为所有员工认识并具有想象的空间,由领导表达为一幅生动具体的蓝图,将员工团结在为企业愿景奋斗的历程中;其次,价值观要正确反映企业长远目标;再次,为了使建立的共享价值观,被员工接受和认同就会变得容易而顺畅,企业领导者应当发动和鼓励管理层和所有员工共同参与讨论并提炼企业价值观,只有这样做,员工才能够深刻体会、认同并内化企业价值观。

(二)要注重人才的培养和积累

企业文化是"以人为本"的文化,企业文化着力于以文化因素去挖掘企业的潜力,尊重和重视人的因素在企业发展中的作用。因此在企业文化建设中应强化"以人为本"的意识,使企业成为全体员工都具有使命感和责任感的共同体。一是要形成"以人为本"的氛围。充分释放员工对事业追求和个人价值实现的能量,增强企业对人才的吸引力,增强人才对企业的归属感;二是强化惟才是举的导向。用好一个人才等于树立一面旗帜,在人才的选拔和使用上,应当做到知人善任,不拘一格,惟才是举;三是构建人才成长的平台。企业应当形成一个使"想干事的人有机会、能干事的人有舞台、干成事的人有地位"的氛围,切实解放思想,拓宽思路,创造条件,为人才成长构建发展的平台。

(三)建设学习型的团队

建设学习型的团队,是转变经济发展方式的必然要求,也是提升企业管理水平、建立现代企业制度、提高企业综合竞争力的必然选择。一是在学习理念上要高度重视,只有通过不断学习,才可能在经营上、精神上、形象上有新的表现、新的进步;二是在学习机制上要提供保障;三是在学习氛围上要着力营造,才能真正地爱惜人才、保护人才、为人才充分发挥才能创造好的条件;四是在学习型企业的建设途径上要积极探索,不断创新形式载体,开展创建活动,使学习型企业建设体现时代特点、贴近企业实际、富有成效。

(四)加强技术创新

这是打造企业核心竞争力的关键。现代企业制度体现的是企业资源配置的高效性,而这种高效率能否充分发挥,主要依靠核心技术和技术创新。一个企业要形成和提高自己的核心竞争力,必须有自己的核心技术,可以说核心技术是核心竞争力的核心。国有企业在打造核心竞争力的过程中,必须清楚地了解自己的核心技术是什么。如不十分清楚或把握不准,可以对现有技术进行分解和整合,也就是对核心产品进行技术分解、归类和整合,弄清哪些是一般技术、哪些是通用技术、哪些是专有技术、哪些是关键技术。然后集中人力、物力、财力对专有技术和关键技术进行研究、攻关、开发、改造,并进一步提高和巩固,以形成自有知识产权的核心技术。

（五）不断创新，与时俱进

要想持续不断地发展企业的核心竞争力必须创新，核心竞争力是一个动态的演变与发展的过程，创新已经成为提升核心竞争力的关键所在，在企业创新中，企业文化主要发挥着以下两个方面的作用：首先是防止伴随企业的成长而形成的企业文化上的惰性，这种文化惰性使企业不能适应急剧变化的环境，创新动力不足；其次是积极塑造企业文化，引发创新潮流，推进持续的创新过程。

总之，优秀的企业文化可以赋予企业以生命与活力，为企业提供不竭精神源泉和价值动力，引导企业的发展方向，并为企业的发展和创新提供有力的保障。加强企业文化建设，是提升企业的核心竞争力的有效途径。企业文化对核心竞争力的积极作用，企业要想获得核心竞争力，只有加强企业文化建设才是最有效的途径。在明确企业文化与核心竞争力关系的基础上，以培育和发展核心竞争力为导向的企业文化理念。

第三节 多维视角下的企业文化创新策略

一、数字经济下企业管理文化创新

（一）数字经济环境下企业管理文化的新特点

数字经济深刻影响了经济社会的发展，重塑了企业经营模式，推动了企业管理文化的演变。"与农业经济、工业经济相比，数字经济在资源配置、渗透融合、协同等方面的能力空前提升，促进了全要素生产率的提升。"数字经济环境下企业信息流动模式由单向传递向网状传播转变；企业价值创造由有形产品向无形数据创造转变，企业经营理念由稳定获取利润向持续赢得竞争转变。企业管理文化必须适应这些新变化，促进信息高效流动、充分发挥员工价值、增强市场应变能力，提升企业整体竞争力。[1]

第一，经营决策去企业化，单目标管理转向多目标管理。

信息爆炸带来的数据、技术以及人力资源流通，大幅降低了企业间技术壁垒以及信息不对称，数字化设计、生产及营销技术得到广泛应用，企业推出新产品与服务的速度越来越快，乃至"跨界竞争"的情况也屡见不鲜。企业竞争态势取决于其所拥有数据量级的多寡、计算能力的快慢数据价值挖掘能力的强弱。

---

[1]程博.信任文化、激励机制与企业创新[M].北京：经济科学出版社，2020.

单一企业要想获取竞争优势难度日益加大,为此越来越多的企业运用合作策略,实现能力互补,构筑生态圈,从而提升企业市场规模,增强消费者服务能力,这使得企业间竞争发展为生态圈与生态圈间的竞争,"形成了基于规模经济、范围经济和网络经济相结合的跨界竞争。"

打造生态圈,是企业营销决策思路的转变。数据赋能带动了其他产业数字化能力的提升,甚至出现了新的行业。面对这些新市场、新机会,企业经营决策需要摸着石头过河,不确定性和风险更大。为了降低决策风险,避免孤军深入,联合其他企业抱团试水成为许多企业战略决策的首选方案。如新能源汽车行业作为数字经济时代典型的资金、技术密集型行业代表,通过合作经营、联合开发模式,以实现能力互补、缓解资金压力、降低试错成本及企业经营风险,成为越来越多入局企业的决策选择。

第二,组织形态扁平化、动态化,纵向管理转向横向管理。

企业在数字经济时代面临的市场竞争环境日益复杂和多变,市场机遇及竞争变化要快速应对,用户多变的需求要得到快速响应,加之信息技术的发展,使得纵向等级式信息传递方式逐渐被网络式信息传播所替代,以产品或项目为中心的矩阵式组织结构在传统制造业、IT及互联网行业中开始流行。"组织结构扁平化,旨在让员工打破原有的部门界限,绕过原来的中间管理层次,从而以群体和协作优势赢得市场主导地位。"

第三,个性化与共性化并存的激励模式,刚性管理转向柔性管理。

数字经济时代,传统企业薪酬管理模式不能适应市场变化,员工激励体系面临巨大挑战。一方面,人力资本与企业之间契约关系稳定性减弱,员工流动性增强。数字化技术解构了传统企业商业模式及前期积累优势,无需设备,甚至无需固定资本投入,将思想技术、资金有机结合,就有开发新产品、实现个人价值的可能性。另一方面,企业对于人力资本定价权掌控力减弱。数字经济使得"更多的人所从事的活动不再是对自然物的加工和处理,而是对人工物(如数据、信息、知识)的加工和处理。"而数据作为新的生产要素,掌握技术的人力资源能够掌握、使用数据,发挥其生产要素价值。员工,特别是掌握核心技术的员工获得技能溢价,在人力资源市场上具备一定议价权,甚至具有与企业博弈的话语权。为了稳定人力资源,激发人力资源活力,各大企业重构薪酬体系,广泛实施了全面薪酬战略。

全面薪酬战略是指根据组织的经营战略和组织文化制定的全方位薪酬战略,着眼于可能影响企业绩效的薪酬的方方面面,最大限度地发挥薪酬对于组织战略的支持功效。全面薪酬包括外在薪酬和内在薪酬两部分。其中外在薪酬主要指工资、奖金、股票、补贴等货币报酬,内在薪酬主要指各种难以以货币量化的奖励或福利,如最新款电脑通勤班车、自由宽松的工作环境及人际关系、弹性工作时间等。

在外在薪酬激励方面,凸显价值导向,个性化劳动回报,"同工不同酬"。薪酬激励不再以职级、工时或员工履职年限来分层设计,而是充分尊重个体劳动者智力劳动贡献的差异,对于价值贡献大的员工,给予高额的奖金、股票等物质回报,让员工感知企业对员工劳动价值的尊重和个人价值的认可;而对价值贡献小或者无贡献的员工,则少给奖励甚至不给奖励。在内在激励方面,则突出普惠和平等,管理层与员工共享开放办公空间,营造平等沟通的工作氛围等,以体现企业以人为本的企业管理文化理念。这有助于打破工作中的等级观念,使员工感受到尊重、平等及认同,提升员工对企业的认同感和归属感。

值得注意的是,企业激励制度中出现了一个新的特点:及时肯定与延时满足并存。许多科技企业中存在着员工持股计划。对于劳动价值贡献大的员工,给予股权或期权激励。在授予股权时实时告知,但变现或行权则多分布在后续数年间分期获取。这种激励方案,一方面给予员工明确的个人收入预期,体现了劳动回报的及时性,增强员工的忠诚度和归属感;另一方面通过延时满足,增强劳动者与企业契约关系的稳定性。

(二)新形势下企业管理文化创新的策略

1.培养数据驱动的工作模式

首先要在企业中形成尊重数据、相信数据的氛围,建立数字驱动的企业文化。在产品设计开发、生产过程质量控制、市场营销策划、战略决策制定等企业经营的各个环节中充分发挥数据的价值,"让数据说话",降低并减少"我认为"的决策理念,转为"从数据来看"的思维模式,形成重视数据、了解数据、使用数据的良好氛围,提升企业数字应用能力,形成数据驱动业务的新模式。

在数据驱动业务的模式中,不同于劳动、资本等有形资源,数据作为新的无形的生产要素,首先要从组织层面深化数据思维,培养数据敏感度,才能有助于组织、员工更好地发现数据、认识数据,捕捉数据价值,推动产品和技术创新。刘意的研究发现企业通过数据驱动业务需要经历从数据冲突识别与解决,到数据规则接受及增强两个阶段。要促使组织成员增强数据意识,通过大数据来提升规划绩效。因此,针对企业在生产经营中不断产生的数据信息,要注重收集和利用,挖掘出潜在价值。在复杂的市场环境中,通过分析数据资源可以促进企业明确自身发展方向,制定科学合理的计划。对数据进行深层次分析,和企业自身发展联系起来,对管理方式作出适当调整,以保证适应企业发展,创造出巨大经济效益。

2.打造模块化协作型组织

传统的企业组织模式基于流程分工来获得生产效率。数字经济时代,消费者需求快速多变、灵活个性化。数字技术的大规模应用,使得企业与用户之间、企业内跨部门以及部门内部之间数据信息流动、知识共享更加快速,企业效率大幅度提升,这就需要更加注重通过协作来提升,并探索更多用户触点以满足消费者需求。因此,在企业内部可以通过实施组织模块化、小型化、扁平化,充分运用数字技术,实现各部门间人、财、物充分的信息交流和数据联系来强化协同效果。而对外部企业,通过能力开放或共享,探索建立协同创新的平台型组织模式,或积极发挥自身优势参与平台型组织,从而不断扩宽企业能力边界,将基于串联分工的价值链模式升级为多组织协同并联的价值链模式。

具体而盲,针对大中型企业,在协同型组织建设初期,可以通过整合提炼各个产品线共同使用的功能或能力进行模块化,以通用产品或服务来支持公司内部各业务发展。在模块化产品或服务打磨成熟后,再探索对外开放服务能力,探索团队合作,降低交易成本,实现协同共赢。对于小微企业而言,本身产品、组织较为灵活,可以在外部合作方面加大探索力度。对于财务人力资源管理等相对标准化的企业功能模块,可以通过外部专业公司等模式来加以满足。对于某些非核心的项目环节或工作内容,可以考虑通过互联网众包的方式来实现。而对于企业核心产品或服务能力,需要加强与其他企业的联系与合作,积极主动参与契合公司特点的平台型组织,增强企业市场竞争力。

二、网络信息时代企业文化创新

在信息网络时代市场经济条件下,随着我国经济和社会的不断发展,如何创新和塑造企业文化,将备受关注。企业的生存与发展越来越表现为企业文化方面创新与发展,企业文化对企业生存和发展的作用越来越显得尤为重要,已成为企业市场竞争力的基石和决定企业兴衰的关键之所在。在经济全球化和信息网络化的条件下,对企业文化的创新研究,要以一种全面、动态、历史和全球化的战略眼光,积极营造以人为本、创新为本的企业文化,为企业经营战略发展与科学管理提供强有力、长效的战略竞争发展平台。当前,企业文化又是企业管理中最模糊的地方,也是最具挑战性的环节。企业文化创新与发展,赋予现代企业管理一种全新的战略意义。

第一,在当今信息网络高度发达的,经济全球化时代,要加强对现代企业文化的创新研究。从企业文化现象的发现到企业文化研究的发展来看,应该注重理论研究与应用研究相结合、定性研究与定量研究相结合的思路与方法。使企业文化创新研究的新成果,直接指导企业建设与发展。当代我国企业文化的研究,主要应侧重于以下方面:①在中华五千年文明背景下,探讨和研究现代企业文化的发展方向,研究现代企业文化与我国传统文化、当代社会文化、世界文化发展的趋势,企业文化与企业创新发展、企业市场竞争力的关系等,建立适合我们积极倡导的社会主义核心价值观主流社会时代,适合我国基本国情、民情、社情的现代信息网络时代经济全球化的企业文化创新理论。②在现代信息网络时代加强企业文化的创新研究,提高企业的市场竞争力,应从以下方面进行系统化评估。首先企业凝聚力方面,企业文化是企业的创新发展的桥梁,把职工与企业紧紧联系在一起,使企业的利益和广大员工的利益统一起来,在此基础上,企业就能够形成强大的市场竞争力;其次是企业文化创新导向:导向包括价值导向和行为导向;再次是激励和约束机制,企业文化创新与发展能够起到精神激励的作用,能够将职工的积极性、主动性和创造性调动与激发起来,将人们的潜在智慧诱发出来,提高企业员工的责任感和使命感。③加强企业文化的创新研究,企业文化创新与发展,要随着经济社会发展的核心价值观及时探讨研究与之相适的具有自主产权的企业发展文化。时代在发展,企业文化的建设也要随之发展。当今网络社会时代,企业文化的研究和创新更有符合时代的特点,来对企业文化进行研究和创新。要突出时代性质和特征。适应网络时代全球化市场经济发展特点,加快企业文化的创新发展和研究。④在当代网络社会时代,要紧跟时代发展需要,积极培育与社会主义市场经济相适应的企业创新发展文化,在新的历史条件下企业文化建设,倡导人们树立正确的生产生活消费观,并使之成为自觉的意识和行动。要积极培养健康文明的消费习惯、消费模式,与时代的主流社会文化相适应企业文化。

第二,正确处理好企业文化创新发展与现代网络、经济、社会、人文等方面的关系。企业文化,是在现代文明、当代网络信息化和市场经济全球化基础上形成和发展起来的一种管理思想和理念,是社会主义核心价值观组成部分和体现。它在改变着人们的生产生活方式,改变着人们的价值观生活观,在为社会文化的发展注入新的活力。当今网络信息化社会,是网络、信息、知识等现代文化大发展大融合时代,企业经营管理者的文化素养,直接影响着企业文化的创新与发展。企业文化创新发展对企业的生存及市场竞争力是一很好的体现。企业家在长期社会生产生活实践中形成的人生观和世界观,在企业发展和企业管理过程中,形成独特的、相对稳定的行为准则、行为规范,企业文化和企业品味。开放的、鼓励创新的企业文化是企业不断进取、不断创新的源泉和基础,企业创新文化来源于企业家对当今信息网络时代发展方向的把握,来源于企业家受传统文化的影响和对当代社会文化的深刻理解。社会文化对企业文化创新发展产生影响的另一个途径是对信息网络时代经济全球化市场竞争的深刻把握和理解。人们的价值取向,以社会文化的发展变化而变化,影响着人们的生活心理需求。自二十个世纪八十年代改革开放以来,经济全球化,信息网络化的迅速发展,我国城镇居民的生活观念消费理念发生了根本变化,由原来的注重产品的使用价值,转变为在严格对待产品质量的基础上更加关注产品的品牌、售后服务、环保节能和更新换代的前景。产品和服务的个性化,多样化越来越受到人们的青睐。据此,企业在塑造企业文化、确定企业经营策略、新产品的研发上,做出相应的调整,使产品、经营和社会文化之间相互协调。

在此基础上,企业为社会提供的就不仅仅是一种产品,而且还是一种社会文化。企业文化的创新和发展,要与现代网络信息化社会时代市场经济环境相适应。随着我国全面深化改革的推进,市场在资源中配置起着决定性的作用,将使企业更多收益,焕发更多活力。探讨企业文化的创新与发展,尤为显得重要。

第三,注重探讨和发现,现代网络信息化时代社会生产生活中人们的环境意识、生活价值趋向对企业文化的需求与体现。当今信息网络化时代,随着人们的社会人文素质的不断提高,对日益丰富的物质文化生活,不仅仅对数量方面有更高的要求,更加注重质量方面的需求。这些方面对企业生产和发展提出了新挑战,而企业文化的创新和发展是企业社会形象和声誉的良好体现。对企业信普不仅看企业的技术能力、人力资源环境、金融资本环境、市场需求环境等,这些固然是企业发展所依存的客观环境,社会更加关注的是企业的创新文化。企业自身文化对企业长期的经营发展业绩和市场竞争力有着潜在而深刻的影响。在经济发展:全球化、网络化、信息化的今天,这些环境因索在21世纪呈现更加复杂的变化和难以想象的联系。企业要立于不败之地,就要在其发展战略,经营策略和管理模式方面及时做出调整,通过对企业主导价值和经营理念的变革推动企业战略发展、经营策略的转变,形成有自己特色文化的企业竞争力。

现代网络信息化时代,如何进一步探讨创新企业文化,要立足市场经济全球化、网络化、信息化的新特点、新常态,是现代企业塑造自身文化的根本所在。要有网络信息化时代企业文化的创新研究体制和发展思想。使本企业市场经济网络信息时代条件下,充满创新活力,找准企业发展定位,运行科学规范,始终把社会效益企业发展的首位,要紧跟时代发展脉搏,在社会发展新常态下,企业文化和当今我国经济社会核心价值观紧密结合。适合社会消费个性化、多样化时代特点,提升企业社会影响力和市场经济竞争软实力。

打造企业文化是一个长期的过程,既要抓住社会发展新常态下新机遇,探讨研究企业文化创新发展战略定位。企业文化是企业发展的灵魂,没有自主创新文化的企业,在现代网络信息化时代市场经济条件下,是缺乏竞争力的。应大力倡导企业创新发展,追求新常态下管理发展理念,融合现代社会文明和民族优秀传统文化,顺应全社会形成以诚信为核心企业价值取向,不断提高现代企业的文化内涵。

第四节 基于传统文化的企业管理创新

一、传统文化的基本概述

中国传统文化主要由儒家、道家、法家等诸子百家文化组成,包括许多重要的观点思想、精神理念、语言文字等都属于传统文化的范畴。早在远古时期,就开始出现了中国早期的文化身影,并与当时的社会发展存在着密切联系,在人们的生活和工作当中得以充分利用。通过文化当中所蕴含的独特魅力,推动着华夏民族的不断发展进步。

中国传统文化当中蕴涵的管理思想,通过千百年的历史传承与发展,已经彰显出了强大的民族文化生命力。首先是有关儒家的管理思想,主要是强调"以人为本"的思想观点,能够将仁政、爱人的思想运用到现代企业的管理过程当中,从而能够遵循适度、合理的标准原则,真正地处理好企业内部人员之间的相互关系,促进人员之间的互相协作,不断为营造企业良好氛围而努力;其次则是道家的管理思想,在该学派中由老子提出来的"无为而治"思想,能够要求人们在遵循自然的基础之上,获得良好的管理效果。而这对于企业管理来说,就需要管理者能够营造良好的发展环境,通过满足员工的期望与愿景,而使其能够形成充足的归属感,能够激发自身的主观能动性,不断地积极参与到工作当中;最后则是法家的管理思想,主要以韩非子等人为代表,提倡制度在企业管理当中的重要作用。从现阶段企业发展的角度来讲,必须要通过建立相关的管理制度与规范,才能够切实保障企业管理与建设工作的顺利展开,并可以合理调整内部的组织环境,不断形成企业自身的竞争力,能够在激烈的市场环境当中站稳脚跟。

历史赋予了中华传统文化具有典型的特征,主要表现在以下几个方面:

第一,鲜明的整体性;各种文化形式之间相互贯通,相互影响。整体性把握文化,是中华传统文化的基本精神之一。中国历史上的许多杰出人物都是在众多领域均有重要建树的文化全才。例如世界级文化大师孔子所推崇和追求的"成人",不仅具有高尚的道德情操、广博的知识、深邃的智慧,而且还具有出色的文字表达能力、政治管理经验以及艺术、体育、军事等多方面的技艺。孔子本人正是这样一位全面发展、多才多艺的伟大人物。作为杰出的教育家、思想家、政治家、历史学家和文学家,孔子对于音乐等艺术领域、射御之类技能甚至烹饪与服饰的原则等,都曾提出过非常精妙的见解。

第二,强烈的时代性;强烈的时代性是中华传统文化的又一大特征。文化的本质不是既成的事物而是衍变的过程。传统文化一直处于《周易》所形容的"生生不息"的继承与变易的对立统一发展之中,旧的形式不断被新的形式所代替,但在新的形式中又包含着持久恒常的民族精神。例如,被视为"国粹"的京剧实际上是一门非常"年青"的艺术,它的真正成熟距今不过百年上下。自宋代以来,主导戏曲舞台的艺术形式曾发生过多次重大繁荣。然而,这种变革并非脱离历史的独立创造,而是继往开来,在吸收过去遗产的基础上加以创新。尽管许多旧的形式已随着历史变迁而失去生命力,但却可以通过改造,使之适应新时代的要求而继续发展。

第三,突出的地域性;中国国土辽阔、地大物博,自周秦以来除个别分裂割据时期外,在大部分时间内保持着统一的多民族的国家这一政治机构。因而,在中华传统文化这一体系之中,既有源自黄河流域的华夏文明作为主体,也有多样的少数民族文化作为补充,相得益彰。中华传统市场早在数千年前就与异国文化开始了交流。汉唐时代,中国文化是相当开放的。在许多方面,中华民族的祖先曾非常勇敢地、毫不犹豫地吸收外来文化因素,并加以改造,不断丰富中华文化的内涵。从意识形态方面看,中国接受了从印度传来的佛教,这是世界主要文明体系之间的最大规模的交流之一。从艺术方面看,中国大量吸收了沿丝绸之路传来的异国音乐、舞蹈,并使之中国化。"胡琴"是中国民族乐器中的重要代表,但如同其名称所示,它原来是外来品。从饮食、服饰、民俗等方面看,中国所吸收的异国文化内容也十分惊人。与此同时,中国也将自己的文化向外输出,如造纸等四大发明、丝绸与瓷器等工艺制作等,都对世界文化产生了积极的影响,对人类文明作出了巨大贡献。

二、企业主流文化管理的不足

随着我国的市场经济体制的不断深化与变革,中国经济取得了巨大的成功,中国企业接受了西方企业的先进管理经验也得到了快速的发展,但是中国企业的竞争力大多来自于外部的市场,而内生动力总是处于乏力的状态,最常见的表现就是人才流动率过高,科技创新力不强,团结协作水平偏低等。当今世界经济已进入新时期全球化发展阶段,时间与空间距离大大缩小,使得全球经济进入了同质化竞争时期,中国企业的传统优势正在逐渐减弱,如何使中国企业在全球化的新时期确保竞争优势,就必须重视自己的核心企业文化的建设,让企业不断滋生出内生动力源。目前,就企业内部的氛围情况来说,有些企业由于自身关注重点的局限性,并没有充分认识到企业文化在实际组织建设当中的实际作用,很容易在管理过程当中,过分关注经济效益而缺乏对员工的人文关怀,由此导致员工在公司当中缺乏足够的归属感,没有办法全身心投入企业的组织建设过程当中。在开展企业管理工作的过程中,某些企业并未注重特色文化的融入,致使企业文化缺乏特色价值,没有办法达到预期的实践目标。除此之外,有的企业在文化建设方面投入的精力较少,并没有随着时代的不断进步而提出具有实效性的保障机制与文化观念,从而导致企业缺乏与时俱进的能力,没有办法随着市场环境的变化,而开展及时有效的企业文化建设工作。

三、传统文化在企业管理中的运用创新

(一)中庸之道——现代企业定位的基准

中国传统文化的基本精神之一是贵"和"持"中",注重和谐,坚持中庸的思想已浸透于中华民族文化肌体的每一个毛孔和细胞。

孔子的思想方法论也就是平常说的"中庸","中庸"内涵十分广泛,观察问题、认识问题、解决问题的方法则是它主要的内容。

"中庸"思想的核心是在承认事物矛盾对立的前提下为人处世"执中""用中",这并不是主观地排除事物的矛盾,因为矛盾有"两端"始终是客观存在的,孔子还认为"中"不是绝对的,而是随着时间和外界情况的变化而变化的,所以提出了"时中"的概念。"中庸"载"子曰,君子之中庸也,君子而时中,小人之中庸也,小人而无忌惮也"。"中庸"思想里孔子创立的儒学具有人学特质,"人"一直是孔子思考和关怀的对象,"中庸"思想对现代人处理个人与社会、家庭、朋友、同事、异性交往等关系中有着积极地作用。"中庸"思想以"至诚"为做人做事的准则,强调人与人之间交往以"诚"为重。在为人处事中,达到"中和""致中和","天地位焉,万物育焉"。这也正是当今社会迫切需要做到的一点,就是"和谐"。所以"中庸"不但不是老古董,也不是跟不上时代的步伐和人们思维方式的变化,反过来,"中庸"之道,既是为人处事的基本方法,实现"和谐"的基本途径,也是企业发展的辩证思路,企业管理定位的基础基准。

(二)刚柔并济——现代企业管理的方法

在中华民族几千年文明传承过程,一直提倡"以柔克刚,刚柔并济"。其精髓是为人处事随和谦让,当刚则刚,当让则让,绝不是匹夫之勇,这是一种心胸豁达的思想境界。

纵观历史,我们不难发现,往往太过尖锐的人容易被柔和之人征服利用。以刚克刚,两败俱伤,以柔克刚,则马到成功。

在现代企业管理当中,一些企业以严厉的制度约束员工,将罚款视为最重要的管理手段,而忽略了教育激励作用。在管理过程中人性化欠缺,经常将违章行为的原因归结到员工自身素质的不高,而忽视从管理组自身寻找原因。这样造成的结果往往是员工的工作积极性不高,效率低下,为企业带来无形之中的损失。正确的做法应该是以刚性的制度约束员工,以柔性化的手段化解员工与企业间的矛盾,建立一套科学性、人性化的企业管理制度。

古人云:"矫矫者易折,皎皎者易污"所以为人处事,最好是"刚柔并济"这样才能做到不偏不倚。也是现代企业管理的有效手段。个人与个人之间如此,团队与团队之间也如此,柔是自然之道,柔也是养身之道,柔还是治世之道。由此可见,刚柔相济是现代企业管理的一种重要思想方法和工作方法。

(三)和气生财——现代企业旺盛的法宝

现代国际学术公认,最提倡和谐的古代圣贤是孔子,孔子擅长把不同的事物联系起来进行研究运用,注重人与人之间的和谐。

"和气生财"关键是一个"和"字,必须强调,"和"的重要性决不仅仅表现于能够生财,而是渗透了我们社会生活的方方面面。纵览古今,凡是事业上有所建树的人,无不襟怀坦荡,度量恢宏,抱着"以和为贵"的处事态度。中国历史上的蔺相如,为了社稷长治久安,三让廉颇,终使廉颇心悦诚服,著名京剧《将相和》所反映的就是他们的故事。千百年一直被世人称道。

商场上的和还有得与失之意。利是前提,得失是目标。在和的前提下双赢才是好生意,单赢的生意无法长久,无法壮大。单赢是短和,是假和,是表面的和,是伪装的和,这种类型的和眼前虽是赢了,从本质上看是彻底的输了,输在诚信,输在德行。天时不如地利,地利不如人和,和气和谐将成为现代企业旺盛的法宝。

(四)外圆内方——现代企业对外的形象

"取象于钱,外圆内方"古钱币的圆形方孔,大家都是知道的,为人处事,就要像这铜钱一样,把"方"和"圆"结合起来:边缘要圆活,要能随机而变,但"内孔"要守得住,有自己的目的和原则。

"方"是做人之本,是堂堂正正做人的脊梁,"圆"是处事之道,是妥妥当当处事的锦囊。人仅仅依靠"方"是不够的,还需要有"圆"的包裹。无论是在商界、职场、还是在生活中,都需要掌握"方圆"的技巧,才能无往不利。

做到性格灵活,随"方"就"圆",采取外"圆"内"方"的处事策略,软硬兼施,能"方"能"圆","方圆"有度,处理好和别人的关系,"方圆"兼顾,注意交往中的细节,把握好拒绝别人的"方圆"技巧,"方"中有"圆"地保护自己的利益。"方"是人格的独立,"方"是情操的独守,"方"是自我价值的完善实现,"方"是对美好理想的不懈追求。棱角分明,代表着踏实稳重,坚定执着,应该成为我们的工作态度。

"方圆之大,大地之大",如果在生活和工作中能做到这一点,你会觉得游刃有余,工作起来也会轻松自信。企业能做到"外圆内方",就能把良好的对外形象变成高知名度的无形资产。

(五)正己正人——现代企业指挥的令牌

现代管理关于指挥和领导行为的理论有其丰富的内容,中国传统儒家文化中的"正己正人,成己成物"的思想就是很好的例证。

孔子"己欲立而立人,己欲达而达人"(《论语·雍也》),"己所不欲,勿施于人"(《论语·颜渊》)的忠恕之道,是为仁之仁。因此,在人际关系问题上要"躬自厚而薄责于人"(《论语·卫灵公》),即要严于律己,宽以待人,只有正己,才能正人。

试问如果企业的领导层都不正,那么如何能领到好企业在破涛汹涌的商海中前行,俗话说的好:"上梁不正下梁歪",领到自己都管不好自己谈何去管理下面的人。所以企业的领到人应该先端正自身,这样说出去的话才会有人听

"其身正,不令而行,其身不正,虽令不从"(《论语·尽心上》)。如果剔除其包含的封建内容,古代先哲"正已正人,成己成物"思想中所提倡的以身作则,率先垂范,身先士卒,推己及人的思维方式和方法,是足以成为现代企业领导号令企业的权威令牌。

(六)自强不息——现代企业发展的动力

中国传统文化的基本精神之一是自强不息,《易传》讲"天行健,君子以自强不息""天地之大德曰生"这是对中华民族刚健有为,自强不息精神的集中概括和生动写照。

参考文献 REFERENCE

[1]陈卓国.创新思维与方法[M].武汉:华中科技大学出版社,2019.

[2]程博.信任文化、激励机制与企业创新[M].北京:经济科学出版社,2020.

[3]高军.经济管理前沿理论与创新发展研究[M].北京:北京工业大学出版社,2019.

[4]龚榆桐,李超建.农村O2O模式再创新——基于"生产者—市场—消费者"的分析框架[J].商业经济研究,2019(6):125-127.

[5]方永飞.自组织 互联网+企业管理创新[M].广州:广东经济出版社,2016.

[6]康芳,马婧,易善秋.现代管理创新与企业经济发展[M].长春:吉林出版集团股份有限公司,2020.

[7]吕爽,张志辉,郝亮.创新思维[M].北京:中国铁道出版社,2019.

[8]刘江南,谌霖霖.创新思维与方法[M].长沙:湖南大学出版社,2019.

[9]吕丽,流海平,顾永静.创新思维 原理 技法 实训 第2版[M].北京:北京理工大学出版社,2017.

[10]刘长存.创新思维与技法[M].大连:辽宁师范大学出版社,2015.

[11]厉以宁,朱善利,罗来军,杨德平.低碳发展作为宏观经济目标的理论探讨——基于中国情形[J].管理世界,2017(6):1-8.

[12]刘晓莉.企业经济发展与管理创新研究[M].北京:中央民族大学出版社,2018.

[13]梅艳.经济信息在宏观经济管理中的应用研究[J].商业,2015(5):167.

[14]潘健平.中国传统文化与企业创新[M].厦门:厦门大学出版社,2020.

[15]申红艳.网络联盟企业协同创新研究[M].长春:吉林大学出版社,2019.

[16]陶友青.创新思维 技法 TRIZ 专利实务[M].武汉:华中科技大学出版社,2018.

[17]滕泰,范必.供给侧改革[M].北京:东方出版社,2016.

[18]田跃新.企业生态系统研究 基于组织结构视角[M].北京:企业管理出版社,2017.

[19]吴兴华.创新思维方法与训练[M].广州:中山大学出版社,2019.

[20]王浩程,冯志友.创新思维及方法概论[M].北京:中国纺织出版社,2018.

[21]王丹竹,管恒善,陈琦.企业经济发展与管理创新研究[M].长春:吉林人民出版社,2017.

[22]王晓平,尚猛,李瑶.企业管理的创新模式[M].北京:煤炭工业出版社,2018.

[23]王文菁.核心竞争力观念对当代企业管理理念的影响[J].商场现代化,2021(18):90-92.

[24]王修杭.探析企业人本管理与创业创新[J].大众投资指南,2017(8):162.

[25]王皓.知识逻辑下的企业组织设计与优化[M].北京:中国经济出版社,2018.

[26]向红梅.市场调研与需求分析一体化项目教程[M].北京:北京邮电大学出版社,2019.

[27]朱伏平,杨方燕.经济管理[M].成都:西南交通大学出版社,2018.

[28]赵新军,李晓青,钟莹.创新思维与技法[M].北京:中国科学技术出版社,2014.

[29]祖雅鑫.新形势下企业经济管理的创新与实践[J].环渤海经济瞭望,2018(5):118.

[30]赵青.传承与创新 企业文化建设路径研究[M].北京:科学技术文献出版社,2018.